W0084226

# BERÜHMTE
# WHISKYS

SUNTORY
SINGLE MALT
WHISKY
AGED 12 YEARS
THE YAMAZAKI SINGLE MALT WHISKY
山崎
43%vol. 70cl
STRAIGHT
Rye
WHISKY
100
proof
IMPORTED
Canadian
Club
C.C.
20
WALKER & SONS

# BERÜHMTE WHISKYS

## ÜBER 500 WHISKYS, DIE SIE KENNEN SOLLTEN

HERAUSGEBER **CHARLES MACLEAN**

coventgarden

**coventgarden**

**Redaktion** Shashwati Tia Sarkar
**Gestaltung** Katherine Raj
**Cheflektorat** Dawn Henderson
**Bildredaktion** Marianne Markham
**Covergestaltung** Nicola Powling
**Herstellung** Ben Marcus,
Dominika Szczepanska

Für DK Indien
**Chefredaktion** Glenda Fernandes
**Bildredaktion** Navidita Thapa
**DTP-Manager** Sunil Sharma
**Gestaltung** Heema Sabharwal
**DTP-Design** Manish Chandra Upreti,
Mohammed Usman, Neeraj Bhatia

Für die deutsche Ausgabe:
**Programmleitung** Monika Schlitzer
**Projektbetreuung** Florian Bucher
**Herstellungsleitung** Dorothee Whittaker
**Herstellung** Anna Strommer

Bibliografische Information der Deutschen Bibliothek
Die Deutsche Bibliothek verzeichnet diese Publikation in der Deutschen Nationalbibliografie;
detaillierte bibliografische Daten sind im Internet über http://dnb.ddb.de abrufbar.

Titel der englischen Originalausgabe:
Great Whiskies



**Übersetzung** Dr. Andreas Kellermann
**Redaktion** Carmen Söntgerath
**Fachliche Beratung** Jürgen Deibel
**Satz** Wolfgang Lehner

ISBN 978-3-8310-9113-3

Colour reproduction by MDP Ltd.
Printed and bound in China

Besuchen Sie uns im Internet
**www.dorlingkindersley.de**

# INHALT

**Einleitung** 6

**Berühmte Whiskys A–Z** 8

**Whisky-Touren**
Islay 60
Speyside 148
Irland 202
Japan 330
Kentucky 370

**Register nach Sorten** 378
**Register nach Herkunft** 380

**Dank** 383

# EINLEITUNG

Ein schottisches Sprichwort sagt: »Es gibt keinen schlechten Whisky. Es gibt nur Whisky und guten Whisky.« Die Whiskys in diesem Buch stammen aus der ganzen Welt. Wie Sie feststellen werden, kommen großartige Whiskys heutzutage aus Südasien, Australien und Europa, nicht nur aus den alten Whiskyländern Schottland, Irland, Kanada, USA und Japan.

Whisky gilt als das komplexeste alkoholische Getränk der Welt. Er wird aus den einfachsten und natürlichsten Zutaten hergestellt – Getreide, Wasser und Hefe –, aber erst das Handwerk und das überlieferte Wissen der Brennkunst machen ihn zu einem edlen Getränk, mit einem weiten Spektrum an Aromen und Geschmacksnoten. Wie die Menschen, so ist auch jeder Whisky einzigartig – jeder hat seine eigene Persönlichkeit. Manche sind groß, breit und grobschlächtig, andere sensibel, elegant und schüchtern. An manche muss man sich erst gewöhnen, bevor sie zu Freunden werden. Bei meiner Auswahl wurde ich von sechs der weltweit führenden Whiskytestern unterstützt – Dave Broom, Tom Bruce-Gardyne, Ian Buxton, Peter Mulryan, Hans Offringa und Gavin D. Smith – und ich bin ihnen zutiefst dankbar für ihre Beiträge.

Wie Sie Ihren Whisky genießen – mit oder ohne Wasser oder Eis, mit Soda oder Limonade, mit Ingwer-Bier oder Cola –, ist eine Sache der persönlichen Vorlieben. In China trinkt man ihn in Eistee, in Brasilien mit Kokosmilch. Aber »Geschmack« ist nicht nur eine Frage der Wirkung auf der Zunge, er beinhaltet auch den Duft. Tatsächlich sollten Sie, um die vielfältigen Geschmacksnoten in Whisky – insbesondere in Malt Whisky – wahrnehmen zu können, nur einen Spritzer Wasser hinzugeben und den Drink in einem Glas zu sich nehmen, in dem die Aromen sich voll entfalten können.

Ergänzt wird diese Sammlung der weltbesten Whiskys mit Touren durch die Whisky-Regionen von Schottland, Irland, den USA und Japan. Keine Erfahrung bereichert den Genuss von Whisky mehr als der Besuch in einer Brennerei. Erst wenn Sie sehen, welches handwerkliche Können, welches Engagement und wie viel Zeit in diesem Getränk steckt, können Sie die Aromen wirklich genießen – und natürlich wenn Sie eine Probe direkt an der Quelle verkostet haben.

Vielleicht stehen Sie erst am Beginn dieser Entdeckungsreise; vielleicht haben Sie aber auch schon ein weites Stück Weg hinter sich gebracht – wie dem auch sei, ich hoffe, dieses Buch wird Ihnen ein nützlicher Führer sein und wird Sie in eine Welt spannender Aromen einführen. Entdecken und genießen Sie!

Charles MacLean

# 8PM

**Indien**
*Besitzer: Radico Khaitan*
*www.radicokhaitan.com*

8PM wurde erst 1999 gegründet und zeichnet sich durch den Verkauf von 1 Mio. Kisten bereits im ersten Jahr aus (inzwischen verkauft man 3 Mio.). Markeninhaber ist Radico Khaitan. Die Firmenzentrale liegt in der Rampur Distillery in Uttar Pradesh und wurde 1943 gegründet. Der größte indische Alkoholproduzent besitzt noch weitere Whiskymarken, darunter Whytehall, und ist jüngst eine Partnerschaft mit Diageo eingegangen, dem weltgrößten Getränkekonzern, um Masterstroke zu produzieren *(s. S. 248)*.

**◄ 8PM CLASSIC**
**BLEND**
Hergestellt aus einer »Mischung hochwertigen Getreides«, hat dieser Whisky einen Kern, der *thaath* verspricht (Kühnheit, Wohlstand) und den »Zugang zur Welt der Träume öffnet«.

**8PM ROYALE**
**BLEND**
Ein Blend indischer Spirituosen und reifer schottischer Malt Whiskys.

# 100 PIPERS

**Schottland**
*Besitzer: Chivas Brothers*

100 Pipers, 1965 von Seagram entwickelt und nach einem alten schottischen Volkslied benannt, war ursprünglich für den Luxussektor des schottischen Whiskymarktes bestimmt und von Anfang an ein Erfolg. Der Blend enthält Allt-a-Bhainne und Braeval, vermutlich auch etwas Glenlivet und Longmorn.

Seagram betrieb die Vermarktung sehr erfolgreich, und die Marke wächst auch unter den neuen Besitzern Chivas Brothers (die selbst zu Pernod Ricard gehören) weiter. 100 Pipers ist einer der meistverkauften Whiskys auf dem dynamischen thailändischen Markt und entwickelt sich auch in vielen anderen Ländern sehr gut, insbesondere in Australien und Indien.

**100 PIPERS ▶**
**BLEND 40 VOL.-%**
Helle Farbe. Ein leichter Whisky mit weichem, doch dezent rauchigem Geschmack; gut zum Mixen geeignet.

# ABERFELDY

**Schottland**
*Aberfeldy, Perthshire*
*www.dewarswow.com*

Die Brennerei wurde 1898 von John Dewar & Sons gebaut, um Malt Whisky für die Blends des Unternehmens zu liefern. Mit dem im Jahr 2000 eröffneten Besucherzentrum wurde die Brennerei gewissermaßen zu »Dewar's World of Whisky«. Obwohl sich die Besucher hier natürlich auch über die Grundlagen des Malt-Brennens informieren können, liegt der Schwerpunkt auf der Kunst des Verschneidens und der Rolle von Tommy Dewar (1864–1930), einem der großen Whiskybarone.

**◄ ABERFELDY 12-YEAR-OLD**
**SINGLE MALT: HIGHLANDS**
**40 VOL.-%**
Reiner Apfelduft, im Mund fruchtig, mittelschwer.

**ABERFELDY 21-YEAR-OLD**
**SINGLE MALT: HIGHLANDS**
**40 VOL.-%**
Seit 2005 auf dem Markt. Er besitzt mehr Tiefe und Fülle als der 12-Jährige, mit süßem Heidekrautaroma und leicht würzigem Akzent im Nachklang.

# ABERLOUR

**Schottland**
*Aberlour, Banffshire*
*www.aberlour.com*

Aberlours Beliebtheit in Frankreich macht ihn zu einem der zehn meistverkauften Malts weltweit. Als Unternehmen der Campbell Distillers gehört er seit 1975 zur französischen Pernod-Ricard-Gruppe. Malt aus Aberlour wird in vielen Blends verwendet, vor allem in Clan Campbell, aber bis zur Hälfte der Produktion kommt in allen Altersstufen und Varianten als Single Malt auf den Markt.

**ABERLOUR 12-YEAR-OLD SHERRY MATURED ▶**
**SINGLE MALT: SPEYSIDE**
**40 VOL.-%**
Tiefe, rötliche Farbe von neuen Sherryfässern, nussiger Geschmack nach Weihnachtskuchen mit Trockenfrüchten, cremig-buttrige Struktur.

**ABERLOUR A'BUNADH**
**SINGLE MALT: SPEYSIDE**
**60 VOL.-%**
A'bunadh – Gälisch für »das Original« – wird ohne Kaltfiltration in Fassstärke abgefüllt, in Oloroso-Sherryfässern gereift. Üppiger Geschmack nach Trockenfrüchten und Gewürzen.

# ALBERTA

**Kanada**
*1521 34th Avenue Southeast,*
*Calgary, Alberta*
*Besitzer: Jim Beam*

Die Alberta Distillery in Calgary wurde 1946 gegründet, um vom Getreideanbau in der kanadischen Prärie und dem Wasser der Rocky Mountains zu profitieren. Roggen bildet das Rückgrat vieler kanadischer Whiskys und prägt auch alle Erzeugnisse der Alberta Distillery. Hier brennt man u.a. auch für Tangle Ridge *(s. S. 339)* und Windsor Canadian *(s. S. 374)*.

**◄ ALBERTA SPRINGS 10-YEAR-OLD**
**CANADIAN RYE 40 VOL.-%**
Süßer Duft mit Roggenbrot und schwarzem Pfeffer. Der Geschmack ist sehr süß, sogar etwas zu süßlich, dann treten ausgekohlte Noten und Karamell in den Vordergrund.

**ALBERTA PREMIUM**
**CANADIAN RYE 40 VOL.-%**
Das Aroma des »Special Mild Canadian Rye Whisky« enthält Vanille-Toffee, einen Hauch Gewürz, leichte Zitrusnoten und Fruchtigkeit. Der Geschmack ist vor allem süß, mit Apfelkompott, Pflaumen und Marzipan.

# AMERICAN SPIRIT

## USA

*Wild Turkey Distillery,*
*US Highway 62 East,*
*Lawrenceburg, Kentucky*
*www.wildturkeybourbon.com*

American Spirit, in der Wild Turkey Distillery *(s. S. 368)* von Austin Nichols & Co. gebrannt, wurde erst im September 2007 eingeführt. Laut Eddie Russell, der diesen Whiskey zusammen mit seinem Vater, dem Brennmeister Jimmy Russell, entwickelt hat, mussten sie nach dem richtigen Namen nicht lange suchen.

### AMERICAN SPIRIT 15-YEAR-OLD ▶

**BOURBON 50 VOL.-%**

Sehr aromatisch und charaktervoll in der Nase, seidig-weich im Mund, mit Vanille, knusprigem Sahnekaramell, Sirup, Fruchtkompott, Gewürzen und etwas Minze. Der Nachklang ist lang und würzig, mit weichem Eichenholz und abschließender Mentholnote.

# AMRUT

**Indien**

*Amrut Distilleries, 36 Sampangi Tank Road, Bangalore, Karnataka*
*www.amrutdistilleries.com*

In der Hindu-Mythologie ist *amrut* ein goldenes Gefäß mit dem Elixier des Lebens. Der Whisky desselben Namens wird aus Gerste gemacht, die in den Pandschab-Ausläufern des Himalaja wächst. Sie wird in Jaipur gemälzt und in kleinen Portionen 900 Meter über dem Meeresspiegel in Bangalore gebrannt. Dort reift sie auch in ehemaligen Bourbon- und neuen Eichenfässern und wird ungefiltert abgefüllt.

**◀ AMRUT INDIAN SINGLE MALT CASK STRENGTH**

**SINGLE MALT 61,9 VOL.-%**

Leicht fruchtig und getreidig; das Bourbonfass führt Toffeenoten ein. Mit Wasser holziger, würzig und malzig. Einem jungen Speyside Malt ähnlich.

**AMRUT PEATED INDIAN SINGLE MALT**

**SINGLE MALT 62,78 VOL.-%**

Getreide und Räuchernoten in der Nase, dazu Salz und Pfeffer. Der Geschmack ist süß und malzig, mit einem Hauch Rauch im Nachklang.

# ANCIENT AGE

**USA**
*Buffalo Trace Distillery,*
*1001 Wilkinson Boulevard,*
*Frankfort, Kentucky*
*www.greatbourbon.com*

Ancient Age war von 1969 bis 1999 der Name der heutigen Buffalo Trace Distillery *(s. S. 66)*. Die Marke wurde in den 1930er-Jahren kurz nach der Prohibition eingeführt und anfangs in Kanada gebrannt. Nach dem Zweiten Weltkrieg umformuliert zu einem reinen Kentucky Bourbon, avancierte der Whiskey zu einer der bekanntesten Marken aus dem Hause Buffalo Trace.

**ANCIENT AGE 10-YEAR-OLD ▶**
**BOURBON 40 VOL.-%**
Komplex und duftig in der Nase, mit Gewürzen, Sahnekaramell, Orange und Honig. Mittlerer Körper; nach einem eher trockenen Beginn versüßt sich der ölige Gaumen zunehmend mit Vanille, Kakao und einer leicht verkohlten Note.

# ANCNOC

**Schottland**
*Knockdhu Distillery,*
*Knock, Huntly, Aberdeenshire*
*www.ancnoc.com*

AnCnoc, benannt nach dem nahen »Schwarzen Berg«, dessen Quellen das Wasser liefern, ist das Hauptprodukt der Knockdhu Distillery. Sie war die erste – und über Jahre einzige – Brennerei der Distillers Company (DCL), die zunächst nur durch Ankäufe wuchs. Seit 1989 wird Knockdhu von Inver House geführt. Den traditionellen Worm Tubs zur Kondensierung der Spirituose verdankt AnCnoc seinen leicht schwefligen, saftigen Charakter.

**◀ ANCNOC 1991**
**SINGLE MALT: SPEYSIDE**
**46 VOL.-%**
Vanille, Sahnekaramell und Holz in der Nase. Fruchtig und körperreich, mit einem Hauch Torf.

**ANCNOC 12-YEAR-OLD**
**SINGLE MALT: SPEYSIDE**
**40 VOL.-%**
Ein relativ vollmundiger Speyside Malt mit Noten von Zitronenschale und Heidekrauthonig in der Nase; angenehm üppig im Mund; recht langer Nachklang.

# ANGUS DUNDEE

**Schottland**
*www.angusdundee.co.uk*

Mit über 50 Jahren Erfahrung im Herstellen, Verschneiden, Abfüllen und Vertreiben von Spitzenscotch und anderen Spirituosen ist Angus Dundee einer der wenigen wirklich unabhängigen Familienbetriebe in der schottischen Whiskybranche. Das Unternehmen betreibt zwei Malt-Brennereien – Tomintoul und Glencadam –, ist aber bekannter für seine Blends.

Weitere Blends der Firma sind Parkers und Scottish Royal, beide als Standard- und 12-jährige De-luxe-Variante erhältlich.

**THE DUNDEE ▶**
**BLEND 40 VOL.-%**
Ein Hauch Orangenschale in der Nase, malzig, mittelschwer; Spuren von Rauch und leichte Süße; weich am Gaumen.

**OLD DUNDEE 12-YEAR-OLD**
**BLEND 43 VOL.-%**
Üppiger als sein jüngeres Pendant, mit längerem Nachklang. Die Orangennoten entwickeln sich in Richtung kandierter Schale. Weich im Mund, elegant am Gaumen. Anklänge an Zuckerrübensirup, doch nicht zu süß.

# THE ANTIQUARY

**Schottland**
*Besitzer: Tomatin Distillery*
*www.tomatin.com*

Der 1857 von John und William Hardie eingeführte Blended Whisky wurde nach einem Roman von Sir Walter Scott benannt. Entsprechend seinem De-luxe-Status hat er einen sehr hohen Malt-Gehalt, darunter einige der besten Malts aus Speyside- und Highland-Brennereien, sowie mehr als einen Schuss Tomatin. Islay scheint stärker als früher vertreten zu sein.

**◄ THE ANTIQUARY 12-YEAR-OLD**
**BLEND 40 VOL.-%**
Subtile Fruchtigkeit mit einen Hauch Apfel. Außergewöhnlich weicher, tiefer Geschmack und langer Nachgeschmack. Neuerdings stellen Verkoster einen starken Torfeinfluss fest.

**THE ANTIQUARY 21-YEAR-OLD**
**BLEND 43 VOL.-%**
Leichte Malzigkeit mit verhaltenen Torfnoten lassen Heidekraut, Löwenzahn und Schwarze Johannisbeere hervortreten. Ein Schuss Islay Malt erzeugt einen wirklich außergewöhnlichen Schluck – ausgewogen, üppig und weich. Ein herausragender Blend.

# ARDBEG

**Schottland**
*Port Ellen, Islay*
*www.ardbeg.com*

Die Insel Islay ist die Heimat der starken, torfgeräucherten Whiskys, und Ardbeg gehört fraglos zu den Aushängeschildern. Die Brennerei wurde 1815 in der Gemeinde Kildalton lizenziert, an der Südküste Islays, nicht weit von Lagavulin und Laphroaig entfernt. Das Vertrauen auf den Verschnittmarkt brachte das Unternehmen jedoch in eine schwierige Position, und als der »Whiskysee« um 1980 randvoll war, folgte die Stilllegung. ☛

**ARDBEG 10-YEAR-OLD ▶**
**SINGLE MALT: ISLAY 46 VOL.-%**
Ohne Kaltfiltration abgefüllt, entwickelt dieser Malt Noten von Holzschutzmittel, Teer und Räucherfisch in der Nase. Im Mund löst sich jegliche Süße schnell im rauchigen Nachklang auf.

**ARDBEG AIRIGH NAM BEIST**
**SINGLE MALT: ISLAY 46 VOL.-%**
Üppiger, würziger Malt mit süßen Vanillenoten, dank 16 Jahren Reifezeit in Bourbonfässern. Der gälische Name bedeutet »Zuflucht des Tieres«.

## ARDBEG

☛ 1997 kam es zur Übernahme durch Glenmorangie. Der Kaufpreis betrug angeblich 7 Mio. Pfund, und weitere 1,4 Mio. flossen in die Verbesserung der Anlagen. Nach den Jahren der Unproduktivität war der Neubeginn schwierig, doch allmählich füllten sich die Lager, und schließlich konnte man den ersten 10-Jährigen herausbringen. Seitdem hat es eine Reihe von Neuabfüllungen gegeben, die bei Freunden der rauchigen Islay Malts zum Kultstatus von Ardbeg beigetragen haben.

### ◀ ARDBEG BLASDA

**SINGLE MALT: ISLAY 40 VOL.-%**

Der gälische Name bedeutet »süß und köstlich« – ein Hinweis auf den ungewöhnlich milden Stil, erzeugt aus Malz, das mit nur 8 mg/l getorft wurde. Das entspricht einem Drittel des bei Ardbeg sonst üblichen Wertes.

### ARDBEG UIGEADAIL

**SINGLE MALT: ISLAY 54,2 VOL.-%**

Benannt nach Loch Uigeadail, aus dem Ardbeg sein Wasser bezieht. Tiefgoldene Farbe und sirupartige Süße in der Nase; würzige, rauchige Noten auf der Zunge.

# ARDMORE

## Schottland

*Kennethmont, Aberdeenshire*
*www.ardmorewhisky.com*

Ardmore verdankt seine Existenz einem Blend namens Teacher's Highland Cream *(s. S. 341)*. Er war gut eingeführt in Schottland, vor allem in Glasgow, wo man ihn in Teacher's Dram Shops verkaufte. Um der Nachfrage zu begegnen, plante Adam Teacher 1898 eine neue Brennerei und fand die ideale Lage dafür nahe Kennethmont, an der Eisenbahnlinie zwischen Aberdeen und Inverness. Ardmore, bekannt als rauchigster Malt von Speyside, brachte 1999 zum hundertjährigen Jubiläum einen 12-Jährigen heraus. Seit 2005 gehört die Brennerei zu Fortune Brands.

**ARDMORE**
**TRADITIONAL CASK ►**
**SINGLE MALT: SPEYSIDE**
**46 VOL.-%**

Ein weicher, recht vollmundiger Malt; süße Aromen von amerikanischer Eiche werden durch den trockenen, erdigen Effekt der Torfnoten ausgeglichen.

# ARMORIK

**Frankreich**
*Distillerie Warenghem,*
*Route de Guingamp,*
*22300 Lannion, Bretagne*
*www.distillerie-warenghem.com*

Die bretonische Distillerie Warenghem wurde 1900 gegründet, um Brände aus Apfelwein und Obst herzustellen. Es sollte 99 Jahre dauern, bis auch andere Erzeugnisse hinzukamen, darunter Bier und Whisky. Hier werden nun zwei Arten Whisky produziert: Armorik, ein Single Malt, und WB (Whisky Breton), ein Blend. In welchen Fässern er reift, ist nicht zu erfahren.

**◄ ARMORIK**
**WHISKY BRETON**
**SINGLE MALT 40 VOL.-%**
Armorik, eine junge Spirituose, ist frisch und sehr würzig, mit einem salzigen Zug und trockenem, eichigem Einfluss im Nachklang.

# ARRAN

**Schottland**
*Lochranza, Isle of Arran*
*www.arranwhisky.com*

Mit der Eröffnung der Produktionsstätte 1993 war nach 156 Jahren die Kunst des Whiskybrennens auf die Insel zurückgekehrt. Das Wasser bezieht die Brennerei aus Loch na Davie in den Hügeln oberhalb von Lochranza an der Nordküste der Insel. Die Insel selbst liegt direkt im Golfstrom. Das warme Wasser und Klima sollen angeblich die Reifung des Whiskys beschleunigen. Eine Reihe von Blends wurden zu Ehren von Schottlands Nationalbarden Robert Burns produziert *(s. S. 301)*.

**ARRAN 10-YEAR-OLD ▶**
**SINGLE MALT: ISLANDS**
**46 VOL.-%**
Ohne Kaltfiltration abgefüllt; er duftet nach frischem Brot und Vanille, mit Zitrusnoten, die auf der Zunge durchkommen.

**ARRAN 12-YEAR-OLD**
**SINGLE MALT: ISLANDS**
**46 VOL.-%**
Orangenschale, schokoladige Süße und eine üppige, cremige Struktur dank der Reifung in Sherryfässern.

# AUCHENTOSHAN

**Schottland**
*Dalmuir, Clydebank, Glasgow*
*www.auchentoshan.co.uk*

Während Glenkinchie in den Gerstenfeldern von East Lothian südlich von Edinburgh liegt, befindet sich die andere große Brennerei der schottischen Lowlands westlich von Glasgow am Fluss Clyde.

Die Lizenz wurde 1823 erteilt. Mit nur einem Paar Stills produzierte die Brennerei bescheidene 225 000 Liter pro Jahr, bis eine dritte Brennblase hinzukam. Seitdem ist Auchentoshan mit seinem dreifach gebrannten Malt fast konkurrenzlos in Schottland. Da dies

**◀ AUCHENTOSHAN CLASSIC**
**SINGLE MALT: LOWLANDS**
**40 VOL.-%**
Der Einstieg in die Auchentoshan-Palette bleibt ohne Altersangabe. Viel Vanillesüße und Zitrusfrucht.

**AUCHENTOSHAN 12-YEAR-OLD**
**SINGLE MALT: LOWLANDS**
**40 VOL.-%**
Diese Abfüllung ersetzt die alte 10-jährige und entfaltet dank der Reifung in Sherryfässern einen intensiv-würzigen Charakter.

der Standardstil irischen Whiskeys ist, fand er bei der irischen Gemeinde von Glasgow Anklang.

Ursprünglich außerhalb der Stadt gelegen, wurde die Brennerei mit der Zeit von einem Vorort von Clydebank verschlungen. Diese Gegend war ein Ziel der deutschen Luftwaffe im Zweiten Weltkrieg. Seitdem kommt das Kühlwasser aus einem Teich in einem gigantischen Bombenkrater.

Auchentoshan hat sich 1984 mit der Islay-Brennerei Bowmore zu Morrison Bowmore verbunden und im letzten Jahrzehnt die Palette an Single Malts stark erweitert.

**AUCHENTOSHAN THREE WOOD ▶**
**SINGLE MALT: LOWLANDS**
**43 VOL.-%**
Er reift in drei verschiedenen Fasstypen, und Sherry hat eindeutig großen Einfluss auf die Farbe und die süßen Aromen, die an kandierte Früchte erinnern.

**AUCHENTOSHAN 18-YEAR-OLD**
**SINGLE MALT: LOWLANDS**
**43 VOL.-%**
Ein klassischer, nussig-würziger Malt, am Gaumen dem Alter entsprechend komplex, einige fruchtige Sherrynoten in der Nase.

# AUCHROISK

**Schottland**
*Mulben, Banffshire*

Diese moderne Brennerei liegt zwischen Craigellachie und Keith. Das Gelände wurde 1970 von IDV für 5 Mio. Pfund gekauft, und Auchroisk (Gälisch für »Furt des roten Baches«) war vier Jahre später in Betrieb.

Die Brennerei produzierte zunächst fast ausschließlich Malt für den Blend J&B. Erst nach zehn Jahren entschloss man sich, auch einen Single Malt abzufüllen, den Singleton of Auchroisk. Der Name wurde jedoch bald wieder aufgegeben. Heute gibt es einen 10-Jährigen in der Reihe Flora & Fauna sowie gelegentlich Abfüllungen von Rare Malt.

**◄ AUCHROISK FLORA & FAUNA 10-YEAR-OLD**
**SINGLE MALT: SPEYSIDE**
**43 VOL.-%**
Ein aromatischer Speyside mit einem Hauch Rauch und Zitrusnoten. Malzige Aromen im Nachklang.

# AULTMORE

**Schottland**
*Keith, Banffshire*

Alexander Edward hatte bereits einige Berufserfahrung gesammelt, als er gemeinsam mit Peter Mackie, dem Whiskybaron und Gründer des White-Horse-Blends, die Craigellachie-Brennerei gründete. 1895, auf dem Gipfel des spätviktorianischen Whiskybooms, baute er eine dritte Brennerei zwischen Keith und dem Meer. Nach dem Verkauf an Dewar & Sons und später an United Distillers gehört die Brennerei seit 1998 nun zu Bacardi.

### AULTMORE FLORA & FAUNA 12-YEAR-OLD ▶
**SINGLE MALT: SPEYSIDE**
**40 VOL.-%**

Das wichtigste Produkt des Hauses; ein spritziger Malt mit Kräutertönen, leichter, duftiger Nase, malzigem Geschmack und trockenem Nachklang.

### AULTMORE SINGLE MALTS OF SCHOTTLAND 15-YEAR-OLD
**SINGLE MALT: SPEYSIDE**
**46 VOL.-%**

Diese ältere Abfüllung hat ein blumiges, nussig-würziges Aroma mit einer Spur Schokolade. Mittelschwer bis körperreich; recht üppige Struktur.

# BAGPIPER

**Indien**

*Besitzer: United Spirits*
*www.unitedspirits.in*

Der »weltweit erfolgreichste Non-Scotch-Whisky« verkauft nahezu 14 Mio. Kisten pro Jahr. Dieser IMFL, vermutlich aus Melasse-Alkohol und Konzentraten, lanciert von der United-Spirits-Tochter Herbertson's 1987, brachte es in seinem ersten Jahr gerade auf 100 000 Kisten. Die Marke wurde immer mit Bollywood assoziiert, Indiens riesiger Filmindustrie, und hat die Anerkennung vieler Filmstars gewonnen. Die Firma ist mit einer wöchentlichen Bagpiper-Sendung im indischen Fernsehen vertreten und sponsert Talentshows.

**◄ BAGPIPER GOLD**
**BLEND 42,8 VOL.-%**
Gold ist die Premiumvariante von Bagpiper. Aufgrund des etwas künstlichen Geschmacks am besten gemischt zu trinken, etwa mit Cola.

# BAILIE NICOL JARVIE

**Schottland**
*Besitzer: Glenmorangie*

Bailie Nicol Jarvie – in Schottland meist BNJ genannt und von Glenmorangie produziert – soll ein gutes Maß der Single Malts Glenmorangie und Glen Moray enthalten. Er weist in der Tat einen der höchsten Malt-Anteile unter den Blended Whiskys auf.

BNJ bietet ein gutes Preis-Leistungs-Verhältnis und gilt als Kultprodukt für Eingeweihte – vielleicht weil so gut wie keine Werbung für diesen Whisky gemacht wird. Das Etikett spielt mit dem Charme vergangener Zeiten.

**BAILIE NICOL JARVIE ►**
**BLEND 40 VOL.-%**
Weich, subtil und voller Charakter mit delikater Balance aus süßem Speyside-, aromatischem Highland- und rauchigem Islay-Whisky, verschnitten nur mit bestem Grain.

# BAKER'S

**USA**

*Jim Beam Distillery,*
*149 Happy Hollow Road,*
*Clermont, Kentucky*
*www.smallbatch.com*

Baker's ist einer der drei Whiskeys, die 1992 als Beam's Small Batch Bourbon Collection eingeführt wurden. Er ist nach Baker Beam benannt, dem ehemaligen Brennmeister und Großneffen des legendären Jim Beam. Dieser ist auch ein Cousin des verstorbenen Booker Noe, eines engagierten Brenners, der die Produktion von Bourbon in kleinen Mengen initiiert hat.

Baker's wird nach der überlieferten Standardformel von Jim Beam gebrannt, lagert aber länger und hat eine höhere Abfüllstärke.

◀ **BAKER'S 7-YEAR-OLD**
**BOURBON 53,5 VOL.-%**
Baker's ist eine fruchtige Variante der Jim-Beam-Formel mit Röstnoten: mittelschwer, reif und hocharomatisch, mit Noten von Vanille und Karamell.

# BAKERY HILL

**Australien**
*28 Ventnor Street,*
*North Balwyn, Victoria*
*www.bakeryhilldistillery.com.au*

David Baker, Chemiker und Gründer der Bakery Hill Distillery, wollte zeigen, dass Australien Spitzen-Malt hervorbringen kann, und der Erfolg gibt ihm recht: Seine ungefilterten Einzelfass-Malts gewinnen bereits Preise. Derzeit können sie nur von der Brennerei bezogen werden. Die Gerstensorten Australian Franklin und Australian Schooner werden vor Ort eingekauft und teilweise über heimischem Torf gemälzt.

### BAKERY HILL CASK STRENGTH PEATED MALT ▶

**SINGLE MALT 59,88 VOL.-%**

Intensives Torfaroma, dazu dunkle Kirsche. Der Geschmack ist süß (Toffee, Honigwabe), mit etwas Salz und Rauch. Gute Struktur.

### BAKERY HILL PEATED MALT

**SINGLE MALT 46 VOL.-%**

Eine süße und eichige Balance aus Torf und Malz in der Nase. Diese Aromen setzen sich auf der Zunge fort.

# BALBLAIR

**Schottland**
*Edderton, Tain, Ross-shire*
*www.balblair.com*

Balblair wurde 1790 von John Ross am Dornoch Firth nördlich von Inverness gegründet und ist eine der wenigen Brennereien, die aus dieser Zeit bis heute überlebt haben. Seit 1996 ist sie im Besitz von Inver House Distillers, die mit einem Kernsortiment namens Elements begannen. Später kam eine Reihe von Jahrgangs-Malts hinzu, im Stil den Glenrothes-Abfüllungen ähnlich.

**◄ BALBLAIR 75**
**SINGLE MALT: HIGHLANDS**
**46 VOL.-%**
Die in Sherryfässern gereifte Jahrgangsabfüllung hat einen ausgeprägten Rum-Rosinen-Charakter mit Noten von Butterkaramell und hintergründigen Fruchtaromen, die in einen langen Nachklang münden.

**BALBLAIR 89**
**SINGLE MALT: HIGHLANDS**
**43 VOL.-%**
Vorwiegend in alten Bourbonfässern gereift. In der Nase etwas süßer als Balblair 75, mit Noten von Bratapfel, exotischen Früchten und Vanilleeis.

# BALLANTINE'S

**Schottland**
*www.ballantines.com*

Ballantine's war ein Pionier bei gereiften Blends. In der weltweit breitesten Produktpalette einer Brennerei findet sich Ballantine's Finest (die Standardabfüllung) sowie 12-Jährige, 17-Jährige, 21-Jährige und das Paradestück, der 30-Jährige. Er wurde erstmals in den späten 1920er-Jahren aus speziellen Vorräten von Malt und Grain Scotch kreiert. Von der gesamten Palette werden um die 6,5 Mio. Kisten (à 12 Flaschen) pro Jahr verkauft, was Ballantine's zur zweitgrößten Whiskymarke und zum meistverkauften Premiumblend in Asien macht. ☛

**BALLANTINE'S FINEST ▶**
**BLEND 40 VOL.-%**
Ein süßer, weicher Blend, dem Speyside Malts Schokoladen-, Vanille- und Apfelnoten verleihen.

**BALLANTINE'S 12-YEAR-OLD**
**BLEND 40 VOL.-%**
Goldgetönt, mit Honigsüße in der Nase und eichiger Vanille. Cremige Struktur, ausgewogen am Gaumen, dazu Blumen-, Honig- und Vanillenoten vom Eichenholz. Ein Hauch Salz.

## BALLANTINE'S

Der Blend aus über 40 verschiedenen Malts und Grains ist bekannt für seine Komplexität. Die Grundlage bilden die beiden Speyside Single Malts Glenburgie und Miltonduff, Malts aus allen Teilen Schottlands kommen hinzu. Für die Reifung bevorzugt man gebrauchte Bourbonfässer – wegen der Vanilleeinflüsse und süßen, cremigen Noten, die sie dem Blend typischerweise verleihen.

Die moderne Glenburgie-Brennerei ist heute die geistige Heimat von Ballantine's.

### ◀ BALLANTINE'S 21-YEAR-OLD
**BLEND 43 VOL.-%**

Die begehrten älteren Abfüllungen von Ballantine's sind dunkel in der Farbe, die Nase erkennt Spuren von Heidekraut, Rauch, Lakritz und Gewürzen. Der 21-Jährige hat einen ausgewogenen Geschmack mit Sherry-, Honig- und Blütennoten.

### BALLANTINE'S 17-YEAR-OLD
**BLEND 43 VOL.-%**

Tief, ausgewogen und elegant, mit einer Spur Holz und Vanille. Der Körper ist voll und cremig, mit lebhafter Honigsüße und einem Hauch Eiche und Torfrauch am Gaumen.

# BALMENACH

**Schottland**
*Cromdale, Grantown-on-Spey,*
*Morayshire*
*www.inverhouse.com*

1824 entschloss sich James McGregor, eine Lizenz für die Brennerei zu erwerben, die er auf seinem Hof nahe Grantown-on-Spey betrieb. Sie blieb bis zum Verkauf an DCL fast 100 Jahre später in Familienbesitz. Abgesehen von einer Pause während des Zweiten Weltkriegs produzierte der Betrieb bis ins Jahr 1993 – dann wurde er stillgelegt. Nach der Übernahme durch Inver House 1997 ging er im Folgejahr wieder in Betrieb. Mangels vorhandener Vorräte musste man allerdings auf eine Hausabfüllung lange warten.

**BALMENACH GORDON & MACPHAIL 1990 ▶**

**SINGLE MALT: SPEYSIDE**
**43 VOL.-%**

Zitrusfrucht, Gras und Malz in der Nase, leicht rauchig am Gaumen. Öffnet sich mit etwas Wasser.

# BALVENIE

**Schottland**
*Dufftown, Keith, Banffshire*
*www.thebalvenie.com*

Sechs Jahre nach Gründung von Glenfiddich begann William Grant, das verlassene Balvenie Castle in eine Brennerei umzuwandeln. Dabei kamen gebrauchte Brennblasen von Lagavulin und Glen Albyn zum Einsatz. Diese Expansion hing mit der Nachfrage eines Aberdeener Verschneiders zusammen, der dringend 1800 Liter Whisky im Glenlivet-Stil pro Woche benötigte.

**◄ THE BALVENIE DOUBLEWOOD 12-YEAR-OLD**
**SINGLE MALT: SPEYSIDE**
**40 VOL.-%**
Zehn Jahre in amerikanischer Eiche und zwei weitere in Sherryfässern erzeugen einen weichen, konfektartigen, leicht nussigen Charakter.

**THE BALVENIE SIGNATURE 12-YEAR-OLD**
**SINGLE MALT: SPEYSIDE**
**40 VOL.-%**
Jeweils ein Teil ist in Sherryfässern, neuen und gebrauchten Bourbonfässern gereift. Erinnert an kandierte Früchte und Vanille, mit Anklängen von Honig, Gewürzen und etwas Eichenholz.

Balvenie steht zwar im Schatten von Glenfiddich, produziert aber 6,4 Mio. Liter jährlich, und das mit einer beeindruckenden Palette von Single Malts. Es entspricht Balvenies Image als handwerkliche Brennerei, dass sie im Gegensatz zu Glenfiddich noch einen Teil ihrer Gerste selbst anbaut. Auch die Mälzböden blieben erhalten, Schmiede und Böttcher reparieren die gebrauchten Fässer. Was die Sorgfalt bei der Reifung und die Holzfinishs angeht, kann es die Brennerei sogar mit Glenmorangie aufnehmen.

**THE BALVENIE SINGLE BARREL 15-YEAR-OLD ▶**
**SINGLE MALT: SPEYSIDE**
**47,8 VOL.-%**
Nach 15 Jahren Reifezeit wird der Inhalt bestimmter Fässer ungemischt abgefüllt, sodass sich die Abfüllungen leicht unterscheiden. Sie teilen aber den süßen Holzcharakter und ein nussiges Aroma.

**THE BALVENIE VINTAGE CASK 1976**
**SINGLE MALT: SPEYSIDE**
**53,8 VOL.-%**
Feuchtes Herbstlaub und Holzaromen. Schwere Tannine am Gaumen, ausbalanciert durch Frucht; leicht süß im Nachklang.

WHISKYS

B

BERÜHMTE

# BARTON

## USA

*Tom Moore Distillery, 1 Barton Road,*
*Bardstown, Kentucky*
*www.greatbourbon.com*

Barton wird in der Tom Moore Distillery in Bardstown hergestellt. Bardstown liegt im Heimatland des Bourbon und konnte einst über 20 Destillerien aufweisen. Die Whiskeys von Tom Moore sind typischerweise jugendlich, trocken und aromatisch.

Die Sazerac Company, zu der auch Buffalo Trace gehört, erwarb 2009 die Tom Moore Distillery. Neben Very Old Barton übernahm sie damit auch die Marken Kentucky Gentleman *(s. S. 211)*, Ridgemont *(s. S. 299)*, Kentucky Tavern, Ten High und Tom Moore.

**◄ VERY OLD BARTON**
**BOURBON 43 VOL.-%**
Sechs Jahre sind relativ alt für einen Barton Whiskey, daher der Name. Der Duft ist üppig, sirupartig und würzig, mit etwas Salz. Körperreich; im Mund fruchtig und würzig, mit Gewürzen und Ingwer im trockenen Nachklang.

# BASIL HAYDEN'S

## USA

*Jim Beam Distillery,*
*149 Happy Hollow Road,*
*Clermont, Kentucky*
*www.smallbatch.com*

Basil Hayden's ist einer der drei Whiskeys, die zu Beams 1992 eingeführter Small Batch Bourbon Collection gehören. Der Namenspatron, Basil Hayden, war ein Siedler aus Maryland, der sich in Kentucky niedergelassen hatte und Ende des 18. Jahrhunderts nahe Bardstown Whiskey herzustellen begann. Das Rezept für diesen besonderen Bourbon soll aus jener Zeit stammen.

### BASIL HAYDEN'S 8-YEAR-OLD ▶

**BOURBON 40 VOL.-%**

In der Nase leicht, aromatisch und würzig. Am Gaumen vergleichsweise trocken, mit sanftem Roggenaroma, Holzpolitur, Gewürzen, Pfeffer, Vanille sowie einem Hauch Honig. Der lange Nachklang entwickelt einen Anflug von pfeffrigem Roggen.

# THE BELGIAN OWL

**Belgien**
*The Owl Distillery,*
*Rue Sainte Anne 94,*
*4460 Grâce-Hollogne*
*www.belgianwhisky.com*

Brennmeister Etienne Bouillon gründete diese Brennerei 2004 im französischsprachigen Teil Belgiens. Er verwendet einheimische Gerste und erstgefüllte Bourbonfässer für seinen 3-jährigen Single Malt Whisky. Die erste Portion wurde im Herbst 2007 abgefüllt.

The Owl Destillery war ursprünglich bekannt für Lambicool und PUR.E.

◀ **BELGIAN SINGLE MALT**
**SINGLE MALT 46 VOL.-%**
Dieser ohne Kaltfiltration abgefüllte Malt bietet Vanille, Kokosnuss, Banane und Eiskrem, darüber Feige, gefolgt von einem Crescendo anderer Aromen wie Zitrone, Äpfel und Ingwer. Langer Nachklang mit reifen Früchten und Vanille.

# BELL'S

**Schottland**
*www.bellswhisky.co.za*

»Ein Blend aus mehreren guten Whiskys wird mehr Leuten gefallen als ein unverschnittener Whisky«, schrieb der erste Arthur Bell.

In diesem Sinne legen auch die derzeitigen Besitzer von Bell's, Diageo, viel Wert auf die Kunst des Verschneidens. Dazu erwarb man 1933 Blair Athol – die Quelle für den herzbildenden Single Malt – und die Dufftown Distillery sowie 1936 Inchgower. Das Unternehmen behauptet, erfahrene Konsumenten bevorzugten in Blindverkostungen die neue Abfüllung.

**BELL'S ORIGINAL ▶**
**BLEND 40 VOL.-%**
Neben Blair Athol, Dufftown und Inchgower gehören Glenkinchie und Caol Ila zu den Komponenten. Mittelschwerer Blend mit nussigem Aroma und leicht würzigem Geschmack.

**BELL'S SPECIAL RESERVE**
**BLEND 40 VOL.-%**
Der Special Reserve hat rauchige Noten von den Islay Malts, gemildert durch warmen Pfeffer und üppige, vielschichtige Honigtöne.

# BEN NEVIS

**Schottland**
*Lochy Bridge, Fort William*
*www.bennevisdistillery.com*

Gegründet 1825 von »Long John« Macdonald, nach dem auch ein einst populärer Blend aus dem Hause benannt wurde, beschäftigte die Brennerei an der Westküste im 19. Jahrhundert 230 Personen.

Ben Nevis liegt am Loch Linnhe bei Fort William und verfügte damals sogar über eine eigene kleine Dampferflotte für den Whiskytransport.

Trotz Lücken im Lagerbestand aufgrund wiederholter Schließungen in den 1970er- und 1980er-Jahren gelang es, unter dem Namen Dew of Ben Nevis auch eine Reihe älterer Single Malts abzufüllen. Der 10-jährige Single Malt ist die einzige Brennereiabfüllung, die regelmäßig erhältlich ist. Verschiedene unabhängige Abfüllungen sind ebenfalls erhältlich.

**◄ BEN NEVIS 10-YEAR-OLD**
**SINGLE MALT: HIGHLANDS**
**46 VOL.-%**

Ein großer, vollmundiger West Highland Malt mit einer süßen Spur Eichenholz. Ölige Struktur; im Nachklang trocken.

# BENRIACH

**Schottland**
*Longmorn, Elgin, Morayshire*
*www.benriachdistillery.co.uk*

Von allen Speyside-Brennereien, die in der großen Spekulationswelle Ende des 19. Jahrhunderts gegründet wurden, stürzten nur wenige so tief wie BenRiach. Auf die Eröffnung 1897 folgte schon 1903 die Stilllegung für die erste Hälfte des 20. Jahrhunderts. Nach umfassender Renovierung wurden die Stills 1965 wieder in Betrieb genommen. Der spätere Besitzer Seagram besaß keine Brennerei auf Islay und beschloss 1983, ☛

**BENRIACH 12-YEAR-OLD ►**
**SINGLE MALT: SPEYSIDE**
**40 VOL.-%**
Ein typischerer Speyside als der 10-Jährige. In der Nase Heidekraut, sahniges Vanilleeis und eine Spur Honig.

**BENRIACH CURIOSITAS 10-YEAR-OLD**
**SINGLE MALT: SPEYSIDE**
**40 VOL.-%**
Ein bittersüßer Whisky mit dichtem Torfgeschmack. Neben dem Rauch gibt es Aromen von Vollkornkeksen, Getreide sowie leichte Zitrusnoten.

## BENRIACH

☛ in BenRiach einen starken, torfgeräucherten Malt herzustellen. Es gab noch einige Bestände dieser Spezialität, als die Brennerei 2004 in neue Hände kam. Dies führte zu den Curiositas- und Authenticus-Abfüllungen – den einzigen Speyside Single Malts aus getorftem Malz im Handel.

Der Lagerbestand von 5000 Fässern, die bis 1970 zurückreichen, darunter viele Fässer mit unterschiedlich stark getorftem Whisky, luden zum Experimentieren ein. So wurde die Palette der BenRiach Malts erheblich vergrößert – aber es ist noch ein weiter Weg, um Bruichladdich mit seinen über 200 Varianten zu übertreffen.

**◄ BENRIACH 16-YEAR-OLD**
**SINGLE MALT: SPEYSIDE**
**40 VOL.-%**

Ein nussiger, würziger Speyside mit honigartiger Struktur im Mund und eventuell einer Idee Rauch.

**BENRIACH 20-YEAR-OLD**
**SINGLE MALT: SPEYSIDE**
**40 VOL.-%**

Lange Jahre im Eichenfass gereift, hat er ein trockenes, holziges Aroma mit scharfen Zitrusnoten und reinem Nachklang.

# BENRINNES

**Schottland**
*Aberlour, Banffshire*

Die heutige Brennerei geht zurück auf eine Gründung von 1826 auf dem Gelände der Whitehouse Farm durch Peter McKenzie. Nur drei Jahre später fiel sie einer Überschwemmung zum Opfer. 1834 entstand einige Kilometer entfernt die Destillerie Lyne of Ruthrie, die einen Bankrott und einen schweren Brand 1896 überstand. Heute steht hier eine moderne Brennerei, die Mitte der 1950er-Jahre neu errichtet wurde. Sie verfügt über sechs Stills, die teils dreifach brennen – je eine Wash Still mit zwei Spirit Stills.

**BENRINNES FLORA & FAUNA 15-YEAR-OLD ▶**
**SINGLE MALT: SPEYSIDE**
**43 VOL.-%**
Die einzige offizielle Hausabfüllung ist recht üppig, mit etwas Rauch, würzigen Aromen und cremigem Körper.

# BENROMACH

**Schottland**
*Forres, Morayshire*
*www.benromach.com*

Die kleine Brennerei mit einer Höchstproduktion von 500 000 Litern reinen Alkohols wurde 1898 gegründet und wechselte innerhalb von 100 Jahren sechsmal den Eigentümer. Unter anderem war sie im Besitz von National Distillers of America, neben Bourbonmarken wie Old Crow und Old Grand-Dad. Schließlich landete auch sie bei DCL, später UDV (United Distillers & Vintners), und wurde 1983 neben vielen anderen stillgelegt. Diesmal wurden die

**◀ BENROMACH TRADITIONAL**
**SINGLE MALT: SPEYSIDE**
**40 VOL.-%**
Reiner, leichter, blumiger Charakter mit Andeutungen von Phenol und einer Spur Karamell.

**BENROMACH CASK STRENGTH 1981**
**SINGLE MALT: SPEYSIDE**
**54,2 VOL.-%**
In der Nase zuerst verschlossen, öffnet sich aber mit Wasser und offenbart reife Fruchtaromen und Noten von Zimt und Sherry-Trifle.

Brennblasen abgebaut und die Lagerhäuser eingerissen, und es schien, als würde Benromach nie wieder Whisky produzieren.

Glücklicherweise befand sich damals nicht nur die Whiskybranche in der Krise, sonst hätte ein geschäftstüchtiger Immobilienentwickler das Firmengelände zweifellos rasch zu Geld gemacht. Benromachs Rettung nahte in Gestalt von Gordon & MacPhail aus Elgin, einem unabhängigen Abfüller, der 1993 die Brennerei kaufte. Nach dem Einbau von zwei neuen Stills floss 1999 wieder der erste Alkohol – anlässlich der offiziellen Neueröffnung durch Prinz Charles.

**BENROMACH ORIGINS ►**
**SINGLE MALT: SPEYSIDE**
**50 VOL.-%**
Origins ist eine neue Reihe. Für den Namen Batch I Golden Promise stand die verwendete Gerste Pate. Reifte in neuen und gebrauchten Sherryfässern.

**BENROMACH 25-YEAR-OLD**
**SINGLE MALT: SPEYSIDE**
**43 VOL.-%**
Im Bourbonfass gereifte Jahrgangsabfüllung. Reif, weich im Mund, mit fruchtigem Zitruscharakter.

# BERNHEIM

**USA**

*Heaven Hill Distillery,*
*1701 West Breckinridge Street,*
*Louisville, Kentucky*
*www.bernheimwheatwhiskey.com*

Die Marke wurde nach der Bernheim Distillery in Louisville (Kentucky) benannt, die seit 1999 im Besitz von Heaven Hill ist *(s. S. 177)*. Der 2005 herausgekommene Bernheim ist der einzige Wheat Whiskey auf dem US-Markt. Die Brennmeister, Vater und Sohn Parker sowie Craig Beam, entwickelten die Weizenformel mit wenigstens 51 % Winterweizen; die Rezeptur enthält auch Mais und gemälzte Gerste.

**◄ BERNHEIM ORIGINAL**
**WHEAT WHISKEY 45 VOL.-%**
Leichte Fruchtnoten im würzigen Duft. Frisch geschnittenes Holz, Sahnekaramell, Vanille, süßliches Getreide und ein Hauch Minze im Mund. Ein langer, eleganter und würziger Nachklang mit Honigtönen.

# BLACK & WHITE

**Schottland**
*Besitzer: Diageo*

Black & White, eine angesehene Marke aus dem Hause Buchanan, trug ursprünglich den Namen Buchanan's Special. Es heißt, dass James Buchanan um 1890 seinen Whisky in einer sehr dunklen Flasche mit weißem Etikett an das House of Commons lieferte. Die Parlamentarier, die sich den Namen nicht merken konnten, verlangten einfach nach »Black and White«. Buchanan übernahm den Namen und schmückte das Etikett mit zwei Hunden – einem schwarzen und einem weißen Terrier. Heute wird Black & White von Diageo in Frankreich, Brasilien und Venzuela vertrieben, wo er so populär ist wie in seiner Heimat schon lange nicht mehr.

**BLACK & WHITE ▶**
**BLEND 40 VOL.-%**
Ein Spitzenblend im traditionellen Stil. Spuren von Torf, Rauch und Eiche.

# BLACK BOTTLE

**Schottland**

*Besitzer: Burn Stewart Distillers*

Burn Stewart hat viel in die Qualität des Blends investiert, und viele Verkoster meinen, dass sein Profil jetzt dem des ursprünglichen Blends aus dem 19. Jahrhundert sehr nahe kommt. Zurzeit plant man, den ausgezeichneten 10-Jährigen aufzugeben – eine Folge der steigenden Nachfrage nach billigeren Blended Whiskys. Ein Qualitäts-Blend, den man verkosten sollte, bevor die Vorräte zur Neige gehen.

**◀ BLACK BOTTLE**

**BLEND 40 VOL.-%**

Enthält Malt aus sieben Islay-Brennereien sowie einen Anteil Deanston Malt der Burn Stewart Distilleries. In der Nase frisch und fruchtig, mit einem Hauch Torf, am Gaumen voll mit leicht honigartiger Süße und ausgeprägt rauchigem Aroma. Nachklang lang und warm, mit rauchigem Islay-Charakter.

**BLACK BOTTLE 10-YEAR-OLD**

**BLEND 40 VOL.-%**

Enthält wie der ursprüngliche Blend Malts aus sieben Islay-Brennereien, ist aber voller und runder.

# BLACK DOG

**Schottland**
*Besitzer: Whyte & Mackay*
*www.unitedspirits.com*

Walter Millard, ein Schotte, der Handelsgeschäfte in Kalkutta betrieb, suchte nach einem Blend für den indischen Markt. Nach einigen Nachforschungen beauftragte er 1883 Charles Mackinlay & Co., den Whisky herzustellen. Als leidenschaftlicher Angler benannte er ihn nach einem beliebten Köder zum Fliegenfischen, der für Lachse verwendet wird. Black Dog wurde 2006 erneut in Indien eingeführt. Im Folgejahr übernahm United Spirits, der größte Brenner des Subkontinents, die Firma Whyte & Mackay, zu der Black Dog gehört.

**BLACK DOG CENTENARY ▶**
**BLEND 40 VOL.-%**
Süßes Malz, leichter Butterkaramell und Sahne, mit zarten Kräuternoten in der Nase. Fester Körper, mit Malz, Eichenholz, dunkler Schokolade und Karamell im Mund.

# BLACK VELVET

**Kanada**

*2925 9th Avenue North,*
*Lethbridge, Alberta*
*www.ebrands.com*

Black Velvet belegt unter den meistverkauften kanadischen Whiskys in den USA den dritten Platz. Er wurde von Gilbey Canada in den 1950er-Jahren als Black Label kreiert und in der Old Palliser Distillery in Toronto hergestellt. Er war so erfolgreich, dass man 1973 die Black Velvet Distillery in Lethbridge gründete, im Schatten der Rocky Mountains nahe der amerikanischen Grenze. 1999 wurden Black Velvet und Palliser an Barton Brands verkauft (heute Constellation Brands).

**◀ BLACK VELVET RESERVE**
**BLEND 40 VOL.-%**
Leichter, weicher Duft mit Vanillenoten. Am Gaumen mild und süß, mit Butterkaramell, einer leichten Zitrusnote und etwas Würze. Samtweicher Körper, doch wenig Tiefe.

# BLADNOCH

**Schottland**
*Bladnoch, Wigtown, Wigtonshire*
*www.bladnoch.co.uk*

Bladnoch, die südlichste Brennerei Schottlands, wurde im 20. Jahrhundert mehrfach verkauft, häufig war sie auch ganz stillgelegt. Guinness UDV (heute Diageo) verkaufte sie schließlich an Raymond Armstrong aus Nordirland. Es wurde zwar vereinbart, dass Bladnoch nie wieder Whisky produziert, doch die Brennerei darf heute 250 000 Flaschen pro Jahr erzeugen. Wer möchte, kann den Whisky hier auch fassweise kaufen. 2009 kamen die ersten neuen Abfüllungen auf den Markt. Geringe Mengen Bladnoch wurden auch unter dem Label Flora & Fauna vermarktet.

**BLADNOCH 15-YEAR-OLD ▶**
**SINGLE MALT: LOWLANDS**
**55 VOL.-%**
Ein leichter, spritziger Aperitif-Whisky mit einem Hauch von grünem Apfel.

**BLADNOCH 18-YEAR-OLD**
**SINGLE MALT: LOWLANDS**
**55 VOL.-%**
Dieser weiche Lowland Malt wird ohne Kaltfiltration in Fassstärke abgefüllt und ist ausgeprochen rar.

# BLAIR ATHOL

**Schottland**
*Pitlochry, Perthshire*
*www.discovering-distilleries.com/blairathol*

1798 erwarben John Stewart und Robert Robertson eine Lizenz für ihre Aldour Distillery am Rande von Pitlochry. In einer Gegend voller illegaler Brennereien hatten Steuern zahlende Unternehmen schwer zu kämpfen, und Aldour musste bald schließen. 1826 wurde die Brennerei durch Alexander Connacher wieder eröffnet, der sie Blair Athol nannte. Mehr als 30 Jahre belieferte man den Verschneider Arthur Bell & Sons, der den Betrieb 1933 übernahm. Mit Ausnahme eines 12-Jährigen und gelegentlicher Rare-Malt-Abfüllungen geht jeder Tropfen in Blends.

**◀ BLAIR ATHOL FLORA & FAUNA 12-YEAR-OLD**
**SINGLE MALT: HIGHLANDS**
**43 VOL.-%**
Weiche, runde Aromen mit Gewürzen und kandierten Früchten; eine Spur Rauch im Nachklang.

# BLANTON'S

**USA**

*Buffalo Trace Distillery,*
*1001 Wilkinson Boulevard,*
*Frankfort, Kentucky*
*www.blantonsbourbon.com*

Colonel Albert Bacon Blanton arbeitete nicht weniger als 55 Jahre in der heutigen Brennerei Buffalo Trace, wo er 1897 als Bürogehilfe begann und schließlich 1912 Geschäftsführer wurde. Als er 1952 in den Ruhestand ging, wurde die Brennerei zu seinen Ehren in Blanton's umbenannt (bis 2001). Die Einzelfassabfüllung wurde 1984 von Brennmeister Elmer T. Lee kreiert, der mit Blanton in den 1950er-Jahren arbeitete.

**BLANTON'S SINGLE BARREL ▶**
**BOURBON 46,5 VOL.-%**
Die Nase ist weich, mit Sahnekaramell, Leder und wenig Minze. Vollmundig und rund; ein bemerkenswert süßer Bourbon mit Vanille, Karamell, Honig und Gewürzen. Langer, cremiger Nachklang, ein Hauch Gewürz.

# BLENDERS PRIDE

## Indien

*Besitzer: Pernod Ricard*
*www.pernod-ricard.com*

Seit die Marke zum Portfolio von Pernod Ricard gehört, steht sie Kopf an Kopf mit Royal Challenge *(s. S. 305)* als Marktführer in ihrem Segment. Blenders Pride ist ein Premium-IMFL aus schottischen Malts und indischen Grains, dessen Name auf eine Anekdote zurückgeht, die berichtet, dass die Brennmeister ein Fass Whisky in regelmäßigen Abständen der Sonnenwärme aussetzten. Die delikate Süße und der aromatische Geschmack des Blends zeugen vom Erfolg ihres Experiments.

◄ **BLENDERS PRIDE**
**BLEND 42,8 VOL.-%**
Weiches, üppiges Gefühl im Mund. Süßer Geschmack, der einem enttäuschend matten Nachklang weicht.

# BOOKER'S

**USA**
*Jim Beam Distillery,*
*149 Happy Hollow Road,*
*Clermont, Kentucky*
*www.smallbatch.com*

Booker's, eine Marke der weltweit tätigen Firma Jim Beam, wurde nach Jim Beams Enkel Booker Noe benannt. Sie wird nach derselben Formel wie Baker's *(s. S. 30)* gemacht und nach wie vor ungefiltert und unverdünnt abgefüllt, um ihre natürlichen Fassaromen zu erhalten.

**BOOKER'S KENTUCKY STRAIGHT ▶**
**BOURBON 60,5–63,5 VOL.-%**
Groß, fruchtig und würzig in der Nase. Booker's ist süß und leicht nussig am Gaumen, mit Feuer und Würze im eichigen Nachklang. Ein großer, traditioneller, edler Bourbon.

# BOWMORE

**Schottland**
*Bowmore, Isle of Islay*
*www.bowmore.co.uk*

Die älteste noch bestehende Brennerei auf Islay wurde 1779 von John Simpson gegründet. Die Brennerei blieb jahrelang klein, bis die Glasgower Firma W. & J. Mutter sie 1837 kaufte. Innerhalb von 50 Jahren stieg die Produktion auf 900 000 Liter, die man in Fässer füllte und nach Glasgow verschiffte, wo die Firma unterhalb der Central Station ein Lagerhaus unterhielt. 1963 übernahm Stanley P. Morrison das Unternehmen. Seitdem ist es die Vorzeigebrennerei von Morrison Bowmore (im Besitz der japanischen Suntory-Gruppe).

**◀ BOWMORE 12-YEAR-OLD**
**SINGLE MALT: ISLAY 40 VOL.-%**
Feinaromatisch, mit einer Mischung aus Zitrusfrucht und Rauch in der Nase, die sich auf der Zunge fortsetzt, dazu etwas dunkle Schokolade.

**BOWMORE LEGEND**
**SINGLE MALT: ISLAY 40 VOL.-%**
Trocken und erfrischend, mit schwachem Zitrusaroma, das in einen rauchigen Nachklang mündet.

Bowmore steht am Ufer von Loch Indaal. Die salzige Meerluft weht ungehindert in die Lagerhäuser und durchdringt die Fässer. Die Brennerei verfügt über zwei Paar Stills, sechs Washbacks aus Oregon-Kiefer und unterhält eigene Mälzböden, die 40 % des Bedarfs decken. Ob die Verwendung des eigenen, mit 25 mg/l getorften Malzes großen Einfluss auf das Aroma von Bowmore hat, ist schwer zu sagen, aber den gesamten Prozess zu sehen – von der frisch eingeweichten Gerste zur torfbefeuerten Darre mit dichtem blauem Rauch – macht den Besuch dieser Brennerei zu einem Erlebnis.

**BOWMORE 15-YEAR-OLD ▶**
**SINGLE MALT: ISLAY 43 VOL.-%**
Die tiefe Mahagonifarbe stammt von zwei Jahren Reifezeit im Oloroso-Sherryfass, das Bowmores typischer Rauchnote eine rosinenartige Süße mitteilt.

**BOWMORE 17-YEAR-OLD**
**SINGLE MALT: ISLAY 43 VOL.-%**
Üppiger Karamell in der Nase, im Hintergrund Torf. Cremige Struktur mit Malz, Torf und Frucht am Gaumen; langer, warmer Nachklang.

# Whisky-Tour: Islay

»Torf-Fans« lieben den typischen Islay-Geschmack und besuchen gern die Hebrideninsel – vor allem während des jährlichen Islay Festival of Malt and Music Ende Mai. Man erreicht Islay mit dem Flugzeug von Glasgow aus und mietet einen Wagen. Mit dem eigenen Auto nimmt man die Caledonian-MacBrayne-Fähre von Kennacraig aus. In vier Tagen kann man alle acht Brennereien besuchen.

## TAG 1: CAOL ILA, BUNNAHABHAIN

❶ Nach der Ankunft in Port Askaig empfiehlt sich als Unterkunft das kleine Port Askaig Hotel (*www.portaskaig.co.uk*). Von dort kann man zur Brennerei **Caol Ila** wandern, der produktivsten der Insel. (*www.discovering-distilleries.com/caolila*)

❷ Auf der Küstenstraße von Port Askaig nach **Bunnahabhain**. Dort entsteht der am leichtesten getorfte Whisky der Insel. Tipp: Genießen Sie die Ruhe von Bunnahabhain Bay in einem der Cottages. (*www.bunnahabhain.com*)

DIE BRENNBLASEN VON CAOL ILA

## TAG 2: KILCHOMAN, BRUICHLADDICH

❸ **Kilchoman** ist die jüngste und kleinste Brennerei der Insel und besitzt ein nettes Café, in dem nur mit lokalen Zutaten gekocht wird. Eine schöne Alternative ist ein Picknick in der Machir Bay. Kilchoman verkauft Spezialabfüllungen, die nur dort erhältlich sind. (*www.kilchomandistillery.com*)

❹ In **Bruichladdich** (*www.bruichladdich.com*) erfahren Sie im Museum of Islay Life (*www.islaymuseum.org*) alles über das illegale Brennen. Danach genießen Sie ein Abendessen im Port Charlotte Hotel. (*www.portcharlottehotel.co.uk*)

BRUICHLADDICH

### TOUR-INFO

**DAUER:** 4 Tage
**LÄNGE:** 96 Kilometer
**REISE:** Auto, Wandern
**BRENNEREIEN:** 8

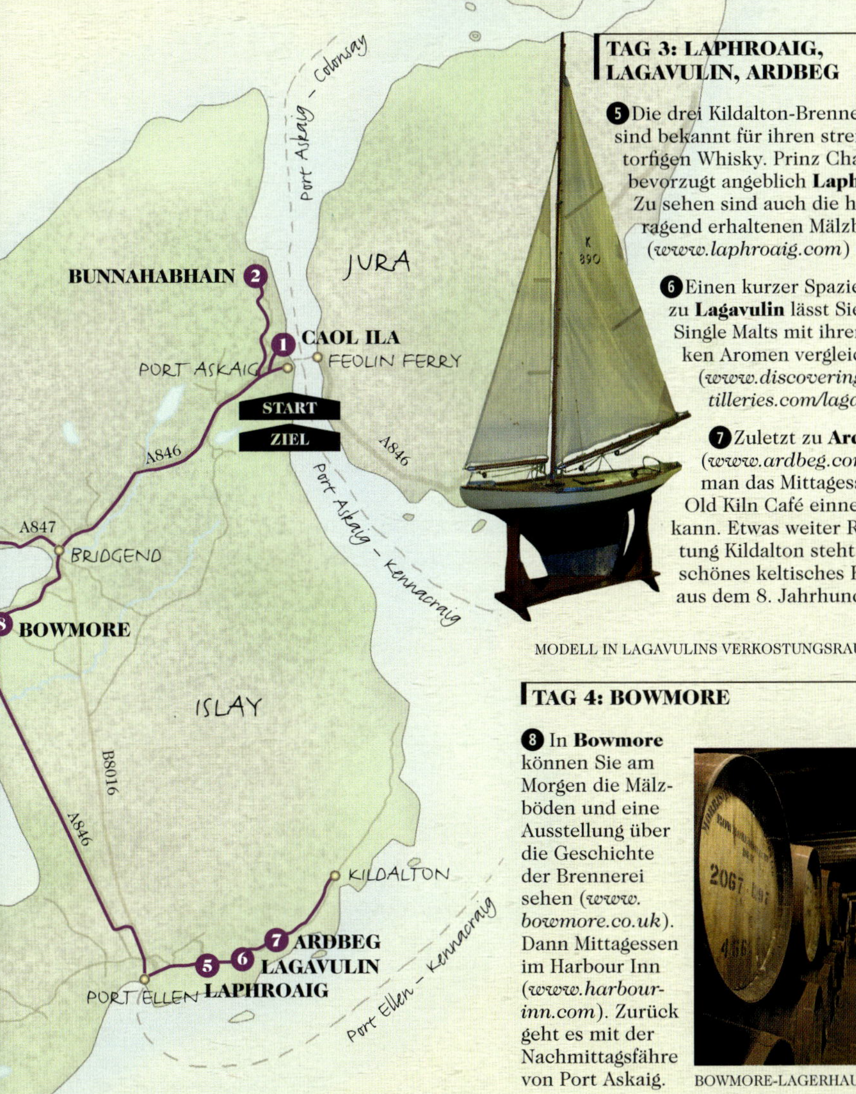


## TAG 3: LAPHROAIG, LAGAVULIN, ARDBEG

**5** Die drei Kildalton-Brennereien sind bekannt für ihren strengen, torfigen Whisky. Prinz Charles bevorzugt angeblich **Laphroaig**. Zu sehen sind auch die hervorragend erhaltenen Mälzböden. (*www.laphroaig.com*)

**6** Einen kurzer Spaziergang zu **Lagavulin** lässt Sie die Single Malts mit ihren starken Aromen vergleichen. (*www.discovering-distilleries.com/lagavulin*)

**7** Zuletzt zu **Ardbeg** (*www.ardbeg.com*), wo man das Mittagessen im Old Kiln Café einnehmen kann. Etwas weiter Richtung Kildalton steht ein schönes keltisches Kreuz aus dem 8. Jahrhundert.

MODELL IN LAGAVULINS VERKOSTUNGSRAUM

## TAG 4: BOWMORE

**8** In **Bowmore** können Sie am Morgen die Mälzböden und eine Ausstellung über die Geschichte der Brennerei sehen (*www.bowmore.co.uk*). Dann Mittagessen im Harbour Inn (*www.harbour-inn.com*). Zurück geht es mit der Nachmittagsfähre von Port Askaig.

BOWMORE-LAGERHAUS

# BRAUNSTEIN

**Dänemark**

*Braunstein, Carlsensvej 5, 4600 Koge*
*www.braunstein.dk*

Braunstein, eine Brauerei in einem alten Lagerhaus im Hafen von Koge, brennt in einer kleinen Still Spirituosen aus gemälzter Gerste. Das Ergebnis ist rein, frisch und fruchtig. Die Reifung erfolgt in ehemaligen Oloroso-Sherryfäsern. Jedes Jahr kommt eine neue Abfüllung des Whiskys heraus. Die Brennerei erzeugt ferner Aquavit, Kräuterschnäpse, Schnaps sowie ein Bier namens BB Amber Lager. Jeden Monat finden Verkostungen statt.

◀ **BRAUNSTEIN**
**SINGLE MALT (VARIABLE VOL.-%)**
Früchte, Rosinen und Schokolade treten bei diesem Single Malt, dessen Stärke von Abfüllung zu Abfüllung variiert, in den Vordergrund.

# BRUICHLADDICH

**Schottland**
*Bruichladdich, Isle of Islay*
*www.bruichladdich.com*

Bruichladdich befindet sich auf Islay, am Ufer von Loch Indaal, gegenüber von Bowmore.
Die Brennerei wurde 1881 erbaut und erhielt eine Ausstattung nach dem letzten Stand der Technik mit modernen Hohlmauern und eigenem Dampfgenerator.

Nach mehreren Verkäufen wurde sie 1994, wie es schien, endgültig geschlossen. Die Rettung nahte Ende 2000 in Gestalt eines Privatkonsortiums unter Leitung von Murray McDavid. Der Brennmeister ☛

**BRUICHLADDICH 18-YEAR-OLD ▶**
**SINGLE MALT: ISLAY 46 VOL.-%**
Es gab zwei Versionen dieser Limited Edition: Die erste erhielt ihr Finish in Süßweinfässern aus Deutschland, die zweite in Süßweinfässern aus dem französischen Jurançon.

**BRUICHLADDICH 21-YEAR-OLD**
**SINGLE MALT: ISLAY 46 VOL.-%**
Gereift in Oloroso-Sherryfässern und entsprechend intensiv gefärbt. Ein strenger Malt mit schwefligen Noten, für Freunde von deutlichen Sherrytönen.

# BRUICHLADDICH

☛ war von Anfang an Jim McEwan. Er gab für das neue Unternehmen seine Karriere bei Bowmore auf.

Seit 2003 füllt Bruichladdich als erste Brennerei Islays ihren Whisky auf der Insel ab. Vom sherrybetonten Blacker Still und dem rosatönigen Flirtation bis zu 3D, Infinity und The Yellow Submarine – die Palette ist erstaunlich. Bis jetzt kamen über 200 Abfüllungen, viele in sehr begrenzten Mengen, heraus. Was die Fangemeinde mitunter frustrieren mag, verhilft dieser einzigartigen Brennerei zu großer Reputation.

**◄ BRUICHLADDICH WAVES**
**SINGLE MALT: ISLAY 46 VOL.-%**
Ein moderat getorfter Malt, der in Bourbon- und in Madeirafässern reift.

**BRUICHLADDICH PEAT**
**SINGLE MALT: ISLAY 46 VOL.-%**
Ein kräftiger, phenolischer Whisky mit dem Duft von Lagerfeuer, Seetang und süßem Räucherspeck.

# BUCHAN'S

## Schottland

*Besitzer: Diageo*

James Buchanan war ein berühmter Whiskybaron – einer jener viktorianischen Unternehmer, die Scotch in der Welt bekannt und dabei ein Vermögen gemacht haben. Er begann als Vertreter 1879, stieg jedoch bald selbst in den Handel ein, und schnell wurde sein Whisky vom House of Commons angenommen. Unter dem aktuellen Besitzer Diageo gedeiht die Marke heute erneut. Als Premiumblend wird Buchanan's in Venezuela, Mexiko, Kolumbien und den USA geschätzt. Es gibt zwei Varianten: einen 12-Jährigen und den 18-jährigen Special Reserve.

**BUCHANAN'S 12-YEAR-OLD ▶**
**BLEND 40 VOL.-%**
Üppig in der Nase, mit Sherry und Gewürzen. Dünner am Gaumen, mit bitteren Noten von getrockneter Zitrone. Weinig, mit einem Hauch trockenen Holzes.

# BUFFALO TRACE

**USA**

*Buffalo Trace Distillery,*
*1001 Wilkinson Boulevard,*
*Frankfort, Kentucky*
*www.buffalotrace.com*

Die Buffalo Trace Distillery, früher bekannt als Ancient Age *(s. S. 15)*, liegt an einer Furt, wo früher Herden wandernder Büffel auf dem Great Buffalo Trace genannten Pfad den Kentucky River durchquerten.

Buffalo Trace rühmt sich der breitesten Palette an Altersstufen in den USA und ist die einzige US-Brennerei, die fünf verschiedene Sorten produziert – einen Weizenwhiskey, einen Roggenwhiskey, zwei Bourbons aus Roggen sowie einen aus Gerste. Die Buffalo Trace Experimental Collection an fassstarken, in Weinfässern gereiften Whiskeys kam 2006 heraus.

**◄ BUFFALO TRACE KENTUCKY STRAIGHT BOURBON**

**BOURBON 45 VOL.-%**

Wenigstens neun Jahre alt. Er zeigt Aromen von Vanille, Gummi, Minze und Sirup. Süß, fruchtig und würzig am Gaumen, mit aufkommendem braunen Zucker und Eiche. Der Nachklang ist lang, würzig und recht trocken, Vanille entwickelt sich.

# BULLEIT

## USA

*Four Roses Distillery,*
*1224 Bonds Mill Road,*
*Lawrenceburg, Kentucky*
*www.bulleitbourbon.com*

Der Schankwirt Augustus Bulleit betätigte sich auch als Brenner und erzeugte seit den 1830er-Jahren Bulleit Bourbon. Mit seinem Tod 1860 kam die Produktion zum Erliegen. Die Marke wurde jedoch 1987 unter Verwendung der Originalrezeptur von seinem Ururenkel Tom Bulleit wiederbelebt. Seagram übernahm sie später, dann ging sie an Diageo. Bulleit wird heute von der Brennerei Four Roses *(s. S. 124)* für Diageo gebrannt und hat einen hohen Roggenanteil von 29%.

**BULLEIT BOURBON ▶**
**BOURBON 40 VOL.-%**
Üppige Eichennoten führen zu einem reifen Geschmack, der um Vanille und Honig kreist. Der mittellange Nachklang zeigt Vanille und einen Hauch Rauch.

# BUNNAHABHAIN

**Schottland**
*Port Askaig, Islay*
*www.bunnahabhain.com*

Bevor die Brennereien von Islay für den ausgeprägt rauchigen Charakter ihrer Single Malts bekannt wurden, waren ihre Abnehmer vor allem die Verschneider. Sie verwendeten jedoch nur geringe Mengen, da die Mischung sonst unausgewogen schmeckte. So verwendete die nördlichste Brennerei der Insel kaum oder nur leicht getorftes Malz. Bunnahabhain produziert auch spezielle Auflagen für Feis Ile, das alljährliche Malt- und Musikfestival auf Islay.

**◄ BUNNAHABHAIN 12-YEAR-OLD**
**SINGLE MALT: ISLAY 40 VOL.-%**
Ein reiner, erfrischender Whisky mit dem Duft von Ozon und Meeresgischt, der sich im Mund in nussige, malzige Süße verwandelt.

**BUNNAHABHAIN 18-YEAR-OLD**
**SINGLE MALT: ISLAY 43 VOL.-%**
Hier ist der Sherryeinfluss stärker, und der malzige Charakter, der Bunnahabhain generell eigen ist, tritt zurück. Breitere Struktur und Holzaromen.

# BUSHMILLS

**Irland**
*2 Distillery Road, Bushmills,*
*County Antrim*
*www.bushmills.com*

Bushmills bietet für jeden etwas: Die moderne Brennerei ist in einem schönen viktorianischen Gebäude untergebracht; das Unternehmen ist klein und vermarktet dennoch seine Produkte weltweit; Besucher sind hier jederzeit herzlich willkommen.

Bushmills produziert nur Malt Whiskey und bezieht den Grain für die Blends von Midleton. Der Whiskey reift vor Ort in einem der zehn Lagerhäuser. ☛

**BUSHMILLS ORIGINAL ▶**
**BLEND 40 VOL.-%**
Ein fruchtiger, gut zu trinkender Schluck mit Vanilleton. Sein reiner, klarer Charakter zeichnet ihn aus. Ein Türöffner zur Welt irischen Whiskeys.

**BUSHMILLS BLACK BUSH**
**BLEND 40 VOL.-%**
Eine lebende Legende. Black Bush ist so etwas wie der liebenswerte Schelm in der Familie. Ein sehr nobles Glas voll Honig-Nuss-Leckerei mit extrem seidigem Gefühl im Mund. Der Maßstab für irische Blends.

## BUSHMILLS

Erstaunlicherweise ist es für Bushmills kein Problem, Single Malt und Blends unter demselben Namen zu verkaufen – Regeln sind dazu da, um gebrochen zu werden. Das gilt auch für den Whiskey zur Feier des 400-jährigen Bestehens. Keine andere Brennerei hätte zu diesem Anlass einen Blend gewählt – noch dazu einen mit 46 Vol.-%.

### ◀ BUSHMILLS MALT 10-YEAR-OLD

**SINGLE MALT 40 VOL.-%**

Typisch für einen dreifach gebrannten, torffreien Whiskey, gefällt dieser Charmeur fast jedem. Ein Hauch Sherryholz, aber – der noble Malt – süß, mit einem Hauch Karamellschokolade. Ein klassischer, sehr ansprechender irischer Malt.

### BUSHMILLS MALT 16-YEAR-OLD

**SINGLE MALT 40 VOL.-%**

Dieser Malt ist mehr als eine ältere Version des 10-Jährigen. Die Mischung aus in Bourbon- und Sherryfässern gereiften Malts wird für weitere neun Monate in Portweinfässern vermählt. Die drei Hölzer erzeugen einen Aufruhr von Dörrobstaromen mit Mandeln und allgegenwärtigem Honig.

# CAMERON BRIG

**Schottland**

*Cameronbridge Distillery, Winygates, Leven, Fife*

Missverstanden, kaum unverschnitten getrunken und falsch präsentiert – Grain Whiskys sind die armen Verwandten des Scotch. Sie bilden jedoch die wesentliche Komponente aller Blends und können als Single-Grain-Abfüllung viel Charme entfalten. Cameron Brig entsteht in der Cameronbridge Distillery in Fife. Mag allein die schiere Menge der Grain-Whisky-Produktion manchem ein Dorn im Auge sein, so kann ein qualitätvoller Grain doch großen Genuss bereiten. Cameron Brig, Diageos einziges Produkt in dieser Kategorie, enttäuscht die Erwartungen nicht.

**CAMERON BRIG**
**12-YEAR-OLD ▶**

**SINGLE GRAIN 40 VOL.-%**

In der Nase sauber und grasig, mit etwas Honig. Am Gaumen weich; nussig und fest, mit einem bitteren Kaffeehauch im Nachklang.

# CANADIAN CLUB

**Kanada**
*Hiram Walker Distillery,*
*Riverside Drive East,*
*Walkerville, Ontario*
*www.canadianclubwhisky.com*

Canadian Club ist die älteste und wichtigste Whiskymarke Kanadas. Eingeführt 1884 von Hiram Walker und einfach »Club« genannt, zielte sie auf die anspruchsvollen Mitglieder der Gentlemen's Clubs. In einer Zeit, als Whisky meist im Fass verkauft wurde, lieferte man diesen schon in Flaschen und verhinderte damit, dass er gepanscht werden konnte – eine Praxis, die andere Hersteller bald übernahmen.

**◄ CANADIAN CLUB RESERVE**
**BLEND 40 VOL.-%**
Bei Geburt verschnitten, dann für ein üppigeres Aroma in kleinen Eichenfässern gelagert.

**CANADIAN CLUB 6-YEAR-OLD 100 PROOF**
**BLEND 50 VOL.-%**
Gemixt kommen die typischen Aromen besser zur Geltung.

Das Unternehmen war seit der Zeit Königin Victorias lange Hoflieferant der britischen Krone. Ein weniger hochgestellter Kunde, Al Capone, schmuggelte während der Prohibition Tausende von Kisten über die Grenze.

Die Markenrechte für Canadian Club wurden 2005 an Fortune Brands verkauft, den Besitzer von Jim Beam *(s. S. 204)*. Canadian Club wird »bei Geburt verschnitten« – die Whiskykomponenten also vor der Reifung von wenigstens fünf Jahren gemischt. Die Standardabfüllung ist ein 6-Jähriger. Ältere, wie der 20-Jährige, kommen gelegentlich hinzu.

**CANADIAN CLUB PREMIUM ▶**
**BLEND 40 VOL.-%**
Cremig und getreidig; recht spritig. Trockener als die meisten kanadischen Whiskys, mit etwas Rauch und Nuss.

**CANADIAN CLUB CLASSIC**
**BLEND 40 VOL.-%**
Nase von tropischen Früchten, Eiche, Honig und etwas Sahnekaramell. Sehr weicher süßer Geschmack, im Nachklang Banane.

# CANADIAN MIST

**Kanada**
*202 MacDonald Road,*
*Collingwood, Ontario*
*www.canadianmist.com*

Von diesem 1965 herausgekommenen Whisky werden heute in den USA 3 Mio. Kisten pro Jahr verkauft. Die Brennerei unterscheidet sich in verschiedener Hinsicht von allen anderen: Ihre Ausrüstung besteht aus Edelstahl, sie ist die einzige kanadische Brennerei, die eine Maische aus Mais und gemälzter Gerste verwendet, und sie importiert ihren Roggenbrand von Early Times in Kentucky *(s. S. 111)*. Fast die gesamte Spirituose wird zum Verschnitt dorthin verfrachtet. Neben der beliebten Marke Canadian Mist ist auch der 1185 Special Reserve erhältlich.

◀ **CANADIAN MIST**
**BLEND 40 VOL.-%**
Leicht fruchtig in der Nase, mit Vanille- und Karamellnoten. Milder, süßer Geschmack mit etwas Vanille-Toffee.

# CAOL ILA

**Schottland**
*Port Askaig, Islay*
*www.malts.com*

So wie Ardbeg neben Laphroig die zweite Geige bei Allied Domecq spielte, erging es Caol Ila neben Lagavulin bei Diageo. Dies ändert sich, seit die Besitzer Caol Ila als Spitzen-Single-Malt vermarkten.

Die Brennerei wurde 1846 gebaut und 1857 an den großen Glasgower Verschneider Bulloch Lade verkauft, der Caol Ila 1879 neu und größer errichten ließ.

1974 wurde die Brennerei nach einem weiteren Neubau wiedereröffnet. Das einzige originale Gebäude ist seitdem das Lagerhaus.

**CAOL ILA 12-YEAR-OLD ▶**
**SINGLE MALT: ISLAY 43 VOL.-%**
Der Duft von Teer und Torf wird durch malzige Süße und Zitrusaromen ausbalanciert. Ölige Struktur mit Noten von Sirup und Rauch.

**CAOL ILA DISTILLERS EDITION 1995**
**SINGLE MALT: ISLAY 43 VOL.-%**
Süß, rauchig und malzig, mit aromatischen Gewürzen (Zimt), vor allem im Nachklang. Die am besten abgerundete Variante der Kernpalette.

# CARDHU

**Schottland**
*Knockando, Aberlour, Morayshire*
*www.malts.com*

Es war nur eine kleine Hofbrennerei, die Elizabeth Cumming um 1880 erweitern ließ. Nach dem Verkauf an Johnnie Walker avancierte sie zur geistigen Heimat dieses Blends. In den 1990er-Jahren führte die Nachfrage nach 12-jährigem Cardhu in Spanien zu Lieferengpässen. Eine Umbenennung in Cardhu Pure Malt ermöglichte die Zugabe anderer Malts. Nach viel Empörung musste Diageo jedoch die Marke 2003 zurücknehmen und Cardhu wieder als echten Single Malt verkaufen.

**◄ CARDHU 12-YEAR-OLD**
**SINGLE MALT: SPEYSIDE**
**40 VOL.-%**
Heidekraut und Birnenbonbons. Leichter bis mittlerer Körper und malziges, nussiges Aroma, das recht kurz endet.

**CARDHU SPECIAL CASK RESERVE**
**SINGLE MALT: SPEYSIDE**
**40 VOL.-%**
Mehr Tiefe und Körper als der 12-Jährige, Pfirsicharoma und eine süßere, cremigere Struktur auf der Zunge.

# CATDADDY

## USA

*Piedmont Distillers,*
*203 East Murphy Street,*
*Madison, North Carolina*
*www.catdaddymoonshine.com*

Piedmont ist die einzige lizenzierte Brennerei in North Carolina. Ihr Catdaddy Moonshine zelebriert das große Erbe des Schwarzbrennens in diesem US-Staat. 2005 gründete Joe Michalek mit Piedmont die erste legale Brennerei in den Carolina-Staaten seit der Zeit vor der Prohibition. »Nach der Überlieferung der Schwarzbrenner verdient nur der beste Whiskey, Catdaddy genannt zu werden«, erklärt Michalek. »Wie die Tradition es verlangt, entsteht jede Portion Catdaddy in einer authentischen kupfernen Pot Still.«

**CATDADDY CAROLINA MOONSHINE ▶**
**CORN WHISKEY 40 VOL.-%**
Catdaddy, dreifach in kleinen Portionen aus Mais gebrannt, ist süß und würzig, mit Anklängen von Vanille und Zimt.

# CATTO'S

**Schottland**

*Besitzer: Inver House Distillers*

James Catto, ein Verschneider aus Aberdeen, eröffnete sein Geschäft 1861. Seine Whiskys wurden auf den Schiffslinien White Star und P&O ausgeschenkt. Nach dem Tod seines Sohnes im Ersten Weltkrieg ging die Firma an die Brenner Gilbey's. Später wurde sie von Inver House Distillers erworben. Catto's ist ein luxuriöser, ausgereifter, vielschichtiger Blend. Zwei Varianten sind erhältlich: eine Standardabfüllung ohne Jahresangabe und ein 12-Jähriger von goldgelber, strohfarbener Anmutung, die über seine Komplexität und seinen warmen Nachklang hinwegtäuscht.

**◄ CATTO'S**

**BLEND 40 VOL.-%**

Der Standardblend ist aromatisch und im Charakter gut abgerundet, mit weichem, sanftem Nachklang.

# CHARBAY

## USA

*Domaine Charbay,*
*4001 Spring Mountain Road,*
*St Helena, California*
*www.charbay.com*

Vater Miles und Sohn Marko Karakasevic repräsentieren die zwölfte und 13. Generation einer Familie von Winzern und Brennern. Charbay Double Barrel Hop-Flavoured Whiskey wird in einer 3750 Liter fassenden kupfernen Charentais-Pot-Still doppelt gebrannt. Zweireihige europäische, gemälzte Gerste und die Zugabe von Hopfen in der Maische verleihen ihm sein unverwechselbares Aroma. Er reift in neuen Weißeichenfässern.

### CHARBAY DOUBLE BARREL ▶
**DOUBLE BARREL WHISKEY**
**64 VOL.-%**

In der Nase blumig, dazu Honig, Vanille, Orange, Eiche sowie rauchige Würze. Dieser körperreiche Whiskey bietet Zitrus, Gewürze und Honig am Gaumen, im langen, hopfigen Nachklang entfalten sich Vanille und Dörrobst.

Ichiro's Malt
Ichiro's Malt CHICHIBU NEWBORN
Bourbon Barrel
Distillery: Chichibu
Distilled: June-July 2008
Cask in Date: July 2008
Bottled: October 2008
Alcohol by Volume: 62.5 %
Volume: 700ml
Cask #: 126
Chilfiltration: NO
Artificial Colour: NO
Cask Type: Fresh Bourbon Barrel
Variety of Barley: Braemer
Batch size: 400kg of Malt
Wash backs: 5no. 3100L"Mizunara" Wood
Pot Stills: 2no. 2000L Copper Still
Straight Head, Downward Line Arm
Indirect Fire, Shell & Tube Condenser
Bottle #: 221 of 262


# CHICHIBU

**Japan**
*Vertrieb: Number One Drinks, Netherconesford, King Street, Norwich, UK*
*www.one-drinks.com*

Die jüngste japanische Brennerei gründete Ichiro Akuto, der zuvor für Hanyu tätig war *(s. S. 175)*, 2007. Die kleine Anlage verfügt wahrscheinlich über die weltweit einzigen Washbacks aus japanischer Eiche. Die Lagerung erfolgt in japanischer Eiche, Bourbon-, Sherry- und einigen Cognacfässern. Zwei Linien werden verfolgt: ein Whisky für kurze Lagerung, der andere für lange Reifung. Es gibt Pläne, mit japanischem Torf zu mälzen.

**◄ CHICHIBU NEWBORN**
**NEW MAKE 62,5 VOL.-%**
Er darf noch nicht als Whisky bezeichnet werden, gibt aber eine Ahnung der zu erwartenden Qualität. Wärmend, mit dem für New Make typischen Charakter von unreifer Frucht, dazu etwas grüne Birne und Jasmin. Reiner Geschmack mit ausgewogener Süße.

# CHIVAS REGAL

**Schottland**
*Besitzer: Chivas Brothers*
*www.chivas.com*

Gegründet zu Beginn des 19. Jahrhunderts, hatte Chivas Brothers schnell Erfolg – nicht zuletzt dank guter Beziehungen zum Königshaus. Das Unternehmen gehört heute zu Pernod Ricard.

Das Herz der Chivas Regal Blends bilden Speyside Single Malts, vor allem der üppige, volle Malt der Brennerei Strathisla. Um den Nachschub dieser entscheidenden Zutat zu sichern, kaufte Chivas Brothers die Brennerei 1950. Sie ist hervorragend auf Besucher eingerichtet.

### CHIVAS REGAL 25-YEAR-OLD ▶
**BLEND 40 VOL.-%**

Das Paradestück ist nobel und üppig; wer es probiert, wird nicht nur nippen wollen. Ausgewogen und stilvoll.

### CHIVAS REGAL 12-YEAR-OLD
**BLEND 40 VOL.-%**

Eine aromatische Mischung aus Wildkräutern, Heidekraut, Honig und Früchten. Rund und cremig am Gaumen, mit üppigem Geschmack nach Honig und reifen Äpfeln sowie Noten von Vanille, Haselnuss und Butterkaramell. Üppig und anhaltend.

# CLAN CAMPBELL

**Schottland**

*Besitzer: Chivas Brothers*
*www.clancampbell.fr*

Clan Campbell – eine Marke, die zu Chivas Brothers gehört und damit zu Pernod Ricard – wurde erst 1984 gegründet, ist auf dem Markt aber bereits bestens etabliert. In Großbritannien nicht erhältlich, hat sie eine starke Position auf dem wichtigen französischen Markt und ist auch in Italien, Spanien und Asien populär. Obwohl als Marke noch jung, kann Clan Campbell auf uralte schottische Wurzeln verweisen, dank einer Verbindung zum Duke of Argyll, dem Haupt des Clans. Das älteste Relikt der Whiskybrennerei in Schottland – eine Kühlvorrichtung – wurde auf dem Land der Campbells gefunden.

◄ **CLAN CAMPBELL**
**BLEND 40 VOL.-%**
Enthält Malts aus Speyside (vor allem Aberlour und Glenallachie). Weich und leicht, mit fruchtigem Nachklang.

# CLAN MACGREGOR

**Schottland**
*Besitzer: William Grant & Sons*

Diese preiswerte Zweitmarke wird vor allem in Nordamerika und von Venezuela über den Nahen Osten bis nach Thailand verkauft, doch kaum in ihrer schottischen Heimat. Der Absatz erreicht 1,5 Mio. Kisten pro Jahr. Clan MacGregor, im Besitz von William Grant & Sons, ist eine der am schnellsten wachsenden Whiskymarken Schottlands. Der Blend enthält vorrangig Grants eigene Malts (Glenfiddich, Balvenie und Kininvie) sowie Grain Whisky aus Girvan. Das Etikett zeigt Abzeichen, Motto und persönliches Emblem des 24. Clan-Chefs, Sir Malcolm MacGregor of MacGregor.

**CLAN MACGREGOR ▶**
**BLEND 40 VOL.-%**
Ein Blend aus Grain Whisky und Speyside Malt. Leicht im Stil, duftig, mit nur einem Hauch Frucht.

# THE CLAYMORE

**Schottland**
*Besitzer: Whyte & Mackay*

In den Highlands bezeichnet *claymore* ein Breitschwert. Der Name schien DCL (Vorgänger des Getränkeriesen Diageo) angemessen, als man 1977 versuchte, Marktanteile zurückzugewinnen, die verloren gegangen waren, als man Johnnie Walker Red Label vom britischen Markt nahm. The Claymore mit seinem wettbewerbsfähigen Preis war ein sofortiger Erfolg. 1985 wurde die Marke an Whyte & Mackay veräußert. Sie verkaufte sich noch eine Zeit lang gut, hat in den letzten Jahren jedoch nachgelassen und gilt heute als preiswerte Zweitmarke. Es wird vermutet, dass Dalmore der wichtigste Malt in diesem Blend ist.

◄ **THE CLAYMORE**
**BLEND 40 VOL.-%**
In der Nase schwer und voll, mit seidig-reifen Tönen. Ausgewogen und vollmundig am Gaumen.
Glatter Abgang.

# CLONTARF

## Irland

Clontarf befindet sich seit einigen Jahren in der Krise, und seitdem sind Stil und Geschmack sehr unbeständig. In Clontarf gibt es keine Brennerei; nur die Marke trägt diesen Namen, sodass die Whiskeys von überall her kommen können. Das ist problematisch, denn der Verbraucher liebt Beständigkeit – vor allem bei Blended Whiskeys. Und bei Clontarf weiß man nie genau, was man kauft.

**CLONTARF SINGLE MALT ▶**
**SINGLE MALT 40 VOL.-%**
Süß und dünn; recht angenehm im Mund. Getreidenoten mit einem Hauch Honig, aber etwas eindimensional.

**CLONTARF CLASSIC BLEND**
**BLEND 40 VOL.-%**
Beim Verkosten dieses Blends denkt man an karamellisiertes Popcorn – leider keine angenehme Assoziation.

# CLUNY

**Schottland**
*Besitzer: Whyte & Mackay*

Produziert von Whyte & Mackay, wird Cluny im Fass an Heaven Hill Distilleries geliefert, die den Whisky seit 1988 in den USA abfüllen. Heute gehört er dort zu den meistverkauften Blended Scotch Whiskys. Er enthält über 30 Malts aus allen Regionen Schottlands (darunter Isle of Jura, Dalmore und Fettercairn Single Malts), daneben Grain Whisky, der wahrscheinlich aus Whyte & Mackays Invergordon Distillery stammt. Cluny wird vorwiegend im preisgünstigen Segment angeboten. Unter dem neuen indischen Inhaber von Whyte & Mackay mag er ein Kandidat für weitere internationale Entwicklung sein.

◄ **CLUNY**
**BLEND 40 VOL.-%**
Zart süß-saure Nase mit einem leicht metallischen, bitteren Zug auf der Zunge.

# CLYNELISH

**Schottland**
*Brora, Sutherland*
*www.malts.com*

Die Brennerei in ihrem großen Flachbau von 1967 verfügt über sechs Stills und eine Kapazität von 3,4 Mio. Litern. Auf dem Gelände befindet sich noch eine viel ältere Anlage, die bis 1983 in Betrieb war – Brora, 1819 vom Marquis of Stafford gegründet. Brora, auch als Old Clynelish bekannt, erzeugte in den 1970er-Jahren stark getorften Malt im Islay-Stil, der für Verschnitte wie Johnnie Walker Black Label benötigt wurde. 1983 schloss Brora für immer, Clynelish blieb bestehen. Es gab verschiedene Rare Malts und unabhängige Abfüllungen, unter anderem von Douglas Laing und Cadenhead.

**CLYNELISH 14-YEAR-OLD ▶**
**SINGLE MALT: HIGHLANDS**
**46 VOL.-%**

Vollmundig, recht fruchtig und von cremiger Struktur; ein Hauch Rauch und im Nachklang fest und trocken.

# COLERAINE

**Irland**

*Coleraine Distillery Ltd,*
*Hawthorn Office Park,*
*Stockman's Way, Belfast*

Nostalgie ist ein starkes Verkaufsargument: Dieser Blend existiert nur, weil Whiskeytrinker sehr markentreu sind. Auch drei Jahrzehnte nachdem die Brennerei stillgelegt wurde, hatte der Name Coleraine noch einen guten Klang. Einst produzierte sie einen angesehenen Single Malt und lieferte seit 1954 Grain Whiskey an Bushmills. In den 1970er-Jahren wurde die Produktion eingestellt. Coleraine war jedoch so geschätzt, dass Kunden weiter danach suchten, und so kreierte man einen Blend, um die Nische zu füllen. Die Firma nennt sich zwar Coleraine Distillery, der Whiskey wird aber andernorts produziert.

◄ **COLERAINE**
**BLEND 40 VOL.-%**
Leicht, süß und getreidig. Vermutlich am besten zum Mixen geeignet.

# COMPASS BOX

**Schottland**
*www.compassboxwhisky.com*

Das Unternehmen wurde 2000 gegründet und nennt sich selbst *artisanal whisky maker,* was irritierend klingen mag, da es sich nur um einen Verschneider handelt – wenn auch um einen sehr experimentierfreudigen. So musste etwa das Einlegen von zusätzlichen Eichendauben in das Fass bei der Produktion von Spice Tree auf Druck der Scotch Whisky Association wieder aufgegeben werden. Dennoch ist die Firma sehr einflussreich und hat in kurzer Zeit bereits mehr als 60 Preise und Auszeichnungen gewonnen.

**COMPASS BOX THE PEAT MONSTER ▶**
**BLENDED MALT ISLAY/SPEYSIDE 46 VOL.-%**
Üppig und vollaromatisch: rauchig wie Speckfett, voller Torf, ein Hauch von Frucht und Gewürzen. Langer Abgang, Torf und Rauch klingen lange nach.

**COMPASS BOX ASYLA**
**BLEND 40 VOL.-%**
Mehrfach ausgezeichnet. Süß, delikat und sehr weich am Gaumen. Vanillecreme, Getreide mit einem leicht apfelartigen Charakter.

# CONNEMARA

**Irland**

*Cooley Distillery, Riverstown, Cooley, County Louth*
*www.connemarawhiskey.com*

Für die irischen Konsumenten war heimischer Whiskey traditionell ein dreifach gebranntes, ungetorftes Getränk. Dann kam John Teeling von Cooley und machte einen irischen Whiskey, der zweifach gebrannt und getorft war. In den letzten Jahren hat er sich von einer Kuriosität zum Gewinner von Goldmedaillen entwickelt.

**◄ CONNEMARA**
**SINGLE MALT 40 VOL.-%**
Connemara ist kein »Scotch light«, sondern ein eigenständiger ländlicher Whiskey, ohne Jod und Meeresbrise, nur Heidekraut, Gerstenfelder und in der Ferne Torfgeruch.

**CONNEMARA CASK STRENGTH**
**SINGLE MALT 60,7 VOL.-%**
Ein guter Schuss Wasser entfaltet den Duft – gewaltig und mit leichtem Minzaroma. Im Mund erhält das vom Alkohol gebändigte Tier freien Lauf und explodiert mit Funken trockenen Torfs und aromatischen Holzes.

# CRAGGANMORE

**Schottland**
*Ballindalloch, Morayshire*
*www.malts.com*

1869 vom erfahrenen Brenner John Smith erbaut, verfügte das Unternehmen über optimale Ausgangsbedingungen: Der Bach Craggan war eine gute Wasserquelle und ließ sich auch für die Energiegewinnung nutzen. Torf und Gerste gab es in der Nähe, und auch der Bahnhof von Ballindalloch war nicht weit. Cragganmore war die erste Brennerei Schottlands mit eigenem Eisenbahngleis.

**CRAGGANMORE 12-YEAR-OLD ▶**
**SINGLE MALT: SPEYSIDE**
**40 VOL.-%**
Der blumige Heidekrautduft ist typisch für Speyside; er wird ergänzt von festen, vielschichtigen Holznoten; am Gaumen eine Spur Rauch.

**CRAGGANMORE DISTILLERS EDITION 1992**
**SINGLE MALT: SPEYSIDE**
**43 VOL.-%**
Zweimal gereift, zuletzt in einem Portweinfass. Dies führt zu sherry- und orangenartiger Süße, die in einen leicht rauchigen Nachklang mündet.

# CRAIGELLACHIE

**Schottland**
*Craigellachie, Banffshire*

Zwar steht der Name von John Dewar & Sons groß über der modernen Brennerei an der Hauptstraße von Craigellachie, doch ursprünglich war das Unternehmen mit White Horse verbunden. Peter Mackie, der Mann hinter dem berühmten Blend, gründete Craigellachie 1891 zusammen mit Alexander Edward. Von allen viktorianischen Whiskybaronen zeigte sich Mackie am stärksten dem Malt verbunden. Schließlich hatte er seine Lehrjahre bei Lagavulin verbracht – auch dieser Malt war Bestandteil von White Horse. Seit 1998 gehört Craigellachie zu Bacardi.

**◄ CRAIGELLACHIE 14-YEAR-OLD**

**SINGLE MALT: SPEYSIDE 40 VOL.-%**

Üppig und aromatisch, mit dem Duft von Früchtekuchen und einer Idee Rauch. Delikater auf der Zunge; Holznoten im Nachklang.

# CRAOI NA MONA

**Irland**

*Cooley Distillery, Riverstown, Cooley, County Louth*

Das gälische *Craoi na Móna* bedeutet »Herz des Torfs«. Dieser Whiskey, von Cooley produziert, aber keine seiner eigenen Marken, ist an so unterschiedlichen Orten wie Moskau und London erhältlich, wurde aber in Dublin bislang nicht gesichtet. Angesichts der Tatsache, dass irischer Whiskey in der letzten Zeit stark an Popularität gewonnen hat, überrascht es nicht, dass viele Getränkefirmen am Erfolg teilhaben wollen. Doch der Markt ist überfüllt und die in Irland produzierte Whiskeymenge begrenzt. So gibt es zu viele kleine Firmen, die Whiskey verkaufen, der noch sehr jung ist.

**CRAOI NA MONA ▶**
**SINGLE MALT 40 VOL.-%**
Süß und jung; ein auffallend unreifer getorfter Malt.

# CRAWFORD'S

**Schottland**

*Besitzer: Whyte & Mackay / Diageo*

Crawford's 3 Star wurde von der Firma A. & A. Crawford in Leith entwickelt. Als das Unternehmen 1944 der Distillers Company (DCL) beitrat, war der Blend in Schottland schon sehr beliebt, und das sollte auch so bleiben. Da die Marke aber für die Besitzer nicht von strategischer Bedeutung war, ging sie 1986 an Whyte & Mackay. Der Käufer gehört heute der indischen UB Group, sodass die Zukunft der ehrwürdigen Marke auf dem Subkontinent liegt. Diageo, Nachfolger von DCL, behält das Recht auf den Namen Crawford's 3 Star Special Reserve außerhalb Großbritanniens.

Benrinnes Single Malt *(s. S. 45)* war lange Zeit Bestandteil von Crawford's Blend.

**◀ CRAWFORD'S 3 STAR SPECIAL RESERVE**

**BLEND 40 VOL.-%**

Ein spritiger, fruchtiger, frischer Blend mit einem Schuss Zitrusfrucht, süßem Kern und trockenem, leicht rußigem Nachklang.

# CRESTED TEN

**Irland**
*Midleton Distillery, Midleton, County Cork*

Der 1963 herausgekommene Crested Ten war Jamesons erste Hausabfüllung. Dass die Schotten damals bereits seit gut hundert Jahren Erfahrungen mit Marken und Brennereiabfüllungen gesammelt hatten, zeigt, wie weit die irische Whiskeybranche hinterherhinkt, und man versteht, warum sie fast völlig verschwunden wäre. Crested Ten ist ein Whiskey, der in vielen irischen Pubs ganz oben im Regal steht und nicht griffbereit – vermutlich weil er sich nicht gut mixen lässt.

**CRESTED TEN ▶**
**BLEND 40 VOL.-%**
Ein altmodischer irischer Whiskey mit viel Pot-Still-Charakter, in Oloroso-Sherryfässern gereift. Ein Whiskey wie eine kräftige Umarmung, die denjenigen belohnt, der sich die Mühe macht, ihn oben vom Regal zu holen. Am besten pur, nur mit etwas Wasser.

WHISKYS

C

BERÜHMTE

# CROWN ROYAL

## Kanada

*Distillery Road, Gimli, Manitoba*
*www.crownroyal.ca*

Crown Royal mit der kronenförmigen Flasche im Samtbeutel wurde von Sam Bronfman, dem Direktor von Seagram *(s. S. 313)*, anlässlich des Staatsbesuchs von König George VI. und Königin Elizabeth 1939 in Kanada kreiert. Bis 1964 nur in Kanada erhältlich, ist er heute einer der meistverkauften kanadischen Whiskys in den USA.

Seit 1992 produziert man ihn in Gimli am Lake Winnipeg. 2001 trennte sich Seagram von seiner Alkoholsparte, und die Gimli Distillery und Crown Royal gingen an Diageo.

**◄ CROWN ROYAL**
**BLEND 40 VOL.-%**
Üppig, robust und ausgewogen. Vanille, Eiche und Frucht im Mund.

**CROWN ROYAL SPECIAL RESERVE**
**BLEND 40 VOL.-%**
Große, üppige, runde Nase mit fruchtigen (Apfel, Guave, Kokosnuss) und blumigen Noten.

# CUTTY SARK

**Schottland**
*Besitzer: Berry Brothers & Rudd*

Cutty Sark wird in Glasgow von der Edrington Group verschnitten und abgefüllt. Als erster sehr heller Whisky der Welt wurde er 1923 für Berry Bros. & Rudd kreiert, einen Londoner Wein- und Spirituosenhändler, der noch heute die Markenrechte besitzt.

Als einer der besten Blends der Welt enthält Cutty Sark etwa 20 Single Malt Whiskys, viele von Speyside-Brennereien wie Glenrothes und Macallan. Das Holz für die Eichenfässer wird sorgfältig ausgewählt, um das charakteristische Aroma eines jeden Whiskys hervorzubringen.

**CUTTY SARK ORIGINAL ▶**
**BLEND 40 VOL.-%**
Leichtes, duftiges Aroma mit einem Hauch Vanille und Eichenholz. Geschmack süß und cremig, mit einer Vanillenote und spritzigem Nachklang.

**CUTTY SARK 12-YEAR-OLD**
**BLEND 43 VOL.-%**
Elegant und fruchtig, mit subtiler Vanillesüße. Die verwendeten Malts sind zwölf bis 15 Jahre alt.

# DAILUAINE

**Schottland**
*Carron, Banffshire*

Im Schatten von Benrinnes baute ein örtlicher Farmer namens William Mackenzie 1854 Dailuaine. Sein Sohn Thomas ging eine Partnerschaft mit James Fleming ein und gründete Dailuaine-Talisker Distilleries Ltd. 1889 wurde Dailuaine zu einer der größten Brennereien Schottlands ausgebaut. Der Architekt Charles Doig errichtete hier sein erstes Pagodendach, um den Rauch der Darre durch das Malz zu ziehen. Andere Brennereien übernahmen diese Idee. Da nur 2 % der Produktion auf Flaschen gezogen werden, sind Single-Malt-Abfüllungen rar.

**◄ DAILUAINE GORDON & MACPHAIL 1993**
**SINGLE MALT: SPEYSIDE**
**43 VOL.-%**
Süß und malzig, mit würzigen Noten von Lakritz und Anis. Anklänge von Eichenholz und geröstetem Brot.

# DALLAS DHU

**Schottland**
*Forres, Morayshire*

Dieses spätviktorianische, 1898 von Meisterbrenner Alexander Edward gegründete Unternehmen gehörte zu den vielen der Distillers Company (DCL), die 1983 geschlossen und ihrem Schicksal überlassen wurden. Mit nur zwei Stills und einem Wasserrad, das bis 1971 die Energie lieferte, gehörte Dallas Dhu nie richtig ins 20. Jahrhundert. Auch wenn die Brennblasen stillgelegt sind, lebt die Brennerei als Whiskymuseum weiter. Tausende von Besuchern haben es inzwischen besichtigt und einen Tropfen des Malts in einem Verschnitt namens Roderick Dhu gekostet.

**DALLAS DHU RARE MALTS 21-YEAR-OLD ▶**
**SINGLE MALT: SPEYSIDE**
**61,9 VOL.-%**
Vollmundig, fast Highland-Charakter in der Nase, mit einer Spur Rauch und robustem, malzigem Aroma.

# DALMORE

**Schottland**
*Alness, Ross-shire*
*www.thedalmore.com*

Während der Blend von Whyte & Mackay traditionell mit Glasgow verbunden ist, kommt seine wichtigste Grundlage aus den Highlands: Dalmore am Cromarty Firth. Die Brennerei gehört seit 1960 zu Whyte & Mackay und produziert heute den Vorzeige-Single-Malt des Unternehmens.

Der Name Dalmore bedeutet »das große Weideland«. Die 1839 von Alexander Matheson gegründete Brennerei blickt auf die Halbinsel Black Isle, eines der besten Anbaugebiete für Gerste

**◄ THE DALMORE 12-YEAR-OLD**
**SINGLE MALT: HIGHLANDS**
**40 VOL.-%**
Der gut eingeführte 12-Jährige hat ein sanftes Aroma von Zitronat und Vanille-Toffee.

**THE DALMORE 1974**
**SINGLE MALT: HIGHLANDS**
**45 VOL.-%**
Weich und vollmundig, mit Sherrynoten, Banane, dunkler Schokolade, Orange, Kaffee, Walnüssen; langer Nachklang.

in Schottland. Mit hochwertigem Getreide, ergiebigen Torfvorkommen und Wasser aus dem Fluss Alness war die Lage gut gewählt.

Über Jahre war die einzige Abfüllung der Brennerei ein 12-jähriger Single Malt, doch mit der Zeit kamen ein 21- und ein 30-Jähriger dazu, neben der Gran Reserva 2002 (bekannt als Cigar Malt). In diesem Jahr wurde auf einer Auktion auch ein 62-Jähriger für rekordverdächtige 25877 Pfund verkauft. Seitdem hat sich die Kernpalette um limitierte Abfüllungen erweitert – viele davon mit einem Finish in unterschiedlichen Fässern – ein Thema, das Richard Paterson, den Verschnittmeister bei Whyte & Mackay, offenbar fasziniert.

**THE DALMORE 15-YEAR-OLD ▶**
**SINGLE MALT: HIGHLANDS**
**40 VOL.-%**
Typischer üppig-fruchtiger Sherryeinfluss, doch mit etwas mehr Gewürzaromen – Nelken, Ingwer und Zimt.

**THE DALMORE 40-YEAR-OLD**
**SINGLE MALT: HIGHLANDS**
**40 VOL.-%**
Nach Jahren in amerikanischen Eichenfässern kam dieser Dalmore in zweitgefüllte Matusalem-Oloroso-Fässer und dann in Amoroso-Sherryholz.

# DALWHINNIE

**Schottland**
*Dalwhinnie, Inverness-shire*
*www.malts.com*

Die 1897 gegründete Brennerei rühmte sich stets, die mit 327 m über dem Meeresspiegel am höchsten gelegene Schottlands zu sein, wurde aber inzwischen von Braeval übertroffen. Einen anderen Rekord konnte man jedoch halten: Dalwhinnie verzeichnet mit 6 °C die niedrigste Jahresdurchschnittstemperatur. 1905 wurde das Unternehmen von der New Yorker Firma Cook & Bernheimer erworben und ging damit als erste schottische Brennerei in amerikanischen Besitz über. Seit 1926 gehört sie zu DCL (heute Diageo) und beliefert Blends wie Black & White.

◀ **DALWHINNIE 15-YEAR-OLD**
**SINGLE MALT: HIGHLANDS**
**43 VOL.-%**
Süß, aromatisch, mit dezenter Rauchnote; ein komplexer Malt, der schwer auf der Zunge liegt.

# DEANSTON

**Schottland**
*Deanston, Perthshire*
*www.burnstewartdistillers.com*

Viele Brennereien sind aus illegalen Stills auf Bauernhöfen entstanden, andere aus Brauereien und Malzmühlen, doch nur Deanston ist eine ehemalige Baumwollmühle. Richard Arkwright, einer der großen Pioniere der industriellen Revolution, gründete sie 1785. Der Übergang zur Whiskyherstellung erfolgte 1965 in einem Joint Venture mit Brodie Hepburn, der bereits Tullibardine besaß. Deanston produzierte bald Single Malt – Old Bannockburn kam 1971 heraus. Nach einer Stilllegung in den 1980er-Jahren gehört die Brennerei heute zu Burn Stewart (im Besitz von CL Financial aus Trinidad).

**DEANSTON 12-YEAR-OLD ▶**
**SINGLE MALT: HIGHLANDS**
**40 VOL.-%**
Ein relativ leichter Highland Malt mit nussigem Aroma und einem kleinen Hauch Sherry.

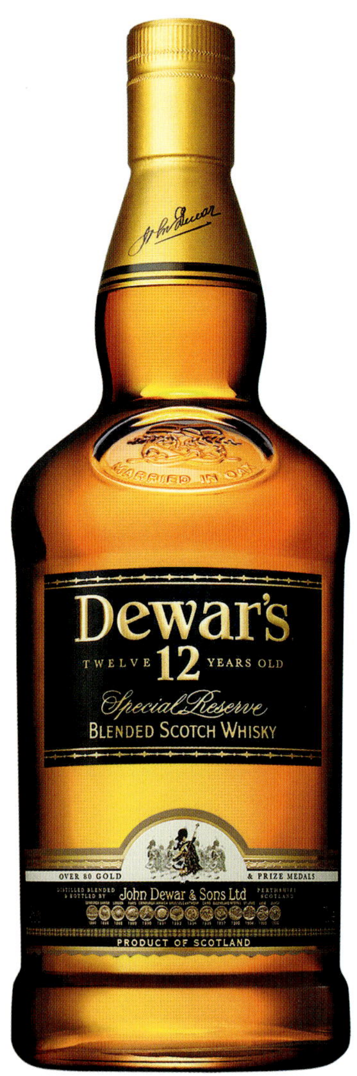


# DEWAR'S

**Schottland**
*www.dewars.com*

Dewar's wurde nach der Übernahme durch Bacardi 1988 neu belebt. Die Marke wurde grundlegend modernisiert, verbunden mit beträchtlichen Investitionen im ganzen Unternehmen, vom Brennen bis zum Lagern und Abfüllen. In Ergänzung zum Standard White Label – einem der meistverkauften schottischen Blends in den USA – wurden neue Produkte entwickelt. Das erste war ein 12-jähriger Special Reserve, gefolgt vom 18-jährigen Founders Reserve und schließlich einem Premiumblend ohne Altersangabe namens Signature.

**◄ DEWAR'S 12-YEAR-OLD**
**BLEND 40 VOL.-%**
Süßlich und blumig. Ein voller, üppiger Blend mit Honig und Karamell sowie Lakritznoten im langen Nachklang.

**DEWAR'S WHITE LABEL**
**BLEND 40 VOL.-%**
Süß in der Nase, Heidekrautduft. Mittlerer Körper, frisch, malzig und schwach würzig, mit reinem, leicht trockenem Nachklang.

Der hauptsächlich verwendete Single Malt in den Blends von Dewar's ist Aberfeldy, doch werden auch andere Single Malts der Gruppe einbezogen – Aultmore, Craigellachie, Royal Brackla und, in geringerem Maße, MacDuff. Dewar's ist in Großbritannien nur begrenzt verfügbar, aber in den USA sehr gut vertreten und auf dem europäischen Markt von Bedeutung. Auch in Asien wächst die Anhängerschaft. Bacardi hat den weltweiten Vertrieb von Dewar's vorangetrieben und durch Werbung und Marketing das Profil geschärft. Die Produktionsstandards sind hoch, und offenbar ist die Qualität der Blends gestiegen, vor allem bei den neuen Produkten.

**DEWAR'S 18-YEAR-OLD ►**
**BLEND 43 VOL.-%**
In der Nase zarter parfümiert, mit Anklängen an Birne und Zitronenschale. Weich am Gaumen, doch trocken, mit einem leicht würzigen Nachklang.

**DEWAR'S SIGNATURE**
**BLEND 43 VOL.-%**
Eine limitierte Abfüllung mit großem Anteil von altem Aberfeldy Malt. Seidige Struktur, weich und reif, mit üppiger Frucht und dunklem Honig im Vordergrund.

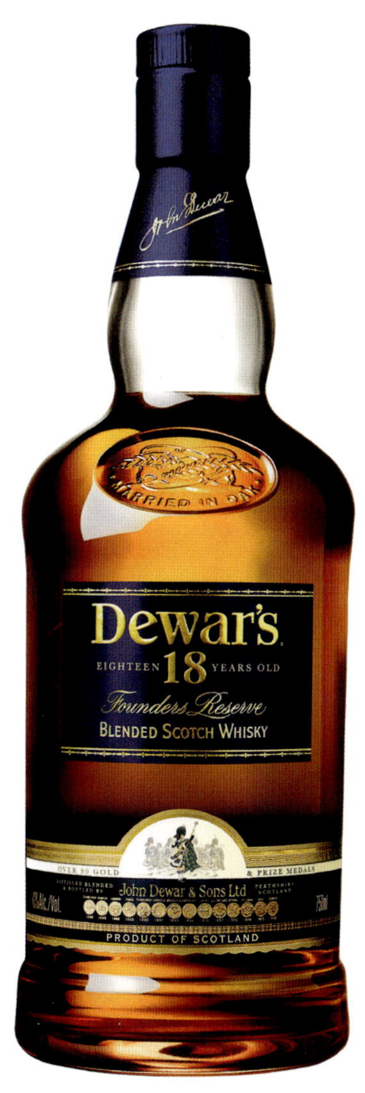

# DIMPLE

**Schottland**
*Besitzer: Diageo*

Die 1890 von Haig eingeführte Marke Dimple gehört heute zu Diageo.

Dimple war immer ein De-luxe-Blend und bekannt für seine spezielle, von G. O. Haig in den 1890er-Jahren eingeführte Verpackung. Besonderes Kennzeichen ist das Drahtnetz über der Flasche, das ursprünglich von Hand gefertigt war und verhindern sollte, dass der Korken sich in warmem Klima oder beim Seetransport löste. Diese Flasche war die erste, die 1958 in den USA als eingetragenes Warenzeichen registriert wurde.

**◀ DIMPLE 12-YEAR-OLD**
**BLEND 40 VOL.-%**
Aromen von Sahnekaramell mit einem Hauch Holz. Eine Spur Minze, anfangs üppig am Gaumen, mit Apfel und Karamell; auch Gewürze und Trockenobst.

**DIMPLE 15-YEAR-OLD**
**BLEND 43 VOL.-%**
Spuren von Rauch, Schokolade und Kakao; langer, üppiger Nachklang.

# DUFFTOWN

**Schottland**
*Dufftown, Keith, Banffshire*
*www.malts.com*

Dufftown, das Zentrum der Whiskyproduktion in Speyside, musste einfach eine nach dem Ort benannte Brennerei haben. Dazu kam es aber erst 1896, als bereits fünf Betriebe existierten. Innerhalb eines Jahres war die Dufftown Distillery im alleinigen Besitz von Peter Mackenzie, dem auch Blair Athol gehörte. Er verkaufte Whisky an die Verschneider Arthur Bell & Sons, die Dufftown 1933 übernahmen. Dufftown liefert weiterhin Malt an Bell's und hat kürzlich damit begonnen, auch eigenen Single Malt abzufüllen.

**SINGLETON OF DUFFTOWN ▶**
**SINGLE MALT: SPEYSIDE**
**40 VOL.-%**
Ein süßer, überaus trinkbarer Malt. Wenn dieser neu eingeführte 12-Jährige Erfolg hat, sollte der Nachschub kein Problem sein – er kommt aus einer der größten Brennereien von Diageo.

# DUNGOURNEY 1964

**Irland**

*Midleton Distillery, Midleton, County Cork*

30 Jahre ruhten die Reste des letzten Pot Still Whiskeys, der in der alten Midleton Distillery produziert wurde, unentdeckt in der Ecke eines Lagerhauses. 1994 wurde er abgefüllt und nach dem Fluss benannt, von dem er drei Jahrzehnte zuvor gekommen war. Dungourney 1964 ist eine Zeitmaschine: Ein Schnuppern, und man fühlt sich in die Tage zurückversetzt, als Jameson, Powers und Paddy aus konkurrierenden Brennereien kamen.

◄ **DUNGOURNEY 1964**
**IRISH POT STILL WHISKEY**
**40 VOL.-%**

Die Pilznote in der Nase lässt auf das Alter schließen, aber der Körper ist noch fest. Der Geschmack ist leicht ölig, doch der besondere Charakter des reinen Pot Still Whiskeys mit einem Anflug von Minze ist unverkennbar.

# DYC

**Spanien**
*Beam Global España SA,*
*Pasaje Molino del Arco,*
*40194 Palazuelos de Eresma, Segovia*
*www.dyc.es*

Die erste spanische Whiskybrennerei wurde 1959 nahe Segovia am Flüsschen Eresma gegründet und nahm 1963 die Produktion auf.

DYC (eine Abkürzung von Destilerías y Crianza del Whisky) erscheint in drei Versionen: Es gibt einen Fine Blend ohne Altersangabe sowie einen 8-Jährigen. Der Pure Malt ohne Altersangabe ist ein Blended Malt.

### DYC 8-YEAR-OLD ►
**BLEND 40 VOL.-%**

Blumig, würzig, rauchig, grasig, mit einem Hauch Honig und Heidekraut. Weiches, cremiges Gefühl im Mund; malzig mit einem Hauch Vanille, Marzipan, Apfel und Zitrus. Bittersüßer, langer, milder Nachklang.

### DYC PURE MALT
**BLENDED MALT 40 VOL.-%**

Kultiviertes, duftiges Bukett mit einem Hauch Zitrus, Süße, Honig und Vanille. Vollmundiger, üppiger Malzgeschmack. Langer und subtiler Nachklang, mit Tönen von Heidekraut, Honig und Früchten.

# EAGLE RARE

**USA**
*Buffalo Trace Distillery,
1001 Wilkinson Boulevard,
Frankfort, Kentucky
www.greatbourbon.com*

Die Marke Eagle Rare wurde 1975 von dem kanadischen Brennereigiganten Joseph E. Seagram & Sons Inc. eingeführt. 1989 von der Firma Sazerac aus New Orleans übernommen, gehört Eagle Rare heute zu Sazeracs Buffalo Trace Antique Collection, die jährlich ergänzt wird.

**◄ EAGLE RARE 2008 EDITION**
**BOURBON 45 VOL.-%**
Die letzte Abfüllung von Eagle Rare stammt von Whiskey, der im Frühjahr 1991 gebrannt wurde. Der Duft bietet Karamell, Ahornsirup, Mandeln und Vanille, im Mund mehr Vanille, abgetragenes Leder, Sommerfrüchte, dunkle Schokolade und ein Hauch Minze. Im köstlichen Nachklang würzige Noten von Crème brulée.

# EARLY TIMES

**USA**
*Brown-Forman Distillery,*
*850 Dixie Highway,*
*Louisville, Kentucky*
*www.brown-forman.com*

Early Times erhielt seinen Namen nach einer Siedlung nahe Bardstown, wo er 1860 kreiert wurde. Er darf nicht als Bourbon klassifiziert werden, da er teilweise in gebrauchten Fässern reift – nach dem Gesetz muss Bourbon ausschließlich in neuen Fässern lagern.

Diese Version von Early Times wurde 1981 eingeführt, um mit den zunehmend beliebten, leichten kanadischen Whiskeys zu konkurrieren. Die Maische besteht aus 79% Mais, 11% Roggen sowie 10% gemälzter Gerste.

**EARLY TIMES ▶**
**KENTUCKY WHISKY 40 VOL.-%**
Recht leicht in der Nase, mit Nüssen und Gewürzen. Am Gaumen mehr davon, dazu Noten von Honig und Butterkaramell, die in einen mittellangen Nachklang übergehen.

# EDDU

## Frankreich

*Des Menhirs, Pont Menhir, 29700 Plomelin, Bretagne*
*www.distillerie.fr*

Die Distillerie Des Menhirs begann als Hersteller von Cidre 1986, wandte sich 1998 jedoch dem Whisky zu. Die meisten Obstbrenner, die sich für die Whiskyherstellung entscheiden, nutzen ihre Ausrüstung, um Whisky zusätzlich zu machen. Nicht so diese Firma: Des Menhirs baute eine eigene Still nur für die Produktion von Whisky, den sie nicht aus Gerste, sondern aus Buchweizen brennt (*eddu* auf Bretonisch).

**◄ EDDU SILVER**
**PURE BLÉ NOIR 40 VOL.-%**
Duftende Rose und Heidekraut in der Nase. Fruchtig, mit einem Hauch Honig, Marmelade und etwas Muskatnuss. Samtiger Körper, Vanille und Eiche im Nachklang.

**EDDU GREY ROCK**
**BLEND 40 VOL.-%**
Orangen- und Aprikosenaromen vereinen sich mit Ginsterblüten. Eine schwache Seebrise mit einem Hauch Zimt. Ausgewogene Aromen und ein langer, langer Nachklang.

# EDGEFIELD

**USA**
*2126 Southwest Halsey Street,*
*Troutdale, Oregon*
*www.mcmenamins.com*

Die Edgefield Distillery, betrieben von der Hotel- und Gaststättengruppe McMenamin's, befindet sich in einem ehemaligen Trockenspeicher für Wurzelgemüse auf dem schönen Edgefield Manor Estate in Troutdale. Die Brennerei arbeitet seit 1998 und hat eine vier Meter hohe Still aus Kupfer und Edelstahl. Sie ähnelt einer Kreuzung aus einem alten Taucheranzug und einer riesigen Kaffeemaschine – eine berühmte Schöpfung der deutschen Firma Holstein, dem ältesten Brennereianlagen-Hersteller der Welt.

**EDGEFIELD HOGSHEAD ▶**
**OREGON WHISKEY 46 VOL.-%**
Banane und Malz im süßen, blumigen Duft, Vanille- und Karamellnoten im Mund sowie Gerste, Honig und Eiche im mittellangen Nachklang.

# EDRADOUR

**Schottland**
*Pitlochry, Perthshire*
*www.edradour.co.uk*

Mit einer Produktion von gerade 90 000 Litern reinen Alkohols pro Jahr dürfte diese pittoreske Destillerie bei ihrer Gründung 1825 eine von vielen Farm-Brennereien in den Hügeln von Perthshire gewesen sein. Heute ist sie unter den vielen Großbrennereien in Speyside etwas ganz Besonderes. 1975 von Pernod Ricard übernommen, erschien das winzige Edradour zunehmend wie ein Klotz am Bein, als die französische Gruppe zum Global Player in der Whiskybranche expandierte. 2002 wurde es schließlich an Andrew Symington verkauft, den Besitzer der Abfüllfirma Signatory.

**◄ EDRADOUR 10-YEAR-OLD**
**SINGLE MALT: HIGHLANDS**
**40 VOL.-%**
Reiner Pfefferminzduft mit einer Spur Rauch. Üppigere, nussige Aromen und eine seidige Struktur auf der Zunge.

# ELIJAH CRAIG

**USA**

*Heaven Hill Distillery,*
*1701 West Breckinridge Street, Louisville, Kentucky*
*www.heaven-hill.com*

Elijah Craig (1743–1808) ein baptistischer Geistlicher, gilt weithin als »Vater des Bourbon«, da er angeblich der Erste war, der ausgekohlte Fässer zur Lagerung seiner Whiskeys verwendete. Es scheint keinen stichhaltigen Beweis dafür zu geben, aber einen »Mann Gottes« mit Whiskey in Verbindung bringen zu können galt als gutes Argument im Kampf gegen die Abstinenz-Bewegung.

**ELIJAH CRAIG 12-YEAR-OLD ▶**
**BOURBON 47 VOL.-%**
Ein klassischer Bourbon mit süßen, reifen Aromen von Karamell, Vanille, Gewürzen, Honig und einem Stängel Minze. Der milde Geschmack ist üppig, vollmundig und rund, mit mehr Karamell, Malz, Mais, Roggen und einem Hauch Rauch. Süße Eiche, Lakritz und Vanille dominieren den Nachklang.

# ELMER T. LEE

**USA**
*Buffalo Trace Distillery,*
*1001 Wilkinson Boulevard,*
*Frankfort, Kentucky*
*www.greatbourbon.com*

Elmer T. Lee war Brennmeister bei Buffalo Trace *(s. S. 66)*. Er trat in den 1940er-Jahren in das Unternehmen ein, das damals noch George T. Stagg Distillery hieß. Während seiner Zeit dort wechselte der Name zuerst in Albert B. Blanton Distillery (1953) und schließlich 2001 in Buffalo Trace Distillery. Lee soll 1984 den ersten modernen Einzelfass-Bourbon entwickelt haben.

**◀ ELMER T. LEE SINGLE BARREL**
**BOURBON 45 VOL.-%**
Diese sechs bis acht Jahre gereifte Abfüllung bietet Zitrus, Vanille und süßen Mais, die im duftigen Aroma verschmelzen, und einen vollen, süßen Geschmack, der auch Honig, anhaltenden Karamell und Kakaonoten einbindet.

# THE ENGLISH WHISKY CO.

**England**
*St George's Distillery,*
*Harling Road, Roudham, Norfolk*
*www.englishwhisky.co.uk*

Laut Alfred Barnards Buch *Distilleries of the United Kingdom and Irland* von 1887 gab es in England im 19. Jahrhundert wenigstens vier Brennereien. Um die Jahrhundertwende existierte keine einzige mehr, und erst seit 2006 fließt wieder Brand aus Pot Stills – dank English Whisky Co., die keine Mühe scheuten und den legendären Iain Henderson anheuerten. Die erste Abfüllung kam im November 2009 heraus.

**ENGLISH WHISKY CO. CHAPTER 3 ▶**

**NEW MAKE 40 VOL.-%**

Es ist noch kein Whisky, da ihm die Reife fehlt. Der New Make ist sehr fruchtig. Iain Henderson hat 2007 auch eine getorfte Spirituose gebrannt.

# EVAN WILLIAMS

**USA**

*Heaven Hill Distillery,*
*1701 West Breckinridge Street, Louisville, Kentucky*
*www.heaven-hill.com*

Evan Williams, nach Jim Beam der meistverkaufte Bourbon, wurde nach dem vermutlich ersten Brenner Kentuckys benannt. Er stammte aus Wales, kam nach Virginia und ließ sich um 1780 im heutigen Kentucky nieder (zu seiner Zeit Finecastle County, Virginia). Dort gründete er eine kleine Brennerei am Ohio River, in Louisville.

### ◀ EVAN WILLIAMS BLACK LABEL

**BOURBON 43 VOL.-%**

In der Nase recht leicht, aber aromatisch, mit Vanille- und Minznoten. Im Mund anfangs süß, mit Karamell- und Malztönen, dann entwickeln sich Noten von Leder und Gewürzen.

### EVAN WILLIAMS SINGLE BARREL 1998 VINTAGE

**BOURBON 43,3 VOL.-%**

Aromatischen Duft von Getreide, Dörrobst, Karamell und Vanille. Am Gaumen Ahorn, Sirup, Zimt, Muskatnuss und Beerennoten. Im würzigen Nachklang gibt es einen Hauch Rauch, dazu Mandeln und Honig.

# THE FAMOUS GROUSE

**Schottland**
*Besitzer: Edrington Group*
*www.thefamousgrouse.com*

Der meistverkaufte Blend Schottlands wurde 1896 von Matthew Gloag eingeführt. Zuerst nur als The Grouse Blend bekannt, entwickelte sich daraus The Famous Grouse. 1970 erzwangen Erbschaftssteuern den Verkauf an Highland Distillers (heute im Besitz der Edrington Group). ☛

**THE FAMOUS GROUSE FINEST ▶**
**BLEND 40 VOL.-%**
Eiche und Sherry in der Nase, gut ausgewogen mit Zitrusnote. Eingängig und voll üppiger Speyside-Frucht. Reiner, halbtrockener Nachklang.

**THE FAMOUS GROUSE BLENDED MALT RANGE**
**BLENDED MALTS 43 VOL.-%**
Die 10-, 12-, 15-, 18- und 30-jährigen Abfüllungen sind Blends von Malt Whiskys der Edrington-Gruppe – allesamt fruchtig und würzig, mit Vanille und tanninhaltigerem Sherryeinfluss, der mit dem Alter zunimmt. Ab dem 18-Jährigen ist die Frucht trocken und üppig und der Geschmack voll, mit Macallan und Highland Park im Vordergrund.

## THE FAMOUS GROUSE

Diese Gruppe besitzt auch einige der besten Malt-Brennereien Schottlands – unter anderen Highland Park, Macallan und Glenrothes. Natürlich enthält der Famous Grouse Blend einige dieser edlen Whiskys.

Seit 2007 gibt es einige Neuerungen: The Black Grouse enthält mehr stark aromatischen Islay Malt. Snow Grouse ist ein Grain Whisky, der anfangs im Duty-free-Bereich verkauft wurde. Er sollte wie Wodka eiskalt getrunken werden; ein cremiger, vollmundiger Effekt stellt sich ein. Neben den Blends produziert The Famous Grouse auch eine Palette Blended Malts im Alter von zehn bis 30 Jahren.

### ◀ GOLD RESERVE 12-YEAR-OLD

**BLEND 40 VOL.-%**

Blumig und eichig, fruchtig am Gaumen und würzig im Geschmack. Abgerundet von einem langen, halbtrockenen Nachklang.

### THE BLACK GROUSE

**BLEND 40 VOL.-%**

Tee mit Sahne, Pfirsich, Apfel, Marmelade. Weiche Torf- und Rauchnoten am Gaumen (stärker mit Wasser); Vanille, Pfeffer, Gewürze. Sanfter Nachklang.

# FECKIN IRISH WHISKEY

**Irland**
*www.feckinwhiskey.com*

Da irischer Whiskey weiterhin im Trend liegt und der Absatz steigt, bringen findige Unternehmer immer wieder neue Produkte auf den Markt. Vom Namen bis zum Label zielt dieses Angebot nicht auf die Träger von Tweedjacketts, sondern auf eine jüngere Klientel. »Feck« ist übrigens ein eher milder und sehr irischer Kraftausdruck, der durch die Fernsehserie *Father Ted* populär wurde.

**FECKIN IRISH WHISKEY ▶**
**BLEND 40 VOL.-%**
Aus Whiskey der Cooley Distillery gemacht; sehr leicht, zugänglich und völlig unaufdringlich. Unverkennbar ein junger Whiskey, dem es noch an Tiefe fehlt.

# FETTERCAIRN

**Schottland**

*Fettercairn, Laurencekirk, Kincardineshire*

Während sich auf der nordöstlichen Flanke der Grampian Mountains Brennereien bis hinab nach Speyside ziehen, blieb an den Südhängen Fettercairn als einzige erhalten. Das Unternehmen wurde 1824 als Hofbrennerei auf dem Fasque Estate gegründet und bald von Sir John Gladstone, dem Vater von Premierminister William Gladstone, erworben. Die Brennerei blieb bis 1939 im Eigentum der Familie und erlebte danach mehrere Besitzerwechsel und Stilllegungen. Heute gehört Fettercairn zu Whyte & Mackay, produziert aber hauptsächlich für Dalmore und Jura.

◀ **FETTERCAIRN 12-YEAR-OLD**
**SINGLE MALT: HIGHLANDS**
**40 VOL.-%**

In der Nase eher verschlossen, mündet er im Mund in nussiges Toffee-Aroma, mit trockenem Nachklang.

# FORTY CREEK

**Kanada**
*Kittling Ridge Distillery, Grimsby, Ontario*
*www.fortycreekwhisky.com*

Kittling Ridge wurde 2008 vom Magazin *Whisky* zur kanadischen Brennerei des Jahres gewählt. Hier verwendet man Pot Stills neben Säulendestillation und eine Maischemischung aus Roggen, Gerste und Mais. Die 1970 gebaute Brennerei gehört zu einer angesehenen Weinkellerei und sollte ursprünglich Obstbrände herstellen. John Hall, seit 1992 der Besitzer, bringt die Fertigkeiten eines Winzers mit. Whiskykritiker Michael Jackson nannte Forty Creek »den revolutionärsten Whisky Kanadas«.

**FORTY CREEK BARREL SELECT ▶**
**BLEND 40 VOL.-%**
Komplexe, duftige Nase mit weicher Frucht, Geißblatt, Vanille und Gewürz. Ähnlicher Geschmack, Spuren von Nüssen und Leder, weicher Nachklang mit anhaltender Frucht und Vanille.

# FOUR ROSES

## USA

*1224 Bond Mills Road,*
*Lawrenceburg, Kentucky*
*www.fourroses.us*

Die Four Roses Distillery in Lawrenceburg wurde 1910 im spanischen Missionsstil errichtet und nach der Marke getauft, die Paul Jones Jr. aus Georgia 1888 eintragen ließ. Der Legende nach trug die Südstaaten-Schönheit, in die er verliebt war, ein Kleid mit vier roten Rosen, als sie seinen Heiratsantrag annahm – daher der Name dieses Whiskeys.

**◄ FOUR ROSES SMALL BATCH**
**BOURBON 45 VOL.-%**
Mild und fein in der Nase, mit Muskatnuss und verhaltenem Honig. Kräftig, üppig und ausgewogen im Geschmack, mit Gewürzen, Frucht und Honig. Der Nachklang ist lang und schmeichelnd, Vanillenoten mit Potenzial.

**FOUR ROSES SINGLE BARREL**
**BOURBON (VARIABLE VOL.-%)**
Eine üppige, komplexe Nase mit Malz, Früchten, Gewürzen und Karamell. Lang und mild im Mund, mit Vanille, Eichenholz und einem Hauch Menthol. Der Nachklag ist anhaltend, würzig und ausgesprochen mild.

# FRYSK HYNDER

**Niederlande**
*Us Heit distillery, Snekerstraat 43,*
*8701 XC Bolsward, Friesland*
*www.usheitdistillery.nl*

Us Heit (friesisch für »Unser Vater«) wurde 1970 als Brauerei gegründet. Aart van der Linde, ein enthusiastischer Whiskyliebhaber, beschloss 2002, Whisky mit Gerste aus einer örtlichen Mühle zu brennen. Es ist die gleiche Gerste, aus der das Bier gebraut wird; gemälzt wird sie in der Brennerei. Seit 2005 kommt jedes Jahr ein 3-jähriger Single Malt namens Frysk Hynder heraus. Us Heit verwendet verschiedene Fasstypen für die Reifung, von Bourbon- bis zu Wein- und Sherryfässern.

**FRYSK HYNDER**
**SHERRY MATURED ►**
**SINGLE MALT 43 VOL.-%**
Süßlich und bemerkenswert weich für einen jungen Whisky. Schöner, voller Körper und ausgeprägte Sherrynoten.

# GEORGE DICKEL

**USA**
*1950 Cascade Hollow Road,*
*Normandy, Tennessee*
*www.dickel.com*

Neben Jack Daniel's ist George Dickel heute die letzte größere Brennerei im Staat Tennessee, vor 100 Jahren sollen es etwa 700 gewesen sein.

Im Jahr 1910 wurde die Brennerei nach Kentucky verlegt und später von Schenley Distilling Co. übernommen. 1958 konnte Dickel zu seinen Wurzeln zurückkehren: Die neue Brennerei wurde nahe dem ursprünglichen Standort gebaut.

**◀ GEORGE DICKEL NO. 12**
**TENNESSEE WHISKY 45 VOL.-%**
Aromatischer Duft mit Frucht, Leder, Butterkaramell sowie etwas Holzkohle und Vanille. Am Gaumen üppig mit Roggen, Schokolade, Frucht. Im Nachklang Vanille-Toffee und Eiche.

**GEORGE DICKEL BARREL SELECT**
**TENNESSEE WHISKY 43 VOL.-%**
Aromen von Mais, Honig, Nüssen und Karamell führen zu einem vollen Körper mit weicher Vanille, Gewürzen und gerösteten Nüssen. Langer, cremiger Nachklang voll Mandeln und Gewürz.

# GEORGE T. STAGG

**USA**
*Buffalo Trace Distillery,*
*1001 Wilkinson Boulevard,*
*Frankfort, Kentucky*
*www.greatbourbon.com*

George T. Stack gehört zur Buffalo Trace Antique Collection und trägt den Namen des ehemaligen Besitzers der heutigen Buffalo Trace Distillery. In den frühen 1880er-Jahren war die Brennerei im Besitz von Edmund Haynes Taylor Jr. Während wirtschaftlich schwieriger Zeiten erhielt er ein Darlehen von seinem Freund Stagg, der das Unternehmen später übernahm.

**GEORGE T. STAGG 2008 EDITION ▶**
**BOURBON 72,4 VOL.-%**
Dieser starke, 1993 gebrannte Whiskey zeigt üppige Aromen von Butterkaramell, Marzipan, süßer Eiche und kandierten Kirschen. Am Gaumen Mais, geröstete Kaffeebohnen, Leder, Gewürze und reife Eiche, mit langem Toffee- und Gewürz-Nachklang.

# GEORGIA MOON

**USA**

*Heaven Hill Distillery,*
*1701 West Breckinridge Street, Louisville, Kentucky*
*www.heaven-hill.com*

Die Maische für Corn Whiskey darf nicht weniger als 80% Mais enthalten; eine Mindestreife ist nicht festgelegt. Einer der bekanntesten Whiskeys dieser Kategorie ist Heaven Hills Georgia Moon. Mit einem Etikett, das verspricht, dass der Inhalt weniger als 30 Tage alt ist, und auch erhältlich im Einmachglas, erinnert Georgia Moon an die Tradition der Schwarzbrennerei.

◄ **GEORGIA MOON**
**CORN WHISKEY 40 VOL.-%**
Die Nase setzt ein mit dem scharfen Geruch herben Brandes, gefolgt von süßem Maisduft. Der Geschmack erinnert an Kohl und Pflaumen, neben aufkommenden karamellisierten Maisnoten. Der Nachklang ist kurz. Kein anspruchsvolles Getränk.

# GIRVAN

**Schottland**
*Grangestone Industrial Estate, Girvan, Ayrshire*

Weil man einen Mangel an Grain Whisky befürchtete, gründete William Grant & Sons 1964 die Brennerei in Girvan. Heute entsteht dort außerdem Gin, und die kürzlich eröffnete Brennerei Ailsa Bay produziert Single Malt. Girvan kommt selten als Single Grain auf den Markt, doch begrenzte Auflagen von unabhängigen Abfüllern sieht man gelegentlich. In älteren Abfüllungen dominiert meist die Maiskomponente. Sie werden mit der Zeit sehr weich und ergeben einen delikaten, kultivierten Whisky mit einiger Subtilität und sind wunderbar komplex.

**GIRVAN 1964 ▶**
**SINGLE GRAIN 43 VOL.-%**
Süße Vanillenase und wunderbar cremige Struktur im Mund. Bittersüßer Karamell am Gaumen, mit einem Anklang an reife Bananen.

# GLEN BRETON

**Kanada**

*Glenora Distillery, Route 19,*
*Glenville, Cape Breton, Nova Scotia*
*www.glenoradistillery.com*

Die Insel Cape Breton pflegt ihr schottisches Erbe, doch die Scotch Whisky Association hat den Namen Glen Breton kritisiert, weil er zu sehr nach Scotch klingt.

Die Produktion begann im Juni 1990, stoppte aber schon nach Wochen wegen fehlender Mittel. Lauchie MacLean kaufte die Brennerei und brannte unbeständige Spirituosen ein zweites Mal.

Glenora hat eigene Mälzböden und verwendet leicht getorfte schottische Gerste. Die beiden Stills stammen von Forsyths aus Rothes.

**◀ GLEN BRETON RARE**

**SINGLE MALT 43 VOL.-%**

Buttertoffee, Heidekraut, getrockneter Ingwer und Honig in der Nase. Leichter bis mittlerer Körper mit cremiger Struktur. Noten von Holz, Mandeln, Karamell und Torf.

# GLEN DEVERON

**Schottland**
*Macduff Distillery, Banff, Aberdeenshire*

Der Single Malt Glen Deveron entsteht in der MacDuff Distillery. Sie wurde 1962 von einem Konsortium unter Führung der Familie Duff gegründet. Der Malt floss zum größten Teil in Blends, vor allem in William Lawson, dessen Inhaber die Brennerei 1972 kauften. Seitdem hat sie zweimal den Besitzer gewechselt, die Anzahl der Stills auf fünf erhöht und gehört jetzt zu Bacardi. Es werden Single Malts verschiedener Altersstufen abgefüllt, und verwirrenderweise gibt es bisweilen auch unabhängige Abfüllungen unter dem Namen MacDuff.

**GLEN DEVERON 10-YEAR-OLD ▶**
**SINGLE MALT: HIGHLANDS**
**40 VOL.-%**
Obwohl auf dem Etikett »Pure Highland Single Malt« steht, ist sein Stil der eines klassischen, reinen, milden Speyside Whiskys.

# GLEN ELGIN

**Schottland**
*Longmorn, Morayshire*
*www.malts.com*

Die Brennerei wurde 1898 gegründet, als die Nachfrage nach Speyside Malt am höchsten war.

Während der ersten drei Jahrzehnte lief die Produktion in Glen Elgin nur zeitweise, da die Brennerei immer wieder den Besitzer wechselte. Die alten Worm Tubs, die dem Whisky Gewicht und Körper verleihen, haben alle Widrigkeiten überstanden. 1977 kam eine erste Hausabfüllung des Single Malt heraus.

**◀ GLEN ELGIN 12-YEAR-OLD**
**SINGLE MALT: SPEYSIDE**
**43 VOL.-%**
Einer der blumigsten und duftigsten Speyside Malts, mit nussigem Blütenhonigaroma und einem Geschmack, der sich von süß zu trocken entwickelt.

**GLEN ELGIN 16-YEAR-OLD**
**SINGLE MALT: SPEYSIDE**
**58,5 VOL.-%**
Limitierte 16-jährige Fassstärke-Abfüllung ohne Kaltfiltration. Sie ist tief mahagonifarben, der Geschmack von üppigen Früchtekuchen. Lange Lagerung in europäischer Eiche.

# GLEN GARIOCH

**Schottland**
*Oldmeldrum, Inverurie, Aberdeenshire*
*www.glengarioch.com*

Diese kleine Brennerei in Aberdeenshire wurde 1798 gegründet, doch die erste Hausabfüllung eines Single Malt erfolgte erst 1972. Die Brennerei verdankt ihr Überleben in erster Linie der Popularität ihrer Produkte bei den Verschneidern.

Nach mehreren Besitzerwechseln und Stilllegungen gehört Glen Garioch heute zu Morrison Bowmore. Der Großteil der Produktion wird als Single Malt von acht bis 21 Jahren abgefüllt.

**GLEN GARIOCH 15-YEAR-OLD ▶**
**SINGLE MALT: HIGHLANDS**
**43 VOL.-%**
Blumiges Aroma mit Heidekraut und Noten von Lapsang-Tee. Am Gaumen ein malziger Geschmack, der in würzigen Nachklang übergeht.

**GLEN GARIOCH 21-YEAR-OLD**
**SINGLE MALT: HIGHLANDS**
**43 VOL.-%**
Ein weicher, runder Malt mit köstlicher Sirupstruktur und weichem, reifem Fruchtcharakter, der Einfluss von Sherryfässern zeigt.

# GLEN GRANT

**Schottland**
*Rothes, Morayshire*
*www.glengrant.com*

Die Glen Grant Distillery in Speyside, 1840 errichtet, war die erste von fünf Brennereien in Rothes.

Der Bach Glen Grant lieferte Wasser für die Maische und den Antrieb der Maschinen, die Gerste kam von den Feldern des Moray.

Nach einigen Jahren bei Pernod Ricard gehört die Firma jetzt zur Campari-Gruppe. Obwohl Glen Grant in Schottland wenig Aufmerksamkeit findet, gehört er weltweit zu den fünf meistverkauften Malts.

**◀ GLEN GRANT SINGLE MALT**
**SINGLE MALT: SPEYSIDE**
**40 VOL.-%**
Leicht, spritig und blumig in der Nase. Zuerst trocken am Gaumen, dann folgen weichere Nussaromen. Ein kräutriger Nachklang rundet diesen Whisky ab.

**GLEN GRANT 10-YEAR-OLD**
**SINGLE MALT: SPEYSIDE**
**40 VOL.-%**
Relativ trockene Nase mit dem Duft von Stein- und Kernobst. Leicht bis mittelschwer, mit getreidigem, nussigem Aroma.

# GLEN KEITH

**Schottland**
*Keith, Banffshire*

Der Seagram-Konzern, der 1950 Strathisla in Keith gekauft hatte, gründete sieben Jahre später im selben Ort Glen Keith auf dem Gelände einer alten Maismühle. Beide gehörten zu Chivas Brothers (heute Pernod Ricard), und beide produzierten Whisky für die meistverkauften Marken des Konzerns. Glen Keith begann mit dreifacher Destillation und war später Pionier im Computereinsatz – zu einer Zeit, als andere Brennereien gerade erst an das nationale Stromnetz angeschlossen worden waren.

Glen Keith wurde 2000 stillgelegt, doch unabhängige Abfüllungen sind erhältlich. Der 10-Jährige ist immer schwerer zu finden.

**GLEN KEITH 10-YEAR-OLD ►**
**SINGLE MALT: SPEYSIDE**
**43 VOL.-%**
Diese relativ rare Hausabfüllung bietet grasige Speyside-Aromen und die Süße von Sahnekaramell auf der Zunge.

# GLEN ORD

**Schottland**
*Muir of Ord, Ross-shire*
*www.discovering-distilleries.com/glenord*

Glen Ord liegt in der fruchtbaren Ebene von Black Isle nördlich von Inverness. Die Brennerei wurde 1838 eröffnet, vermutlich nahe der ehemaligen Ferintosh Distillery, einer Gründung von 1670. John Dewar & Sons übernahmen Glen Ord 1923.

Sechs Brennblasen produzieren 3,4 Mio. Liter im Jahr, sodass genügend Single Malt für Hausabfüllungen zur Verfügung steht. Verwirrenderweise hießen diese zeitweise Ord, Glenordie oder Muir of Ord. Jüngere Abfüllungen zielen als The Singleton of Ord vorwiegend auf den US-Markt.

**◄ GLEN ORD 12-YEAR-OLD**
**SINGLE MALT: HIGHLANDS**
**43 VOL.-%**
Zitrustöne und Duft nach Orangenschale in der Nase. Ein dezentes Apfelkuchenaroma sowie würzige Ingwernoten im Nachklang.

# GLEN SCOTIA

**Schottland**
*Campbeltown, Argyll*
*www.lochlomonddistillery.com*

Der Aufstieg und Fall von Campbeltown – am äußeren Ende des Mull of Kintyre gelegen – als »Whiskyopolis« ist gut dokumentiert. So etwa das Schicksal der Springbank Distillery, die alle Schwierigkeiten meisterte und heute Kultstatus genießt. Aber sie war nicht die einzige, auch die unbekanntere Glen Scotia konnte sich retten. Mit nur einem Paar Stills um 1830 von der Familie Galbraith gegründet, blieb die Brennerei für den Rest des Jahrhunderts in deren Eigentum. Nach wechselnden Besitzverhältnissen kam sie 1994 zu Glen Catrine (Loch Lomond Distillers).

**GLEN SCOTIA 12-YEAR-OLD ►**
**SINGLE MALT: CAMPBELTOWN**
**40 VOL.-%**
Diese Brennereiabfüllung ersetzte den 8-Jährigen. Würziger Duft mit süßeren, üppigeren Noten am Gaumen.

# GLEN SPEY

**Schottland**
*Rothes, Aberlour, Banffshire*

James Stuart arbeite als Brenner bei Macallan und beteiligte sich 1878 am Bau der Glenrothes Distillery. Er zog sich bald aus dem Unternehmen zurück. Einige Jahre später wandelte er eine Hafermühle in seinem Besitz in eine Brennerei um. Glen Spey liegt am Ufer des Rothes, gegenüber von Glenrothes, und so war der Streit um Wasserrechte absehbar. 1887 wurde Glen Spey an den Ginbrenner Gilbey's verkauft, der später mit Justerini & Brooks verschmolz. Ihr J&B Blend enthält seitdem Glen Spey. Der derzeitige Besitzer Diageo führt nur eine Malt-Abfüllung in der Reihe Flora & Fauna.

**◄ GLEN SPEY FLORA & FAUNA 12-YEAR-OLD**
**SINGLE MALT: SPEYSIDE**
**43 VOL.-%**
Leichte, grasige Nase, frisches Nussaroma. Sehr trocken, kurzer Nachklang.

# GLENALLACHIE

**Schottland**
*Aberlour, Banffshire*

Diese moderne Gravity-Flow-Brennerei wurde 1967 von einer Tochtergesellschaft des Konzerns Scottish & Newcastle Breweries gegründet. Ihr Architekt war William Delmé-Evans, der zuvor Tullibardine und Jura entworfen und mitbesessen hatte. Bei einer Kapazität von 2,8 Mio. Litern Alkohol pro Jahr sollte eigentlich ausreichend Single Malt für eine Hausabfüllung vorhanden sein. Trotzdem gab es bisher nur einige unabhängige Abfüllungen sowie eine 16-jährige Fassstärke von den derzeitigen Besitzern Chivas Brothers (Pernod Ricard).

**GLENALLACHIE 16-YEAR-OLD 1990 ▶**
**SINGLE MALT: SPEYSIDE**
**56,9 VOL.-%**
Ein dunkler Whisky mit intensiven Sherrytönen, in erstgefüllten Oloroso-fässern gereift; schwer zu finden.

# GLENBURGIE

**Schottland**
*Glenburgie, Forres, Morayshire*

Glenburgie wurde 1829 unter dem Namen Kilnflat gegründet und 1878 umbenannt. Nach mehreren Besitzerwechseln übernahm um 1930 Hiram Walker (Kanada) die Brennerei. Von da an lieferte sie hauptsächlich Whisky für Ballantine's Finest. Doch bereits 1958, lange bevor andere in Speyside an Single Malt dachten, produzierte Glenburgie eine eigene Abfüllung unter dem Namen Glencraig. 2004 demonstrierten die Besitzer Allied Distillers ihr Vertrauen in Glenburgie durch eine Investition von 4,3 Mio. Pfund. Die Brennerei wurde völlig neu errichtet, nur Brennblasen und Mahlausrüstung behielt man.

◄ **GLENBURGIE 15-YEAR-OLD**
**SINGLE MALT: SPEYSIDE**
**46 VOL.-%**
Auf der fruchtigeren Seite von Speyside, mit ziemlich saftiger Struktur und Anklängen an Pflaumenkompott.

# GLENCADAM

**Schottland**
*Brechin, Angus*
*www.glencadamdistillery.co.uk*

Nach der Schließung von Lochside 2005 war Glencadam die einzige verbliebene Brennerei in Angus. 1825 von John Cooper gegründet, blieb sie trotz diverser Besitzerwechsel bis 1954, als sie von Hiram Walker und dann von Allied Distillers übernommen wurde, in Privatbesitz. Während sich die Lage in Speyside stabilisierte, kam Glencadam aus dem Tritt. Als das Unternehmen 2000 schloss – ein Opfer der Überproduktion in der Branche –, sah die Zukunft düster aus. Doch der Neuanfang gelang nach der Übernahme durch Angus Dundee 2003.

**GLENCADAM 10-YEAR-OLD ▶**
**SINGLE MALT: HIGHLANDS**
**46 VOL.-%**
In der Nase frisch und grasig, Zitrusnoten und eine Spur Eiche. Rund am Gaumen, zitrusartig und spritzig. Ausgewogen, langer Nachklang.

# GLENDRONACH

**Schottland**
*Forgue, Huntly, Aberdeenshire*

Diese Brennerei ist eng mit Ardmore verbunden und produziert ebenfalls für den Teacher's Blend. Als William Teacher & Sons Glendronach 1960 kauften, hatte die Firma bereits jahrelang Malts von Glendronach bezogen. Nachdem Teacher's von Allied Distillers geschluckt worden war, wählte man 1991 Glendronach als einen der »Caledonian Malts« – die verspätete Antwort auf die »Classic Malts« von UDV.

Ein Jahrzehnt später, nach fünfjähriger Stilllegung, öffnete die Brennerei wieder. Seitdem sind die Malt Whiskys weniger torfig und reifen in amerikanischen Bourbon- anstelle von Sherryfässern.

**◀ GLENDRONACH 12-YEAR-OLD**
**SINGLE MALT: SPEYSIDE**
**40 VOL.-%**
Dieser dichte Malt mit starken Sherrytönen ersetzt den 15-Jährigen und eignet sich vorzüglich als Digestif.

# GLENDULLAN

## Schottland

*Dufftown, Keith, Banffshire*

Es gab bereits sechs Brennereien in Dufftown, als die Verschneider William Williams & Sons aus Aberdeen beschlossen, eine siebte zu bauen. Glendullan ging 1897 in Betrieb und stieg innerhalb von fünf Jahren zum königlichen Hoflieferanten auf. Seitdem produzierte man kontinuierlich Blends, und über Jahre war Glendullan Bestandteil des Old Parr Blends. In den 1960er-Jahren wurde neben der alten Brennerei eine neue errichtet, und über die nächsten 20 Jahre arbeiteten die beiden Niederlassungen von Glendullan gemeinsam. Heute ist nur noch die moderne Anlage in Betrieb.

**GLENDULLAN FLORA & FAUNA 12-YEAR-OLD ▶**

**SINGLE MALT: SPEYSIDE 43 VOL.-%**

Ein spritziger Aperitif-Malt, überraschend süß am Gaumen.

# GLENFARCLAS

**Schottland**
*Ballindalloch, Banffshire*
*www.glenfarclas.co.uk*

Die älteste schottische Brennerei in Familienbesitz gehört seit 1865 der Familie Grant, als diese die Rechlarich Farm nahe Ballindalloch kaufte. Die kleine Destillerie auf dem Gelände wurde zunächst an John Smith von Glenlivet verpachtet. Dann betrieben es die Grants weiter. Später gehörte es zur Glenfarclas-Glenlivet Distillery Company in Partnerschaft mit den Pattison Brothers aus Leith, deren Bankrott Ende des 19. Jahrhunderts die Brennerei fast mitgerissen hätte.

**◄ GLENFARCLAS 105**
**SINGLE MALT: SPEYSIDE**
**60 VOL.-%**
Eine 10-jährige Fassstärke. Wasser dämpft ihren feurigen Zug und weckt den nussig-würzigen Charakter.

**GLENFARCLAS 10-YEAR-OLD**
**SINGLE MALT: SPEYSIDE**
**40 VOL.-%**
Üppiger und malziger Whisky mit rauchig-aromatischer Nase.

Umgeben von zehn großen Dunnage-Lagerhäusern ist Glenfarclas kein kleiner Betrieb. Die Brennerei hat eine moderne Mühle und sechs Brennblasen. Sie rühmt sich, als erste Malt-Brennerei eine Fassstärke-Abfüllung angeboten zu haben – Glenfarclas 105 kam 1968 heraus. Damals bezweifelte die Branche, dass es für Single Malt oder überhaupt ein Produkt mit 60 % Alkohol einen Markt gibt.

Kürzlich hat Glenfarclas zehn Jahrgangswhiskys von 1952 bis 1989 in den Handel gebracht. Der Stil des Hauses ist solider Speyside mit ausgeprägterem Hang zu Sherry- als zu Bourbonfässern.

**GLENFARCLAS 12-YEAR-OLD ►**
**SINGLE MALT: SPEYSIDE**
**43 VOL.-%**
Ausgeprägte Sherrynase mit würzigen Aromen von Zimt und Fruchtkompott.

**GLENFARCLAS 15-YEAR-OLD**
**SINGLE MALT: SPEYSIDE**
**46 VOL.-%**
Voll fruchtigem Überschwang. Intensiv duftend und stark, mit Sherrytönen.

# GLENFIDDICH

**Schottland**
*Dufftown, Keith, Banffshire*
*www.glenfiddich.com*

Mit einer Frau und neun Kindern und nur 100 Pfund Gehalt im Jahr musste William Grant lange sparen, um das Startkapital für die Gründung von Glenfiddich zusammenzubekommen. Mit Steinen aus dem River Fiddich und gebrauchten Brennblasen des benachbarten Cardhu konnte er seine erste Spirituose am Weihnachtstag 1887 produzieren. Aus diesen bescheidenen Anfängen wuchs Glenfiddich zum größten Malt-Erzeuger der Welt heran. Als Grant 1923 starb,

**◄ GLENFIDDICH 12-YEAR-OLD**
**SINGLE MALT: SPEYSIDE**
**40 VOL.-%**
Ein sanfter Aperitif-Malt mit malzigem, grasigem Aroma und ein wenig Vanillesüße. Recht weich.

**GLENFIDDICH 15-YEAR-OLD SOLERA RESERVE**
**SINGLE MALT: SPEYSIDE**
**40 VOL.-%**
Nach 15 Jahren in amerikanischer Eiche erhält er ein Finish in spanischen Fässern, die ihm Anklänge von frischen Früchten und Gewürzen verleihen.

lieferte das Unternehmen bereits eigene Blends bis nach Australien und Kanada. Im selben Geist war die Firma um 1960 Pionier auf dem heutigen Markt für Single Malts. Solche Whiskys existierten, aber es gab keine große Marke vor Glenfiddich.

Heute gibt es nicht weniger als 29 Stills mit einer Kapazität von 10 Mio. Litern reinen Alkohols pro Jahr. Die einzige Brennerei, die in absehbarer Zeit gleichziehen könnte, ist die Roseisle Distillery (Diageo), die aber wohl hauptsächlich Malt für Blends wie Johnnie Walker produziert. So scheint Glenfiddichs Stellung als beliebtester Malt Whisky der Welt im Augenblick gesichert.

**GLENFIDDICH 18-YEAR-OLD SOLERA RESERVE ▶**
**SINGLE MALT: SPEYSIDE**
**40 VOL.-%**

Ganz anders als der 12-Jährige, mit reifen, tropischen Fruchtaromen, angenehmer Eichensüße und einer Spur Sherry.

**GLENFIDDICH 21-YEAR-OLD CARIBBEAN RUM CASK**
**SINGLE MALT: SPEYSIDE**
**40 VOL.-%**

Üppiges Malz mit Toffeenoten und Aromen von Banane, Karamell, Gewürzen sowie Orangenschokolade.

# Whisky-Tour: Speyside

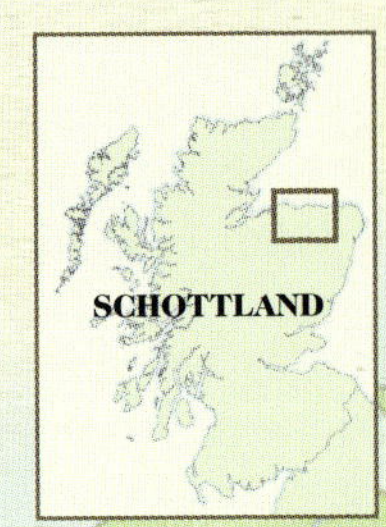


Speyside rühmt sich der größten Dichte an Brennereien weltweit und ist daher ein Muss für alle Whiskyliebhaber. Die Idee der Brennereitour wurde hier von William Grant & Sons 1969 bei Glenfiddich erfunden. Die Konkurrenten lachten ihn aus, eröffneten jedoch bald ihre eigenen Besucherzentren. Heute gibt es in Speyside zwei Whiskyfestivals pro Jahr, im Mai und im September. In dieser Zeit wird ein subventionierter Bus- und Taxibetrieb angeboten.

## TAG 1: GLENFIDDICH, THE BALVENIE

❶ Startpunkt ist **Glenfiddich** in Dufftown. Die Hersteller des berühmtesten Single Malt bieten eine kostenfreie Besichtigung oder eine Tour mit ausgedehnter Verkostung gegen Gebühr an. Letztere muss im Voraus gebucht werden und dauert 2½ Stunden. *(www.glenfiddich.com)*

THE BALVENIE

❷ Den Hügel hinab geht es zur Schwesterbrennerei **The Balvenie** *(www.thebalvenie.com)*. Die dreistündige Tour (Reservierung) schließt die Mälzböden und Verkostungen besonderer Jahrgänge ein.

## TAG 2: COOPERAGE, ABERLOUR, THE MACALLAN, CARDHU

❸ Starten Sie in der **Speyside Cooperage**. Hier informiert ein Film über die Fassherstellung, und man kann den Böttchern bei der Arbeit zuschauen. *(www.speysidecooperage.co.uk)*

FÄSSER BEI ABERLOUR

❹ Die Brennerei **Aberlour** ist der nächste Halt. Auch hier empfiehlt es sich, im Voraus zu buchen. Die Besichtigung endet mit einer Verkostung und der Möglichkeit, selbst abzufüllen. *(www.aberlour.com)*

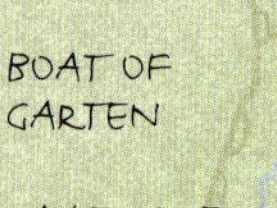


FORRES
A96
NAIRN
A940
A939
MILL
BUIE
CÀRN
NA LÒI
B9007
A939
GRANTOWN-
ON-SPEY
7
A95
A9
A95
Spey
NETHY BRIDGE
AVIEMORE
0 5
Kilometer

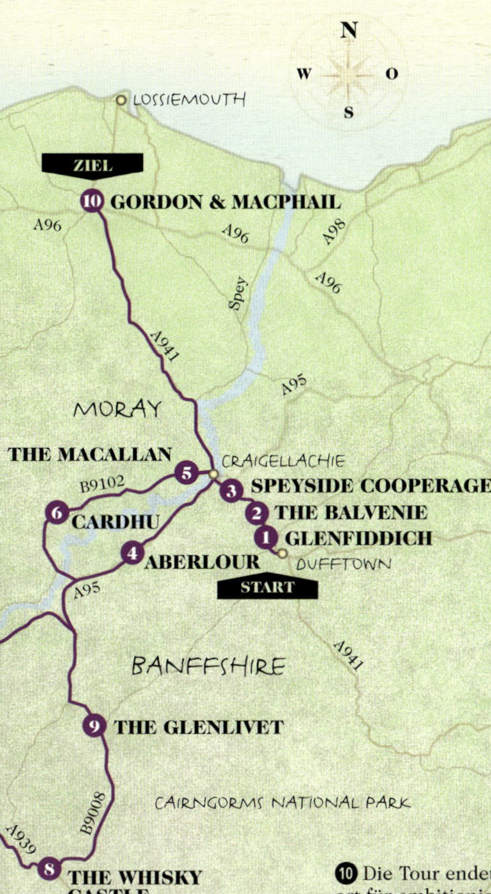


**TOUR-INFO**

**TAGE:** 3
**LÄNGE:** 145 km
**REISE:** Auto, Bus und Taxi
**BRENNEREIEN:** 5

❺ Überqueren Sie den Fluss Spey; dann auf der B 9102 zur Brennerei **The Macallan**. Die dortige »Precious Tour« – eine begleitete Verkostung einer Reihe von Macallan-Whiskys – muss im Voraus gebucht werden. (*www.themacallan.com*)

❻ Die Brennerei **Cardhu** liegt ebenfalls an der B 9102 und ist ohne Voranmeldung zu besichtigen. Der Malt von hier fließt in Johnnie Walker Blends. (*www.discovering-distilleries.com/cardhu*)

## TAG 3: GRANTOWN-ON-SPEY, THE WHISKY CASTLE, THE GLENLIVET, GORDON & MACPHAIL

❼ **Grantown-on-Spey** ist das Tor zum Cairngorms-Nationalpark – ein guter Ort, um Vorräte einzukaufen. An der Hauptstraße gibt es einen gut sortierten kleinen Whiskyladen namens Wee Spey Dram.

❽ Von Grantown in östlicher Richtung gelangt man nach Tomintoul, wo **The Whisky Castle** eine ausgezeichnete Auswahl an schottischen Malts feilbietet. (*www.whiskycastle.com*)

❾ Registrieren Sie sich auf der Website von **The Glenlivet** als »Guardian«, um Zugang zu ungewöhnlichen Tropfen zu bekommen. Die Gratistour bietet einen guten Überblick über die älteste legale Brennerei in Speyside – besser noch ist die dreitägige Whiskyschule. (*www.theglenlivet.com*)

❿ Die Tour endet am Pilgerort für ambitionierte Whiskyfans: **Gordon & MacPhail** in Elgin. Hier finden Sie u. a. seltene Flaschen und Spezialabfüllungen aus dem riesigen Vorrat an Whiskys, die viele Jahre bei G&M lagern. (*www.gordonandmacphail.com*)

GORDON & MACPHAIL

# GLENGOYNE

**Schottland**
*Dumgoyne, Stirlingshire*
*www.glengoyne.com*

Die Campsie Fells waren einst ein Zentrum des Whiskyschmuggels. Vor dem Excise Act von 1823 gab es in dieser Ecke von Stirlingshire nicht weniger als 18 illegale Brenner, darunter vermutlich George Connell. 1833 erwarb er eine Lizenz für seine Burnfoot-Brennerei. Daraus wurde Glenguin und 1905 schließlich Glengoyne.

**◄ GLENGOYNE 10-YEAR-OLD**
**SINGLE MALT: HIGHLANDS**
**40 VOL.-%**
Dieser ungetorfte Whisky hat ein reines, grasiges Aroma. Im Mund kommt nussige Süße durch.

**GLENGOYNE 12-YEAR-OLD CASK STRENGTH**
**SINGLE MALT: HIGHLANDS**
**57,2 VOL.-%**
Eine charakteristische Abfüllung ist die 12-jährige Fassstärke ohne Kaltfiltration. Leicht süße Nase mit Noten von Heidekraut, Birnenbonbons und Marzipan. Malzig-getreidiger Gaumen, gewürzt mit schwarzem Pfeffer.

Zu dieser Zeit war die Firma im Besitz von Lang Brothers, bis sie 1960 von Robertson & Baxter (heute Edrington Group) aufgekauft wurde.

2001 kam eine neue Abfüllung von Glengoyne auf den Markt, erstmals unter Verwendung schottischer Eichenfässer. Zwei Jahre später ging die Brennerei in den Besitz von Ian MacLeod & Co. über. Die Anzahl der Single Malts ist stark gestiegen und umfasst heute neben der Kernpalette auch diverse Einzelfassabfüllungen.

**GLENGOYNE 21-YEAR-OLD ►**
**SINGLE MALT: HIGHLANDS**
**43 VOL.-%**
Vollständig in erstgefüllten Sherryfässern gereift; ein üppiger Digestif-Malt mit Noten von Cognac, Butter, Zimt und süßen Gewürzen.

**GLENGOYNE 17-YEAR-OLD**
**SINGLE MALT: HIGHLANDS**
**43 VOL.-%**
Üppiger Sherryduft mit Noten von Früchtekuchen; Butterkaramell- und Sirupgeschmack, ein Hauch Zitrus.

# GLENKINCHIE

**Schottland**
*Pencaitland, Tranent, East Lothian*
*www.malts.com*

Robert Burns beschrieb das hügelige Gebiet südlich von Edinburgh als »das herrlichste Getreideland, das ich je sah« – dort, in dem Ort Pencaitland, gründeten John und George Rate 1825 die Brennerei.

In neuerer Zeit gehört zu den wichtigsten Daten das Jahr 1988, als Glenkinchie 10-Year-Old zu einem der »Classic Malts« von Diageo gewählt wurde. Neue Abfüllungen sind dazugekommen, und der 10-Jährige wurde durch einen 12-Jährigen ersetzt.

**◄ GLENKINCHIE 12-YEAR-OLD**
**SINGLE MALT: LOWLANDS**
**43 VOL.-%**
In der Nase süß und grasig mit einem Hauch Rauch. Im Mund fest und getreidig; ein Hauch Gewürz am Ende.

**GLENKINCHIE 20-YEAR-OLD**
**SINGLE MALT: LOWLANDS**
**58,4 VOL.-%**
In Bourbonfässern gereift und dann in Branntweinfässer umgefüllt. Köstliche, mundfüllende Struktur mit vielfältigen Gewürz- und Kompottaromen.

# GLENLIVET

**Schottland**

*Ballindalloch, Banffshire*
*www.theglenlivet.com*

Im frühen 19. Jahrhundert soll es im Glen Livet (dem Tal des Flusses Livet) nicht weniger als 200 illegale Brennblasen gegeben haben. Eine davon gehörte George Smith, der 1824 schließlich Glenlivet als lizenzierte Brennerei betrieb. Der Bruch mit der schmuggelnden Brüderschaft bedeutete jedoch, dass Smith zu seinem Schutz einen Revolver bei sich tragen musste.

Smith belieferte Andrew Usher in Edinburgh, der 1853 mit ☛

### THE GLENLIVET 12-YEAR-OLD ▶

**SINGLE MALT: SPEYSIDE**
**40 VOL.-%**

In der Nase Zitrustöne und Noten von Heidekraut, auch frisches Holz und weiche Frucht. Leichter bis mittlerer Körper und trockener, reiner Nachklang.

### THE GLENLIVET FRENCH OAK RESERVE 15-YEAR-OLD

**SINGLE MALT: SPEYSIDE**
**40 VOL.-%**

Weicher und reicher als der 12-Jährige, malziger Geschmack, Erdbeeren mit Schlagsahne und eine Idee Gewürz.

## GLENLIVET

Old Vatted Glenlivet einen vielfach nachgeahmten Blend kreierte. Als Blended Scotch Ende des 19. Jahrhunderts in Mode kam, stieg auch die Nachfrage nach Malt im Stil von Glenlivet. Um Verschneider an ihre Tür zu locken, fügten Brenner überall in Speyside ihrem Namen das magische »Glenlivet« an.

Glenlivets derzeitiger Besitzer – der französische Konzern Pernod Ricard – ist entschlossen, den guten Namen wiederherzustellen. 2008 begannen Planungen, die Kapazität auf 10 Millionen Liter zu erhöhen – um mit Glenfiddich gleichzuziehen.

**◄ THE GLENLIVET XXV**
**SINGLE MALT: SPEYSIDE**
**43 VOL.-%**
Ausgeprägt weich und mit üppiger Frucht. Malzige Röstaromen, Mandelsüße und ein Hauch frischer Orange. Langer, leicht rauchiger Nachklang.

**THE GLENLIVET 18-YEAR-OLD**
**SINGLE MALT: SPEYSIDE**
**43 VOL.-%**
Große Tiefe und Charakter. Honigtönig, duftend, löst sich in einem langen, nussigen Nachklang auf.

# GLENLOSSIE

**Schottland**
*Elgin, Morayshire*

Glenlossie wurde 1876 von John Duff errichtet, dem ehemaligen Leiter von Glendronach. Ein Jahrhundert lang eigenständig und seit 1919 Teil von DCL, lieferte die Brennerei hauptsächlich Malts für Verschnitte. In der Branche galt die Qualität von Glenlossie stets als Spitzenklasse. Heute teilt man das Firmengelände mit der Mannochmore Distillery, einer Gründung von 1971.

Glenlossie produziert seit 1990 einen 10-Jährigen, daneben gibt es eine Reihe unabhängiger Abfüllungen von Gordon & MacPhail und anderen.

**GLENLOSSIE FLORA & FAUNA 10-YEAR-OLD ▶**
**SINGLE MALT: SPEYSIDE**
**43 VOL.-%**
Grasig, mit Heidekrauttönen und weicher, mundfüllender Struktur sowie langem, würzigem Nachklang.

# GLENMORANGIE

**Schottland**
*Tain, Ross-shire*
*www.glenmorangie.com*

Im »Tal der Ruhe« geht es sehr geschäftig zu, seit der französische Luxuswarenkonzern LVMH Glenmorangie 2004 für 300 Mio. Pfund übernommen hat. Als Hofbrennerei gegründet, wurde der Betrieb 1843 von William Matheson, der bereits an Balblair beteiligt war, übernommen und lizenziert. Über Jahre blieb die Destillerie ein ländliches Unternehmen. Der Whisky-Reisende Alfred Barnard beschrieb in den 1880er-Jahren die Brennerei als »älteste und primitivste, die wir sahen«, und als »fast in Ruinen«.

**◀ GLENMORANGIE ORIGINAL**
**SINGLE MALT: HIGHLANDS**
**40 VOL.-%**
Dies ist der populäre 10-Jährige in neuer Verpackung. Honigtöne mit einem Hauch Mandel.

**GLENMORANGIE 18-YEAR-OLD**
**SINGLE MALT: HIGHLANDS**
**43 VOL.-%**
Ein üppiger, runder Whisky mit Dörrobstnoten und ausgeprägter Nussigkeit vom Finish in Sherryfässern.

Neue Investoren fanden sich gerade noch rechtzeitig. Im 20. Jahrhundert produzierte Glenmorangie hauptsächlich Malt für Blends. In den 1970er-Jahren jedoch begann man, Fässer für einen 10-jährigen Single Malt zu reservieren. Eine gute Entscheidung, denn daraus sollte später der meistverkaufte Single Malt Schottlands werden. Glenmorangies Brennblasen sind hoch und schmal und produzieren eine leichte, sehr reine Spirituose. Die wahre Kunst besteht darin, diese elegante Spirituose mit dem richtigen Fass zu kombinieren – Glenmorangie war ein Pionier der Holzfinishs.

**GLENMORANGIE 25-YEAR-OLD ▶**
**SINGLE MALT: HIGHLANDS 43 VOL.-%**

Vollaromatisch mit Trockenfrüchten, Beeren, Schokolade und Gewürz. Ein intensiver, komplexer Whisky.

**GLENMORANGIE NECTAR D'OR**
**SINGLE MALT: HIGHLANDS 46 VOL.-%**

Blumiger Charakter mit Honigtönen und einem Schuss Gewürz und Zitrone von Sauternesfässern.

# GLENROTHES

**Schottland**
*Rothes, Morayshire*
*www.theglenrothes.com*

Nach Dufftown ist Rothes die geschäftigste Whiskystadt in Speyside, wovon für Besucher kaum etwas zu sehen ist: Die Brennereien sind diskret verborgen, darunter ruhig in einer Senke am Bach Rothes gelegen Glenrothes.

Nach einem wackligen Start 1878 machte sich Glenrothes bald einen Namen bei den Verschneidern. Der qualitätvolle Malt avancierte zum wichtigen Bestandteil von Cutty Sark. Man belieferte auch andere Blends, und anschei-

**◄ THE GLENROTHES 1994**
**SINGLE MALT: SPEYSIDE**
**43 VOL.-%**
Ein komplexer, befriedigender Malt, mit fruchtigem, toffeeduftendem Bukett, weicher Zitrusgeschmack und ein langer, milder Nachklang.

**THE GLENROTHES 1978**
**SINGLE MALT: SPEYSIDE**
**43 VOL.-%**
Eine sehr seltene, 2008 erschienene Abfüllung. Aromen von Plumpudding und Zuckerrübensirup; seidige Struktur mit Honigtönen; langer Nachklang.

nend blieb nie etwas übrig für eine Hausabfüllung – bis 1987 der erste Single Malt, ein 12-Jähriger, auf den Markt kam.

Der Erfolg ließ zunächst auf sich warten. Die Situation änderte sich erst mit dem hochgelobten Glenrothes Vintage Malt von 1994. Die Inhaber, die Weinhändler Berry Brothers & Rudd, erkannten, dass nicht nur Weinfreunde Jahrgangsabfüllungen schätzen – dasselbe gilt auch für Whiskyliebhaber. 2004 kam Glenrothes Select Reserve heraus, um die Kontinuität bei den Jahrgängen zu gewährleisten.

**THE GLENROTHES SELECT RESERVE ▶**
**SINGLE MALT: SPEYSIDE**
**43 VOL.-%**
Eine Melange verschiedener Jahrgänge in einem komplexen Whisky mit Noten von Gerstenzucker, reifer Frucht, Vanille und Gewürz. In der Nase süßer als im Mund.

**THE GLENROTHES 1975**
**SINGLE MALT: SPEYSIDE**
**43 VOL.-%**
Dieser immer schwieriger erhältliche Jahrgang bietet große, üppige Aromen – Fruchtkompott, Sahnekaramell, Bitterschokolade und Orangenschale. Halbtrockener, schöner Nachklang.

# GLENTAUCHERS

**Schottland**
*Mulben, Keith, Banffshire*

Im Unterschied zu vielen Brennereien, die in spätviktorianischer Zeit aus spekulativen Überlegungen entstanden, wurde Glentauchers 1897 gegründet, um Buchanan's Blend zu beliefern, der später als Black & White zum Bestseller wurde. Die Brennerei war ein Joint Venture zwischen James Buchanan und dem Glasgower Verschneider W. P. Lowrie. Sie lag ideal an einer Hauptverkehrsstraße, die zur Eisenbahnlinie Aberdeen–Inverness führte. Glentauchers, inzwischen im Besitz von Pernod Ricard, fällt noch dieselbe Aufgabe zu wie früher: Malt für Blends zu liefern.

**◄ GLENTAUCHERS GORDON & MACPHAIL 1991**
**SINGLE MALT: SPEYSIDE**
**43 VOL.-%**
Diese 16-jährige Abfüllung verbindet süßen Sherrycharakter mit einem subtil-rauchigen Aroma.

# GLENTURRET

**Schottland**
*Crieff, Perthshire*
*www.glenturret.com*

Diese 1775 lizenzierte Destillerie beansprucht, die älteste noch arbeitende in Schottland zu sein. Heute ist Glenturret bekannt als die Heimat von The Famous Grouse *(s. S. 119)*, zu sehen als 5 m hohe Skulptur beim Besucherzentrum, und der Famous Grouse Whisky School, wo man in Tageskursen alles über Malt Whisky lernen kann.

Das andere Tier, das hier Berühmtheit erlangte, war Towser, jene fleißige Katze, die mit 30 000 auf dem Brennereigelände erlegten Mäusen einen Platz im Guinness Buch der Rekorde gefunden hat.

**GLENTURRET 10-YEAR-OLD ▶**
**SINGLE MALT: HIGHLANDS**
**40 VOL.-%**
Anstelle des 12-Jährigen ist dieser blumige, vanilleduftende Malt heute das wichtigste Produkt von Glenturret.

**GLENTURRET 14-YEAR-OLD**
**SINGLE MALT: HIGHLANDS**
**59,7 VOL.-%**
Eine limitierte Abfüllung in Fassstärke mit sirupartiger Süße und Noten von Lakritz.

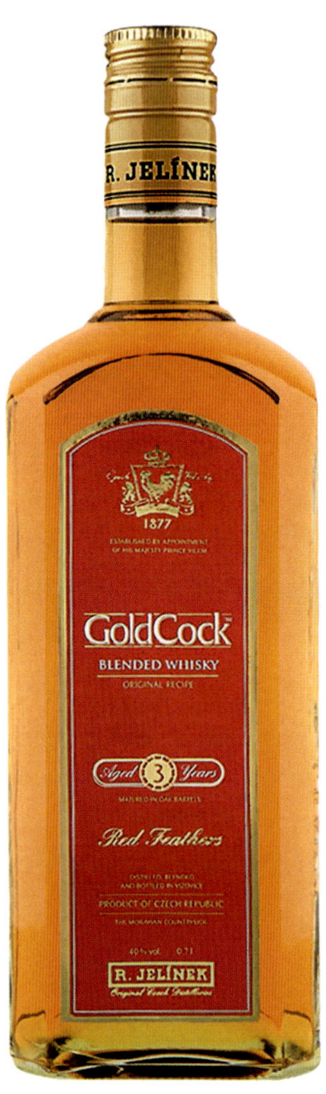


# GOLD COCK

## Tschechische Republik

*Jelínek Distillery,*
*Razov 472, 76312 Vizovice*
*www.rjelinek.cz*

Die Brennerei Jelínek wurde Ende des 19. Jahrhunderts gegründet. Die Marke Gold Cock hat man von Tesetice, einer nicht mehr bestehenden Destillerie, übernommen. Für die beiden Varianten – Red Feathers sowie einen 12-Jährigen – nutzt Jelínek mährische Gerste und das mineralreiche Wasser einer unterirdischen Quelle. Die verwendeten Fasstypen werden nicht spezifiziert.

**◀ GOLD COCK RED FEATHERS**
**BLEND 40 VOL.-%**
Leicht und getreidig, etwas metallisch und süßlich.

# GOLDEN HORSE

**Japan**
*Toa Shuzo, Chichibu*
*www.toashuzo.com*

Die Marke Golden Horse ist noch im Besitz von Toa Shozu, der Firma, die einst die Hanyu-Brennerei besaß *(s. S. 175)*, und die Whiskys stammen von ihren letzten Vorräten. Es gibt Abfüllungen mit acht, zehn und zwölf Jahren. Man sieht sie selten außerhalb Japans, und im Moment ist noch unklar, was mit Golden Horse geschieht, wenn die Vorräte von Toa Shozu verbraucht sind.

**GOLDEN HORSE 8-YEAR-OLD ▶**
**SINGLE MALT 40 VOL.-%**
Eine recht lebendige Nase mit leichten Malzextraktnoten und etwas Eiche. Dieser duftige Malt zeigt eine grundlegende Süße und nur einen Hauch Rauch im Nachklang, aber in einigen Abfüllungen einen störenden säuerlichen Zug.

# GOLDLYS

**Belgien**

*Graanstokerij Filliers,*
*Leernsesteenweg 5, 9800 Deinze*
*www.filliers.be*

Die flämische Brennerei Filliers produziert seit 1880 Getreidespirituosen. 2008 überraschte sie die Whiskywelt mit zwei gut gereiften Whiskys. Ihr Name stammt vom Fluss Lys, der auch »Goldener Fluss« genannt wird, wegen des in ihm eingeweichten Flachses. Goldlys entsteht aus Malz, Roggen und Mais und wird – ähnlich wie Bourbon – zweifach gebrannt, erst in einer Säulenbrennanlage, dann in einer Pot Still. Die Spirituose reift in ehemaligen Bourbonfässern.

**◄ GOLDLYS 10-YEAR-OLD**
**MIXED GRAIN WHISKY**
**40 VOL.-%**

Würzige, süße Frucht, Lakritz und ein Hauch Holz. Etwas Pfeffer im kurzen, trockenen Nachklang.

# GRAND MACNISH

**Schottland**
*Besitzer: Macduff International*

Die Geschichte dieser Marke reicht zurück bis in das Glasgow von 1863, als Robert McNish (das »a« wurde dem Markennamen etwas später hinzugefügt), ein Lebensmittelhändler und Kaufmann, Whisky zu verschneiden begann. Hervorzuheben sind Grand Macnish Original, der noch wie bei Robert MacNish bis zu 40 Whiskys vereint, sowie ein 12-Jähriger, den der Hersteller als »reifer, fruchtiger und malziger« beschreibt. Das Etikett ziert das Motto des McNish-Clans *forti nihil difficile* (»Für den Starken ist nichts schwierig«).

**GRAND MACNISH ORIGINAL ▶**
**BLEND 40 VOL.-%**
Altes Leder und reife Früchte, die einem Weinbrandaroma weichen. Bemerkenswert süß am Gaumen mit starkem Vanille-(Holz-)Einfluss. Langer Nachklang mit leichtem Rauch.

**GRAND MACNISH 12-YEAR-OLD**
**BLEND 40 VOL.-%**
Das Alter zeigt sich hier in vollerem, runderem Aroma von größerer Intensität und lang anhaltendem Nachklang.

# GRANT'S

**Schottland**
*Besitzer: William Grant & Sons*

Dieses standhaft unabhängige Unternehmen floriert in Speyside seit 1887. William Grant & Sons rühmt sich einer großen Leidenschaft für Whisky, die man über Generationen bewahrt hat. Heute ist das Unternehmen bekannt für die Single Malts Glenfiddich und Balvenie, produziert aber auch einen dritten Malt, Kininvie, der zum Verschnitt bestimmt ist. Eeine neue Single-Malt-Brennerei,

**◀ GRANT'S FAMILY RESERVE**
**BLEND 40 VOL.-%**
Eine unverkennbare Speyside-Nase mit malzigen Noten. Fest im Mund, mit der Süße von Bananen und Vanille, die schärfere malzige Noten ausbalanciert. Rein, aber sehr komplex, mit langem, weichem Nachklang.

**GRANT'S 12-YEAR-OLD**
**BLEND 40 VOL.-%**
Ein Blend der besten Single Malt und Grain Whiskys, der wenigstens zwölf Jahre in Eichenholz reift, bevor er sein Finish in ehemaligen Bourbonfässern erhält und ein warmer, vollmundiger Scotch von großer Fülle wird.

Ailsa Bay, produziert ausschließlich für den Verschnitt, und das aus gutem Grund: Grant's Family Reserve Blend überschritt die Grenze von 1 Mio. Kisten bereits 1979 und musste seitdem kräftig zulegen, um die weltweite Nachfrage zu decken. Grant's gehört zu den fünf größten schottischen Whiskymarken weltweit, präsent in über 180 Ländern.

Die Palette der Blends entwickelt sich weiter, man bleibt aber der typischen dreieckigen Flasche treu, die die Produkte dieser angesehenen Firma kennzeichnet.

**GRANT'S ALE CASK RESERVE ▶**

**BLEND 40 VOL.-%**

Grant's hat mit großem Erfolg spezielle Holzfinishs entwickelt. Dies ist der einzige Whisky, der in ehemaligen Bierfässern nachreift, und sie verleihen ihm einen einzigartig cremigen, malzigen Geschmack mit Honigtönen.

**GRANT'S SHERRY CASK RESERVE**

**BLEND 40 VOL.-%**

Auf dieselbe Weise wie die bahnbrechende Ale-Fass-Version hergestellt. Hier jedoch erhält der Whisky ein Finish in Oloroso-Sherryfässern, was ihm einen ausgeprägt warmen, üppigen, fruchtigen Geschmack verleiht.

# GREEN SPOT

**Irland**

*Midleton Distillery, Midleton, County Cork*

Bevor die Brenner in Irland Millionen in die Entwicklung von Marken steckten, produzierten sie einfach nur ihren Whiskey und überließen den Vertrieb unabhängigen Händlern wie Mitchell's. Während die Schotten internationale Marken aufbauten, blieben die Iren auf den stetig schrumpfenden heimischen Markt beschränkt. Als sie in den 1960er-Jahren das Rennen wieder aufnahmen, deckte irischer Whiskey gerade ein Prozent der weltweiten Nachfrage. Green Spot ist die letzte Eigenmarke eines Whiskeyhändlers – ein in Midleton für Mitchell's aus Dublin gebrannter Pot Still Whiskey.

◄ **GREEN SPOT**

**PURE POT STILL 40 VOL.-%**

Green Spot reift nur sechs bis acht Jahre; belebend, mit leichtem Sherrynachklang. Eine Klasse für sich.

# GREENORE SINGLE GRAIN

**Irland**

*Cooley Distillery, Riverstown, Cooley, County Louth*
*www.cooleywhiskey.com*

Greenore ist der einzige irische Single Grain im Handel. Gebrannt in einer Säulenbrennanlage, schmeckt er vergleichsweise leicht und rau. Aus diesem Grund nutzt man ihn meist für den Verschnitt. Greenore Single Grain Whiskey wird zweifach gebrannt und reift wenigstens acht Jahre in Bourbonfässern.

### GREENORE SINGLE GRAIN 8-YEAR-OLD ▶

**SINGLE GRAIN 40 VOL.-%**

Das Knistern von Leinsamen in der Nase und der pfeffrige Biss festen Getreides – so schmeckt ein Gewinner. Es gibt kein verräterisches »Grain-Brennen« am Ende, sondern eine kultivierte Prise geraspelter Schokolade.

### GREENORE SINGLE GRAIN 15-YEAR-OLD

**SINGLE GRAIN 43 VOL.-%**

Nach weiteren sieben Jahren in Eichenfässern hat er noch ausgeprägtere Leinsamennoten und minzige Kühle erreicht – fast Pot-Still-Qualität.

# GRÜNER HUND

**Deutschland**

*Fleischmann, Bamberger Straße 2,*
*91330 Eggolsheim-Neuses*
*www.fleischmann-whisky.de*

Robert Fleischmanns Weinbrandbrennerei entstand 1980 an der Stelle, wo die Familie ursprünglich ein Lebensmittel- und Tabakgeschäft betrieb. Nach beinahe 14 Jahren des Experimentierens mit der Whiskybrennerei brachte Fleischmann 1996 den ersten Whisky heraus. Jetzt sind sieben Single Cask Malts erhältlich – Blaue Maus, Spinnaker, Krottentaler, Schwarzer Pirat, Grüner Hund, Austrasier und Old Fahr –, alle mit 40 Vol.-% abgefüllt.

◀ **GRÜNER HUND**

**SINGLE MALT 40 VOL.-%**

Geröstete Mandeln und Kakao in der Nase. Dunkle Schokolade, Chili und Pfefferkuchen auf der Zunge; trockener, mittellanger Nachklang.

# GUILLON

**Frankreich**
*Hameau de Vertuelle,*
*51150 Louvois, Champagne*
*www.distillerie-guillon.com*

Die Brennerei Guillon liegt in der französischen Champagne und wurde 1997 eigens für die Whiskyherstellung gebaut. Sie begann 1999 zu brennen. Für die Reifung kommen ausschließlich Weinfässer zum Einsatz: Die erste Reifungsperiode findet in Burgunderfässern statt. Danach erhält der Whisky ein Finish in Fässern, die Süßweine wie Banyuls, Loupiac oder Sauternes enthielten. Guillon füllt einen Premiumblend mit 40 Vol.-% ab. Die verschiedenen Single Malts werden mit 42, 43 und 46 Vol.-% abgefüllt.

**GUILLON NO. 1 ►**
**SINGLE MALT 46 VOL.-%**
Hocharomatisch, fruchtig und elegant, dank des ungewöhnlichen Finishs in Süßweinfässern.

# HAIG

## Schottland

*Besitzer: Diageo*

Die Whiskytradition dieser Firma lässt sich bis ins 17. Jahrhundert zurückverfolgen, als man auf dem Hof der Familie Haig zu brennen begann. Sie expandierte mit Grain Whisky und war ein früher Pionier des Verschnitts. 1919 von DCL übernommen, blieb das Unternehmen weiterhin stark. Mit Dimple *(s. S. 106)* hatte man einen erfolgreichen De-luxe-Blend, und Haig selbst war zeitweise der meistverkaufte Whisky Großbritanniens. Doch die Ruhmestage sind lange vorbei. Unter der Führung von Diageo reussiert Haig heute vor allem in Griechenland und auf den Kanarischen Inseln.

◀ **HAIG**

**BLEND 40 VOL.-%**

Etwas Süße in der Nase, zarte Rauchnoten. Leicht und delikat, mit weichen Tönen von Holz und Gewürz im Nachklang, ein Hauch Rauch kehrt wieder.

# HANCOCK'S RESERVE

**USA**
*Buffalo Trace Distillery,*
*1001 Wilkinson Boulevard,*
*Frankfort, Kentucky*
*www.buffalotrace.com*

Dieser Whiskey, der in der Regel aus zehn Jahre gelagerten Fässern abgefüllt wird, wurde nach Hancock Taylor benannt, Großonkel des US-Präsidenten Zachary Taylor und einer der ersten Zollbeamten von Kentucky. Er wurde 1774 von Indianern erschossen, und sein Testament soll in der Region eines der ersten rechtsgültigen Dokumente gewesen sein.

**HANCOCK'S RESERVE PRESIDENT'S SINGLE BARREL ►**

**BOURBON 44,45 VOL.-%**

Ölig in der der Nase, mit Lakritz, Karamell und würzigem Roggen. Süß im Mund, mit Malz, Sahnekaramell und Vanillenoten. Zunehmend trocken im Nachklang, mit bemerkenswerten Eichennoten und beständiger Süße.

# HANKEY BANNISTER

**Schottland**
*Besitzer: Inver House Distillers*

Hankey und Bannister, Lieferanten edler Weine und besten Whiskys, begründeten ihre Partnerschaft 1757. Heute gehört die Firma zu Inver House Distillers, was ihr Zugang zu den Single Malts einiger guter schottischer Brennereien verschafft, etwa Balblair, Balmenach und Knockdhu. Hankey Bannister wird in 47 Länder, vor allem nach Latein- und Südamerika sowie nach Australien, exportiert.

**◄ HANKEY BANNISTER 21-YEAR-OLD**
**BLEND 43 VOL.-%**
Eine frische, recht jugendliche Nase. Weich und mild, sahniges Toffee, mit dem typischen Vanille-Hausstil. Mehr Tiefe am Gaumen, mit malzigen Obertönen und warmem Nachklang.

**HANKEY BANNISTER 40-YEAR-OLD**
**BLEND 43,3 VOL.-%**
Warme, duftige Aromen von Rosinen, Schokolade und Zitrus kombiniert mit würzigen Noten, die in einen außergewöhnlich langen, weichen, vollmundigen Nachklang übergehen.

# HANYU

**Japan**

*Vertrieb: Number One Drinks, Netherconesford, King Street, Norwich, UK*
*www.one-drinks.com*

Die Brennerei Hanyu wurde in den 1940er-Jahren von der Familie Akuto errichtet, um Shochu zu produzieren. Der Einstieg in die Whiskyherstellung erfolgte 1980. Hanyu war erfolgreich, bis die Finanzkrise von 1997 das Ende des japanischen Whiskybooms auslöste. Die Brennerei musste 2000 schließen. Als die Firma 2003 verkauft wurde, blieben Ichiro Akuto *(s. S. 187)* nur wenige Monate, um möglichst viel von den Lagerbeständen zurückzukaufen, bevor die Brennerei abgerissen wurde.

**HANYU 1988 CASK 9501 ▶**
**SINGLE MALT 55,6 VOL.-%**
Lebhaft und intensiv, mit Vanille, etwas Zitrus und feinem Kakaobutteraroma. Die japanische Eiche verleiht ihm einen bittersüßen Zug. Am Gaumen üppige Tiefe. Der Nachklang zeigt Rauch.

# HAZELBURN

**Schottland**
*Springbank Distillery, Well Close, Campbeltown, Argyll*
*www.springbankdistillers.com/hazelburn*

Die Brennerei Springbank ist die glückliche Überlebende in Campbeltown, wo es zu Zeiten des Whiskybooms im 19. Jahrhundert 34 Brennereien gab. Heute ist Springbank eine kleine, eigenständige Malt-Whisky-Fabrik mit drei Produkten unter einem Dach: Springbank selbst, der durchdringend rauchige Longrow und der leichte, ansprechende Hazelburn. Hazelburn – benannt nach einer verlassenen Brennerei in Campbeltown – bleibt ungetorft und wird dreifach gebrannt. Der erste Malt wurde 1997 gebrannt und 2005 als 8-Jähriger abgefüllt. Die 6000 produzierten Flaschen waren binnen weniger Wochen ausverkauft.

◀ **HAZELBURN 8-YEAR-OLD**
**SINGLE MALT: CAMPBELTOWN**
**46 VOL.-%**
Lowland-Stil, rein und erfrischend, mit leicht malzigem Aroma.

# HEAVEN HILL

**USA**
*1701 West Breckinridge Street, Louisville, Kentucky*
*www.heaven-hill.com*

Heaven Hill ist der größte unabhängige Hersteller von Spirituosen in den USA und in Kentucky die letzte Brennerei in Familienbesitz.

1996 wurden Produktionsstätte und Lagerhäuser durch einen Brand fast völlig vernichtet. Deshalb erwarb die Firma die technisch fortschrittliche Bernheim Distillery in Louisville von Diageo, um die gesamte Produktion dorthin zu verlagern.

Die Spezialität des Hauses sind ältere, stärkere Bourbons, traditionell im Charakter, vollmundig und komplex. Zum vielfältigen Portfolio von Heaven Hill zählen unter anderem Bernheim Original *(s. S. 48)*, Pikesville *(s. S. 288)* und Rittenhouse Rye *(s. S. 300)*

**HEAVEN HILL ▶**
**BOURBON 40 VOL.-%**
Ein ausgezeichneter und preiswerter »Einstiegs«-Bourbon mit dem Aroma von Orangen und Maisbrot, süßem, öligem Körper sowie Vanille und Mais am Gaumen.

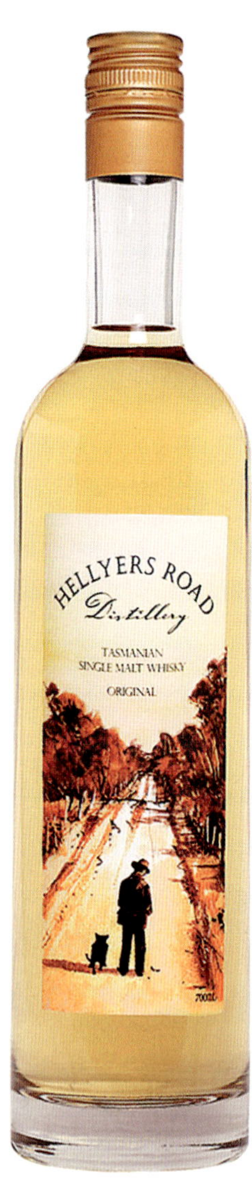


# HELLYERS ROAD

**Australien**

*153 Old Surrey Road,*
*Burnie, Tasmania*
*www.hellyersroaddistillery.com.au*

Hellyers Road Distillery, 1999 eröffnet, ist im Besitz der Betta Milk Cooperative und verfügt derzeit über etwa 3000 ehemalige Bourbonfässer voll reifendem Whisky. Man produziert außerdem Pot-Still-Wodka aus tasmanischer Gerste. Die Erfahrung beim Betrieb einer Milchverarbeitungsanlage hat Laurie House das nötige Wissen vermittelt, um diese moderne Brennerei zu führen.

Benannt ist der Whisky nach Henry Hellyer, der in den 1820er-Jahren die erste Straße ins Innere Tasmaniens baute – dieselbe Straße, die jetzt zur Brennerei führt.

**◀ HELLYERS ROAD ORIGINAL**

**SINGLE MALT 46,2 VOL.-%**

Ein leichter, heller Malt, ungefärbt und ungefiltert. Die Nase ist frisch, mit Zitrustönen und Vanillenoten.

# HIGHLAND PARK

**Schottland**
*Kirkwall, Orkney*
*www.highlandpark.co.uk*

Heute ist die Insellage ein Vorteil für die Vermarktung des Produkts, doch lange stellte die Entfernung von den großen Blend-Produzenten auf dem Festland eine Herausforderung dar. Die Brennerei überlebte dennoch und stellt heute einen hoch angesehenen Highland Malt her. Nach großen Investitionen hoffen die Besitzer, zu den Top Ten aufzusteigen. ☛

**HIGHLAND PARK 12-YEAR-OLD ▶**
**SINGLE MALT: ISLANDS**
**40 VOL.-%**
Weiche Aromen von Heidekrauthonig, einige üppigere Gewürznoten, umhüllt von einer Fahne aus Torfrauch, die den Nachklang recht trocken macht.

**HIGHLAND PARK 18-YEAR-OLD**
**SINGLE MALT: ISLANDS**
**43 VOL.-%**
Einen Hauch süßer als der 12-Jährige, mit Noten von Heidekraut, Sahnekaramell und poliertem Leder. Das Torfraucharoma kommt im Nachklang stärker durch als am Gaumen.

## HIGHLAND PARK

☛ Die Brennerei erhielt 1826 eine Lizenz. 1895 kaufte James Grant von Glenlivet das Unternehmen. Seit 1937 gehört es zu Highland Distillers (heute Edrington Group), die seit Ende der 1970er-Jahre verstärkt in die Single Malts von Highland Park investieren. Bis heute wird ein Teil der Gerste auf den ursprünglichen Mälzböden der Brennerei verarbeitet. Das Malz wird mit örtlichem Torf, der ein etwas süßeres Aroma als der von Islay hat, gedarrt.

### ◀ HIGHLAND PARK 30-YEAR-OLD

**SINGLE MALT: ISLANDS**
**48,1 VOL.-%**

Das Flaggschiff der Palette. Karamellsüße, aromatische Gewürze; dunkle Schokolade und Orangennoten. Ein langer, trocknender, rauchiger, salzhaltiger Nachklang.

### HIGHLAND PARK 25-YEAR-OLD

**SINGLE MALT: ISLANDS**
**48,1 VOL.-%**

Wie die Bernsteinfarbe zeigt, hatte dieser Whisky viel Kontakt mit europäischer Eiche: Er reifte zur Hälfte in erstgefüllten Sherryfässern. Üppiges, nussiges Aroma mit Noten von getrockneten Früchten und duftendem Rauch.

# HIGHWOOD

**Kanada**
*114 10th Avenue Southeast,*
*High River, Alberta*
*www.highwood-distillers.com*

Die 1974 gegründete Highwood Distillery ist – für Kanada ungewöhnlich – in Privatbesitz. Sie produziert eine Reihe von Bränden und ist die einzige Destillerie Kanadas, die nur Weizenbrand aus Säulendestillation als Basisspirituose für ihre Blends verwendet. 2005 erwarb man zusätzlich die Brennereien Potter's und Cascadia. Potter's ist eine eigene Marke; er wird mit Sherry gemischt, was ihm eine andere Geschmacksdimension verleiht.

**HIGHWOOD ►**
**CANADIAN RYE 40 VOL.-%**
Ein Blend aus Weizen- und Roggenbrand. Die eichenbetonte Vanillenase gibt Spuren von Roggenwürze, Orangenblüten und Honig frei. Am Gaumen eine Balance aus Süße, Eichentanninen und Nüssen.

# HIRSCH

**Kanada**
*Vertrieb: Preiss Imports Inc, San Diego, USA*

Obwohl kanadischer Whisky oft als »Rye« bezeichnet wird, enthalten nur wenige mehr als 50 % Roggenbrand, was einen echten Roggenwhisky ausmacht. Hirsch ist einer, und Kenner behaupten, dass er es mit dem besten Rye aus Kentucky aufnehmen kann. Die Whiskys, in kleinen Mengen per Säulendestillation hergestellt und in ehemaligen Bourbonfässern gereift, werden von Preiss Imports ausgewählt und von Glenora Distillers in Nova Scotia abgefüllt *(s. S. 130)*.

**◄ HIRSCH SELECTION 8-YEAR-OLD**
**CANADIAN RYE 43 VOL.-%**
Duftet nach Lösungsmittel und Kiefernholz, gefolgt von süßem Ahornsaft. Geschmack süß, mit Karamell, Kokosnuss und Eichenholz; vollmundig. Bittersüßer Nachklang mit erdigen Noten.

# HIRSCH RESERVE

**USA**

*Vertrieb: Preiss Imports Inc.*
*www.hirschbourbon.com*

In Hirsch Reserve steckt mehr als ein Tropfen amerikanischer Whiskey-Geschichte. Die Spirituose selbst wurde 1974 in der Mitcher's Distillery, der letzten überlebenden Brennerei in Pennsylvania, gebrannt. Mitcher's schloss 1988, doch Adolf A. Hirsch hatte zuvor einen beträchtlichen Vorrat des Whiskeys erworben. Nach 16-jähriger Reifung kam er in Edelstahltanks, um weiteres Altern zu verhindern. Dieser Whiskey ist jetzt bei Preiss Imports erhältlich.

**HIRSCH RESERVE ▶**
**BOURBON 45,8 VOL.-%**
Karamell, Honig und Roggen dominieren den komplexen Duft, dazu ein Anflug von Rauch. Üppig am Gaumen, mit öligem Mais, Honig und Eiche. Roggen und mehr Eichenholz im zunehmend trockenen Nachklang.

# HOLLE

**Schweiz**
*Hollen 52, 4426 Lauwil, Basel*
*www.single-malt.ch*

Bis zum 1. Juli 1999 war es in der Schweiz gesetzlich verboten, Getreide, das als Nahrungsmittel galt, zu Spirituosen zu brennen. Nach einer Gesetzesänderung begann die Familie Bader, die auf eine lange Erfahrung mit Obstbränden zurückblickt, Getreidebrand herzustellen und wurde der erste Whiskyproduzent des Landes.

**◄ HOLLE**
**SINGLE MALT 42 VOL.-%**
Feine Aromen von Malz, Holz und Vanille, mit leichtem Weingeschmack. Es gibt zwei Varianten: Eine reift in Weißwein-, die andere in Rotweinfässern. Eine Fassstärke wird mit 51,1 Vol.-% abgefüllt.

# HUDSON

## USA

*Tuthilltown Distillery, 14 Gristmill Lane, Gardiner, New York*
*www.tuthilltown.com*

1825 waren im Staat New York mehr als 1000 Brennereien in Betrieb. Heute ist Tuthilltown hier die einzige Destillerie. Das Unternehmen wurde 2001 von Brian Lee und Ralph Erenzo gegründet und produziert vier verschiedene Abfüllungen von Hudson, darunter einen üppigen, vollmundigen Four Grain Whiskey und einen karamelligen Single Malt, der sich als »Neuinterpretation« traditioneller schottischer Whiskys versteht.

**HUDSON MANHATTAN RYE ▶**
**RYE WHISKEY 46 VOL.-%**
Nach mehr als 80 Jahren der erste Whiskey, der wieder im Staat New York produziert wird. Blumige Noten und ein weicher Nachklang am Gaumen mit einem erkennbaren Roggenton.

**HUDSON BABY BOURBON**
**BOURBON 46 VOL.-%**
Dieser ungereifte Whiskey wird zu 100 Prozent aus Mais aus dem Staat New York hergestellt. Er hat eine helle, klare Farbe, eine fruchtige Maisnote und buttrige, feinsalzige Aromen.

# I.W. HARPER

**USA**

*Four Roses Distillery,*
*1224 Bond Mills Road,*
*Lawrenceburg, Kentucky*
*www.fourroses.us*

Die traditionsreiche und einst gut verkaufte Marke I.W. Harper wurde von dem jüdischen Geschäftsmann Isaac Wolfe Bernheim (1848–1945) gegründet, einem der wichtigen Protagonisten im Bourbongeschäft an der Wende zum 20. Jahrhundert. Ursprünglich in der Bernheim Distillery *(s. S. 48)* in Louisville gebrannt, entsteht I.W. Harper heute für Diageo in der Brennerei Four Roses. Es ist einer der führenden Bourbons auf dem japanischen Markt.

**◄ I.W. HARPER**
**BOURBON 43 VOL.-%**
Ein körperreicher Bourbon, in dem sich Pfeffer vereint mit Minze, Orange, Karamell sowie recht junger Holzkohle in der Nase. Eleganter Geschmack mit Karamell, Apfel und Eiche. Der Nachklang ist trocken und rauchig.

# ICHIRO'S MALT

**Japan**
*Vertrieb: Number One Drinks, Netherconesford, King Street, Norwich, UK*
*www.one-drinks.com*

Ichiro's Malt ist eine Reihe von Abfüllungen von Ichiro Akuto, dem ehemaligen Direktor von Hanyu *(s. S. 175)* und Enkel von Hanyus Gründer Isouji Akuto. Die Whiskys stammen aus den 400 Fässern Single Malt, die Akuto erwerben konnte, nachdem Hanyu geschlossen wurde.

Der Großteil von Hanyus restlichen Vorräten wird von Akuto ☛

### KING OF DIAMONDS, DISTILLED 1988, BOTTLED 2006 ▶

**SINGLE MALT 56 VOL.-%**

Komplex und nussig, trockene Noten von Sackleinen, Sandelholz, Zitrus, Ananas und Kiefer. Würzig, doch blumig am Gaumen mit subtilem Rauch. Einer der komplexesten aus der Reihe.

### ACE OF DIAMONDS, DISTILLED 1986, BOTTLED 2008

**SINGLE MALT 56,4 VOL.-%**

Reife Nase mit Bitterorange, Möbelpolitur, Rose, Pfeifentabak; bei Verdünnung treten Schlehe und Moscatel hervor. Würzig und schokoladig auf der Zunge.

## ICHIRO'S MALT

☛ in 53 nach Spielkarten benannten Whiskys vermarktet. Diese sogenannte Card Series ist für die hohe Qualität vieler Abfüllungen bekannt. Die Brenndaten reichen von 1985 bis 2000, und die Card Series wird gestreckt, bis Akutos neuer Chichibu-Single-Malt die Marktreife erreicht *(s. S. 80)*.

Alle Card-Series-Abfüllungen sind extrem begrenzt, doch einige sind auf dem Exportmarkt erhältlich. Die Number One Drinks Company ist der wichtigste Vertreiber außerhalb Japans.

### ◀ FIVE OF SPADES, DISTILLED 2000, BOTTLED 2008

**SINGLE MALT 60,5 VOL-%**

Süße Nase mit Sandelholz, Rosine, Minze, dunkler Schokolade und etwas Rauch. Etwas Wasser bringt Muffins, Weihrauch und weißen Pfeffer hervor.

### ACE OF SPADES, DISTILLED 1985, BOTTLED 2006

**SINGLE MALT 55 VOL.-%**

Ace of Spades ist einer der ältesten der Card Series. Kühn, üppig und fett mit einer Menge Rosinen, einigen Teernoten und Sirup. Der Geschmack ist zäh und toffeeartig, etwas Pflaume; pikanter Nachklang.

# IMPERIAL BLUE

## Indien

*Besitzer: Pernod Ricard*
*www.pernod-ricard.com*

Imperial Blue ist mit über 3,8 Mio. Kisten pro Jahr nach Blenders Pride die erfolgreichste Marke der Pernod-Ricard-Gruppe in Indien. Obwohl auf dem Etikett immer noch Seagram's steht, hat sie bereits 2001 den Besitzer gewechselt und davon stark profitiert. Die Produktion ist von weniger als einer halben Million Kisten pro Jahr auf über 1 Mio. 2002 gestiegen. Imperial Blue geriet in die Schlagzeilen, als einige Flaschen unter Normalstärke auftauchten. Später stellte sich heraus, dass sie von verärgerten Angestellten gepanscht worden waren.

**IMPERIAL BLUE ▶**
**BLEND 42,8 VOL.-%**
Trotz des »Grain« im Namen ein Blend aus importiertem schottischem Malt und vor Ort gemachter neutraler Spirituose. Er ist leicht, süß und weich.

# INCHGOWER

**Schottland**

*Buckie, Banffshire*

Die Brennerei Inchgower liegt am Rand von Speyside, nahe der Mündung des Flusses und des Fischerhafens Buckie. Sie wurde 1871 von Alexander Wilson gegründet. Er verwendete Inventar der stillgelegten Tochieneal Distillery, die sein Vater, John Wilson, 1824 etwas weiter östlich in Cullen errichtet hatte. Inchgower blieb bis 1930 in Familienbesitz, dann erkalteten die Brennblasen. Nach sechs Jahren übernahm die Stadtverwaltung den Betrieb für nur 1000 Pfund, seit 1938 gehört er zu Arthur Bell & Sons. Der produzierte Malt fließt größtenteils in deren Blends.

**◄ INCHGOWER FLORA & FAUNA 14-YEAR-OLD**
**SINGLE MALT: SPEYSIDE**
**43 VOL.-%**
Lebhaft und frisch mit blumiger Nase, süß-saurem Aroma und recht kurzem Nachklang.

# INISHOWEN

**Irland**

*Cooley Distillery, Riverstown, Cooley, County Louth*
*www.cooleywhiskey.com*

Inishowen basiert auf einer Überlegung, die von einem Buchhalter stammen könnte: Die schottische Branche ist milliardenschwer, und Blended Scotch macht 90 Prozent des Umsatzes aus. Könnte ein irischer Hersteller also ein ähnliches Produkt erzeugen, müsste dies doch ein todsicherer Erfolg sein. Gegen Inishowen gibt es im Grunde nichts zu sagen; er ist gut gemacht und schön verschnitten – doch ist er eben kein Scotch.

**INISHOWEN ▶**
**BLEND 40 VOL.-%**
Man kann keinen anderen irischen Blended Whiskey finden, der eine solche Nase hat: sowohl torfig als auch blumig. Es ist jedoch der gute Grain Whiskey und nicht der Malt, dem Inishowen seinen Charme verdankt.

# INVER HOUSE GREEN PLAID

**Schottland**

*Besitzer: Inver House Distillers*

Inver House, heute von Thai Beverage kontrolliert, ist einer der kleineren, aber dynamischen schottischen Whiskyhersteller und wurde 2008 vom *Whisky Magazine* zum »International Distiller of the Year« gekürt. Die Marke Green Plaid, 1956 für den amerikanischen Markt entwickelt, zählt dort heute noch zu den zehn meistverkauften Whiskys. Mehr als 20 Malts und Grain Whiskys werden für den Blend verwendet, der ohne Altersangabe sowie als 12- und 21-Jähriger erhältlich ist. Single Malts wie Speyburn, anCnoc, Balblair, Old Pulteney und Balmenach sind darin vertreten.

**◀ INVER HOUSE GREEN PLAID**
**BLEND 40 VOL.-%**
Ein leichter, eingängiger Schluck mit Karamell- und Vanillenoten.

# INVERGORDON

**Schottland**

*Cottage Brae, Invergordon, Ross-shire*
*www.whyteandmackay.com*

Die Invergordon Grain Distillery am Ufer des Moray Firth gehört zu Whyte & Mackay. Sie wurde 1961 gegründet und expandierte 1963 und 1978. Im Jahr 1991 brachte die Brennerei ihre innovative Abfüllung von Invergordon Single Grain als 10-Jährigen auf den Markt, später verschwand das Produkt indessen wieder. Nur unabhängige Abfüllungen, zum Teil hochgelobt, sind derzeit noch zu finden.

**INVERGORDON CLAN DENNY 1966 ▶**

**SINGLE GRAIN 49,8 VOL.-%**

Die unabhängigen Abfüllungen von Invergordon sind sämtlich alt (üblicherweise 38–42 Jahre) und zeichnen sich durch eine süße Nase und cremige Struktur aus. Erwarten Sie Noten von Vanille und Holz, daneben Gewürze wie Zimt und Muskatnuss.

# THE IRISHMAN

**Irland**
*www.hotirishman.com*

Die Produktpalette des Unternehmens enthält zwei neue Kernprodukte sowie eine Sonderabfüllung.

Der Single Malt kommt von Bushmills; es handelt sich um einen Verschnitt von in Bourbon- und Sherryfässern gereiftem Whiskey. Die zweite Innovation trägt den Namen Irishman 70. Die 70 zeigt den Anteil von Bushmills Malt in der Flasche; die übrigen 30 Prozent sind Pure Pot Still aus Midleton. Beide Abfüllungen enthalten keinen Grain Whiskey.

**◄ THE IRISHMAN SINGLE MALT**
**SINGLE MALT 40 VOL.-%**
Der Irishman Malt zeigt wunderbaren Getreidecharakter, aber er wird nie etwas Herausragendes sein. Es gibt einen Hauch Sherry am Gaumen, doch der Malt wirkt leicht unreif.

**THE IRISHMAN 70**
**PURE POT STILL/MALT BLEND 40 VOL.-%**
Die Kombination von Malt und Pot Still ist betörend; sie bietet eine starke Dosis Dörrobst und reichlich fast verbrannten Zucker.

# ISLAY MIST

## Schottland

*Besitzer: MacDuff International*

Islay Mist, 1922 kreiert, als der Sohn des Laird of Islay House volljährig wurde, ist ein hervorragender Blend aus Single Malts von den Hebriden. Vorherrschend ist der stark aromatische Laphroaig, gemäßigt durch Speyside- und Highland Malts. Bei Liebhabern torfaromatisierter Whiskys begehrt, bietet er eine ausgezeichnete Alternative zu weniger charaktervollen Blends. Er wird produziert von MacDuff International und ist in Standard-, De-luxe-, 8-jährigen und 17-jährigen Varianten erhältlich. Letztere verwenden dieselbe Rezeptur, den Unterschied macht das Alter.

**ISLAY MIST DELUXE ▶**
**BLEND 40 VOL.-%**

Ein großer, rauchiger Gesellschaftswhisky, vielleicht leichter zu trinken als ein echter Islay Malt. Unter reichlich Torf süß und vielschichtig.

# J&B

## Schottland

*Besitzer: Diageo*

J&B, eine in Spanien, Portugal, der Türkei, Südafrika und den USA erfolgreiche Diageo-Tochter, gehört zu den meistverkauften Blends der Welt.

Die Ursprungsfirma wurde 1749 geründet und 1831 von Alfred Brooks übernommen, der sie in Justerini and Brooks umbenannte. In den 1880er-Jahren wandte man sich dem Verschneiden zu. Als mit dem Ende der Prohibition in den USA die Nachfrage nach hellerem, delikaterem Whisky stieg, kam in den 1930ern J&B Rare auf den Markt, der sofort Anklang fand.

### ◀ J&B RARE

**BLEND 40 VOL.-%**

Single Malts Auchroisk, Knockando und Glen Spey stehen hier im Zentrum. Feine Rauchigkeit suggeriert einen Speyside-Einfluss. Apfel- und Birnensüße, Vanillenoten und Honigtöne vor verhaltenem Torf. Unverwechselbar.

### J&B JET

**BLEND 40 VOL.-%**

Ein sehr reifer, weicher Whisky mit Speyside Malt im Zentrum.

# JACK DANIEL'S

**USA**
*280 Lynchburg Road,*
*Lynchburg, Tennessee*
*www.jackdaniels.com*

Jack Daniel's ist eine weltweit renommierte Marke und Amerikas meistverkaufter Whiskey. Sein Gründer, Jasper »Jack« Newton Daniel, übernahm 1860 im Alter von 14 Jahren eine Destillerie.

Heute ist sie im Besitz der Brown-Forman Corporation.

### JACK DANIEL'S OLD NO. 7 ▶
**TENNESSEE WHISKEY**
**40 VOL.-%**

Kräftiges Aroma aus Vanille, Rauch und Lakritz. Am Gaumen öliger Hustensaft und Sirup, am Ende mit einem Schuss Ahornsirup und verbranntem Holz im langen Nachklang. Nicht besonders komplex, aber durchaus muskulös und sicherlich typisch.

### JACK DANIEL'S SINGLE BARREL
**TENNESSEE WHISKEY**
**47 VOL.-%**

Bezaubernd und weich in der Nase, mit Noten von Pfirsich, Vanille, Nüssen und Eiche. Der vergleichsweise trockene Geschmack bietet Tiefe, Üppigkeit und Eleganz, mit öligem Mais, Lakritz, Malz und Eiche. Langer Nachklang mit einem Hauch Roggen.

# JAMES MARTIN'S

**Schottland**
*Besitzer: Glenmorangie*

Der Name geht auf die MacDonald Martin Distillers in Leith zurück (heute Glenmorangie), die James Martin 1878 eröffnete. Der Inhalt der schicken Art-Déco-Flaschen genoss immer hohes Ansehen, da eine ordentliche Portion Glenmorangie Single Malt sowie einige üppigere Komponenten enthalten sind.

Derzeit gibt es eine 12- und eine 20-jährige Version von James Martin's. Die 30-jährige scheint vom Markt verschwunden zu sein, doch bei spezialisierten Händlern dürfte es noch Flaschen geben.

**◄ JAMES MARTIN'S 20-YEAR-OLD**
**BLEND 40 VOL.-%**
Anfangs Zitrus in der Nase, dann Honig, Vanille und üppiger Met. Mit Wasser zeigt sich ein Hauch Kokosnuss und Vanille. Anfangs sehr weich am Gaumen mit Getreide im Vordergrund. Komplex, lebhafte Gewürztöne, dann weiche, süße getreidige Noten. Ausgewogen, weicher Nachklang.

# JAMESON

**Irland**
*Midleton Distillery,*
*Midleton, County Cork*
*www.jamesonwhiskey.com*

Jameson ist der meistverkaufte irische Whiskey überhaupt. Der moderne Standardblend besteht je zur Hälfte aus mittelschwerem Pot Still und Grain Whiskey – leicht und ansprechend, aber ohne ausgeprägten Charakter. Es gibt aber auch Highlights im Programm: Gold Reserve, ursprünglich ein Premiumblend für den Duty-free-Handel, ist jetzt überall erhältlich.☛

**JAMESON ▶**
**BLEND 40 VOL.-%**
Der Duft ist malzig und vielversprechend, doch der Whiskey selbst eine große Enttäuschung. Der Grain erscheint widerspenstig und übertönt den Pot Still, einige Zitrusnoten bleiben. Im Hintergrund ein entfernter Anklang von Sherry, doch nicht mehr.

**JAMESON GOLD RESERVE**
**BLEND 43 VOL.-%**
Dickflüssig, ölig und sirupartig füllt er den Mund. Feinere, leichtere Aromen haben es schwer, gegen den Zucker anzukommen. Der lange Nachklang erinnert an Hustensaft.

## JAMESON

Einige Whiskeys darin sind über 20 Jahre alt, aber verschnitten mit jüngerem Pot Still Whiskey, in Eichenfässern gereift. Es ist der einzige irische Whiskey, der jungfräulichem Holz den Vorzug gibt, was dem Blend einen wirklich süßen, vanilleartigen Geschmack verleiht. Die Jameson Special Reserve hat zwölf Jahre in Oloroso-Sherryfässern verbracht und mehrere Preise gewonnen. Sechs Jahre mehr ändern bei der Limited Reserve wenig am Geschmack.

### ◀ JAMESON SPECIAL RESERVE 12-YEAR-OLD

**BLEND 40 VOL.-%**

Der Spitzen-Whiskey kneift die Nase mit Leder- und Gewürznoten. Er hat eine unglaublich seidige Struktur, ganz anders als der reguläre Jameson. Trockenfrüchte in Milchschokolade runden dieses Meisterstück ab.

### JAMESON LIMITED RESERVE 18-YEAR-OLD

**BLEND 40 VOL.-%**

Dem Pot Still hat das Altern gutgetan. Der Körper ist fest und nachgiebig. Hier war feines Oloroso-Holz am Werk. Mandel und Karamellbonbon gleichen die Öligkeit aus.

# JEFFERSON'S

**USA**

*McLain & Kyne Ltd (Castle Brands), Louisville, Kentucky*
*www.mclainandkyne.com*

Die Firma McLain & Kyne Ltd. in Louisville wurde von Trey Zoeller gegründet, um die Brenntradition seiner Vorfahren fortzusetzen. McLain & Kyne sind auf Premium-Bourbons in sehr kleinen Mengen spezialisiert, vor allem Jefferson's und Sam Houston *(s. S. 309)*.



### JEFFERSON'S SMALL BATCH 8-YEAR-OLD ▶

**BOURBON (VARIABLE VOL.-%)**

Dieser Bourbon ist in Lagerhäusern gereift, die im Inneren mit Metall verkleidet sind, um die extremen Temperaturen Kentuckys zu betonen. Sie zwingen den Whiskey, sich weit ins Fass auszudehnen und Holzaromen zu extrahieren. Der Duft ist frisch, mit Vanille und reifen Pfirsichen, der Geschmack weich und süß, er zeigt mehr Vanille, Karamell und Beeren. Feiner Nachklang von gerösteter Vanille und Sahne.

# Whisky-Tour: Irland

Als der viktorianische Getränkeexperte und Schriftsteller Alfred Barnard 1887 Irland besuchte, hatte er 28 verschiedene Destillerien zu besichtigen. Heute ist die Palette zwar kleiner, aber immer noch sehenswert. Mehrere historische Whiskeybrennereien sind auf Besucher eingestellt. Weitere verlockende Attraktionen hält die schöne irische Landschaft bereit.

## TAG 1: GIANTS CAUSEWAY, BUSHMILLS

❶ Die Nordküste von Antrim ist hinreißend. Beginnen Sie Ihre Reise am **Giants Causeway** nahe der Stadt Bushmills. Die sechseckigen Basaltsäulen gehören zum Weltnaturerbe der UNESCO.

❷ Die einzige noch aktive Brennerei auf dieser Tour ist **Bushmills** (*www.bushmills.com*). Nach der Besichtigung und einigen guten Whiskeys gehen Sie zum Bushmills Inn (*www.bushmillsinn.com*), um gut zu essen und zu schlafen.

GIANTS CAUSEWAY

## TAG 2: COOLEY, OLD JAMESON DISTILLERY

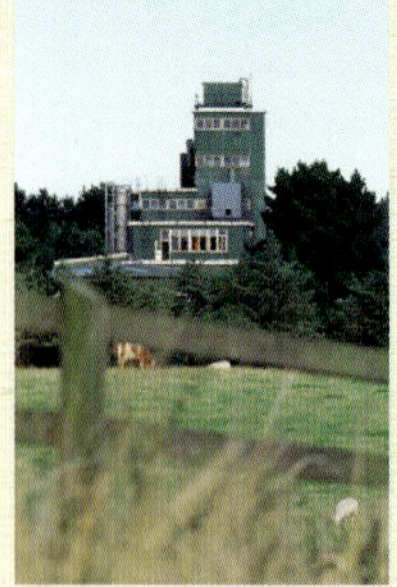

COOLEY DISTILLERY

❸ Obwohl die **Cooley Distillery** nicht öffentlich zugänglich ist, lohnt sich der Weg nach Dublin über die hügelige Halbinsel Cooley und das Städtchen Greenore.

❹ Stressfrei zur Brennerei **Old Jameson** mit der LUAS-Straßenbahn von Junction 9 an der M50 bis zur Haltestelle Smithfield in der Stadt. Dort erwartet Sie eine Führung und die Verkostung von Jameson Whiskey. (*www.jamesonwhiskey.com*)

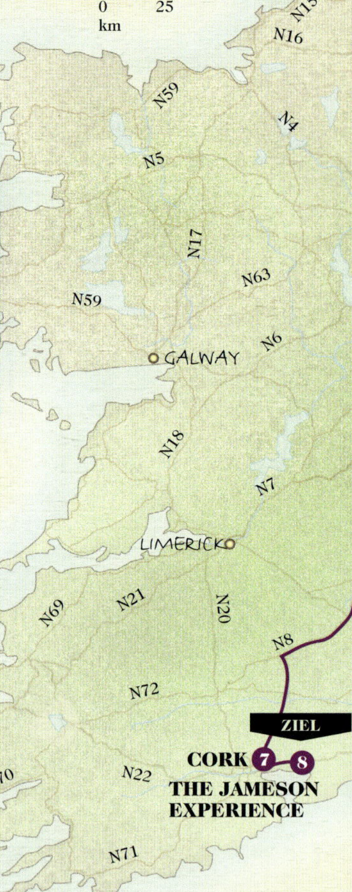

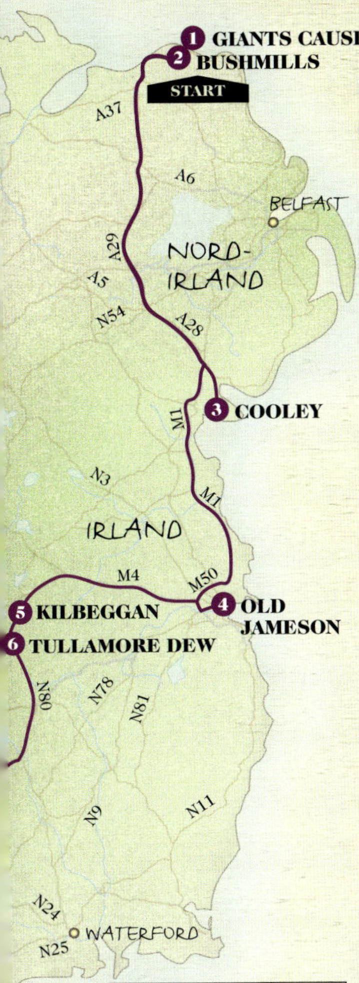


**TOUR-INFO**

**TAGE:** 4
**LÄNGE:** 600 km
**REISE:** Auto, Tram, wandern
**BRENNEREIEN:** 1 aktive, 3 umgewandelte

## TAG 3: KILBEGGAN, TULLAMORE DEW

❺ Nehmen Sie Junction 7 der M50 und fahren Sie westlich von Dublin zur alten **Locke's Distillery** in Kilbeggan. Die Brennerei arbeitet seit 1953 nicht mehr, doch das Gelände wurde von Einheimischen wiederbelebt, und eine der alten Stills ist heute wieder in Betrieb. Außerdem gibt es hier ein Museum mit funktionstüchtigem Wasserrad, Restaurant, Shop und einer Whiskeybar. *(www.lockedistillerymuseum.ie)*

KILBEGGAN

❻ In dem lebendigen Städtchen Tullamore befindet sich das **Tullamore Dew Heritage Centre**. In dem Gebäude lagerte ehemals Whiskey unter Zollverschluss, bevor er flussabwärts nach Dublin verschifft wurde. Heute kann man hier eine Ausstellung über traditionelle Whiskeyherstellung sehen. Tullamore Dew wird inzwischen in Midleton gebrannt, man kann ihn aber hier verkosten. *(www.tullamore-dew.org)*

## TAG 4: CORK, THE JAMESON EXPERIENCE IN MIDLETON

❼ Der Weg von Tullamore nach Cork führt durch eine einsame Moorlandschaft, die zu jeder Jahreszeit ihren Reiz hat. In der Hafenstadt Cork lohnen der historische English Market und das Market Café, um lokale Spezialitäten wie Kaldaunen, Schweinsfüße und Irish Stew zu probieren. Einen Drink im South County Bar & Café *(www.thesouthcounty.com)* im Vorort Douglas Village müssen Sie einplanen. Der alteingesessene Familienbetrieb hat eine große Auswahl irischer Whiskeys.

POT STILL IN MIDLETON

❽ **The Jameson Experience** *(www.jamesonwhiskey.com)* liegt in der restaurierten Brennerei aus dem 18. Jhr. in Midleton und rühmt sich der weltgrößten Pot Still, die jetzt draußen steht. Im nahe gelegenen Ballymaloe House kann man bei Darina Allen, der Doyenne der irischen Feinschmecker, kochen lernen.

# JIM BEAM

**USA**

*Clermont Distillery, 149 Happy Hollow Road, Clermont, Kentucky*
*www.jimbeam.com*

Jim Beam ist die meistverkaufte Bourbonmarke der Welt. Ihre Ursprünge reichen zurück bis ins 18. Jahrhundert, als der deutschstämmige Müller Jakob Böhm mit seiner kupfernen Pot Still von Virginia nach Bourbon County (Kentucky) kam. Er soll sein erstes Fass Whiskey 1795 gegen Barzahlung verkauft haben und verlegte schließlich seine Brenne-

**◀ JIM BEAM WHITE LABEL 4-YEAR-OLD**

**BOURBON 40 VOL.-%**

Vanille und feine blumige Noten in der Nase. Anfangs süß mit verhaltenen Vanilletönen, dann trockenere, eichige Akzente, die dann Möbelpolitur und weichem Malz im Nachklang weichen.

**JIM BEAM CHOICE 5-YEAR-OLD**

**BOURBON 40 VOL.-%**

Choice wird nach der Reifung durch Holzkohle gefiltert wie ein Tennessee Whiskey und hat einen weichen, seidigen Charakter mit mehr Karamellnoten als die anderen Varianten.

rei nach Washington County, als er dort Land geerbt hatte.

Jim (James Beauregard) Beam war Jakob Böhms Urenkel. Er trat 1880 im Alter von 16 Jahren in das Familienunternehmen ein; das Geschäft blühte in diesen Jahren, bevor die Prohibition die Schließung der Brennerei erzwang.

1933, kurz nach Aufhebung der Prohibition, gründete Jim Beam die heutige Clermont Distillery bei Clear Springs, obwohl er damals schon 70 Jahre alt war. Er starb 1947, fünf Jahre nachdem »Jim Beam« erstmals auf dem Flaschenetikett erschienen war und zwei Jahre nachdem Harry Blum, ein ehemaliger Partner aus Chicago, die Firma übernommen hatte.

**JIM BEAM BLACK LABEL 8-YEAR-OLD ▶**
**BOURBON 43 VOL.-%**
Besitzt größere Tiefe als White Label, mehr komplexe Frucht und Vanillenoten, dazu Lakritz und süßen Roggen.

**JIM BEAM RYE**
**RYE WHISKEY 40 VOL.-%**
Leicht, duftig und aromatisch in der Nase, mit Zitrone und Minze. Ölig im Mund, mit weichen Früchten, Honig und Roggen am Gaumen; trocken und würzig im Nachklang.

# JOHNNIE WALKER

**Schottland**

*Besitzer: Diageo*
*www.johnniewalker.com*

Obwohl das Unternehmen auf ein 1820 erworbenes Lebensmittelgeschäft in Kilmarnock zurückgeht, begann Walker, das Whiskygeschäft erst in den 1860er-Jahren ernsthaft zu betreiben. Als das Verschneiden legalisiert wurde, entwickelten John Walkers Sohn und Enkel nach und nach ihre Palette an Whiskys. Diese basierten auf dem ursprünglichen Walker's Old Highland Blend, der 1865 heraus-

**◄ JOHNNIE WALKER BLACK LABEL**
**BLEND 40 VOL.-%**
Rauchiger Einschlag durch Talisker und die Islay Malts Caol Ila und Lagavulin. Glendullan und Mortlach tragen etwas Speyside Malt bei; die Grain-Komponente stammt von Cameron Brig.

**JOHNNIE WALKER GREEN LABEL**
**BLENDED MALT 43 VOL.-%**
Komplex, üppig und stark. Pfeffer und Eichenholz, Fruchtaromen, malzige Süße und etwas Rauch.

kam und der Vorfahre des heutigen Black Label ist. 1925 trat die Firma DCL bei, und 1945 war Johnnie Walker die meistverkaufte schottische Whiskymarke weltweit.

Die Palette umfasst Johnnie Walker Red, Black, Gold, Blue, Blue Label King George V und Green Label. Von Zeit zu Zeit gibt die Firma einmalige, begrenzte oder regionale Abfüllungen heraus, darunter Excelsior, Honour, Old Harmony, Quest, Swing und 1805. In den letzten Jahren war ein Trend zu Luxusversionen unverkennbar. Als Blue Label 1992 herauskam, setzte er neue Preisrekorde für Blends. Die King George V Edition kostete bereits dreimal so viel, und der ultra-exklusive 1805 schlägt mit 1000 Pfund pro Glas zu Buche.

**JOHNNIE WALKER GOLD LABEL ▶**

**BLEND 40 VOL.-%**

Honig, frische Frucht, Sahnekaramell, Rauch im Hintergrund. Der Hersteller empfiehlt, ihn gekühlt zu servieren.

**JOHNNIE WALKER BLUE LABEL**

**BLEND 40 VOL.-%**

Weich und reif mit Spuren von Gewürzen, Honig und dem typischen Hauch Rauch.

# JOHNNY DRUM

**USA**

*Kentucky Bourbon Distillers,*
*1869 Loretto Road,*
*Bardstown, Kentucky*
*www.kentuckybourbonwhiskey.com*

Johnny Drum soll als Trommlerjunge im amerikanischen Bürgerkrieg in der konföderierten Armee gedient haben. Später lebte er als Farmer und Brenner in Kentucky. Johnny Drum Bourbon wurde ursprünglich in der Willett Distillery nahe Bardstown hergestellt, doch sie schloss in den frühen 1980er-Jahren, als sich das letzte Mitglied der Familie Willett zur Ruhe setzte. Die Anlage gehört heute zu Kentucky Bourbon Distillers Ltd., die vom Schwiegersohn des letzten Besitzers geleitet wird.

**◄ JOHNNY DRUM**

**BOURBON (VARIABLE VOL.-%)**

Weich und elegant in der Nase, mit Vanille, milden Gewürzen und Rauch. Vollmundiger, ausgewogener, weicher Geschmack nach Vanille und Rauch. Langer, differenzierter Nachklang.

# JURA

**Schottland**
*Isle of Jura, Argyllshire*
*www.isleofjura.com*

Als in den späten 1950er-Jahren zwei Gutsbesitzer die Brennerei wiederbelebten, änderten sie auch das Profil des Whiskys. Mit dem starken, phenolischen Malt der Vergangenheit war es vorbei, und es wurde eine Art Highland-Stil entwickelt, mit weniger Torf und subtilerem Touch. Mit großen Stills für eine reine Spirituose produziert Jura einen weicheren Malt, der sich von seinen torfigen Nachbarn auf Islay unterscheidet. Es gibt auch eine interessante Reihe an Abfüllungen in begrenzter Auflage.

**JURA 10-YEAR-OLD ►**
**SINGLE MALT: ISLANDS**
**40 VOL.-%**
Ein leicht getorfter Insel-Malt, der in den letzten Jahren immer besser geworden ist.

**JURA SUPERSTITION**
**SINGLE MALT: ISLANDS**
**43 VOL.-%**
Eine Mischung aus stark getorftem, jungem Jura mit älterem Whisky erzeugt einen intensiv rauchigen Malt mit weicher Struktur.

# KAVALAN

**Taiwan**
*King Car Kavalan Distillery,*
*Yuanshan, Yi-lan County*
*www.kavalanwhisky.com*

Beheimatet in der Yi-lan-Ebene im Nordosten Taiwans, wurde Kavalan von seinem Gründer, Mr T.T. Lee, der Name des hiesigen Volksstamms gegeben.

Die Brennerei wurde 2006 erbaut und hat eine Kapazität von 3,9 Millionen Litern pro Jahr. Die Hitze und Feuchtigkeit der Landschaft beschleunigt die Reifung und bremst die Verdunstung. Unter diesen Umständen erreicht der Whisky seine volle Reife schon nach zwei oder drei Jahren.

Die erste Abfüllung stammt von 2008. Es gibt inzwischen vier Jahrgänge, und sie sind alle hervorragend.

**◄ KAVALAN CLASSIC**
**SINGLE MALT 40 VOL.-%**
Leicht und fruchtig in der Nase, tropische Früchte begleitet von reifen Pfirsichen. Leichter Körper, süß, mit frischer Säure, trocken im anhaltenden Nachklang. Mit Wasser ein Hauch von Fenchel, Pfirsich-Creme und Schokolade verbleiben auf der Zunge.

# KENTUCKY GENTLEMAN

**USA**
*Tom Moore Distillery, 1 Barton Road, Bardstown, Kentucky*
*www.bartonbrands.com*

Kentucky Gentleman wird als Blended Whiskey und als Straight Bourbon angeboten. Laut Hersteller besteht der Blend aus reinem Kentucky Bourbon und feinstem Getreidebrand.

Der Bourbon erfreut sich insbesondere in den Südstaaten einer treuen Anhängerschaft, vor allem in Florida, Alabama und Virginia.

### KENTUCKY GENTLEMAN ▶ BOURBON 40 VOL.-%

Dieser Bourbon enthält mehr Roggen als die meisten Whiskeys aus der Barton Distillery. Er bietet Karamell und süße Eichenaromen und ist ölig, vollmundig, würzig und fruchtig im Mund. Roggen, Früchte, Vanille und Kakao bestimmen den anhaltenden, aromatischen, vergleichsweise energischen Nachklang.

# KESSLER

**USA**

*Jim Beam Distillery,*
*149 Happy Hollow Road,*
*Clermont, Kentucky*
*www.beamglobal.com*

Einer der bekanntesten und angesehensten amerikanischen Blends. Kesslers Wurzeln gehen auf das Jahr 1888 zurück, als er erstmals von einem Julius Kessler verschnitten wurde. Dieser zog im Westen von Saloon zu Saloon, um seinen Whiskey an den Mann zu bringen.

**◄ KESSLER**
**BLEND 40 VOL.-%**

Kessler wirbt seit über einem halben Jahrhundert mit dem Slogan »weich wie Seide« und wird ihm fraglos gerecht. Die Nase ist leicht und fruchtig, der Geschmack süß, mit wohlabgewogener Komplexität aus Lakritz und Leder, die zu erkennen gibt, dass der Bourbon für diesen Blend wenigstens vier Jahre reift.

# KILBEGGAN

**Irland**

*The Old Kilbeggan Distillery, Main Street, Kilbeggan, County Westmeath*
*www.kilbegganwhiskey.com*

Mitte der 1950er-Jahre wurde die berühmteste Brennerei Kilbeggans, John Locke & Sons, stillgelegt. Die letzten Mitglieder der Familie hatten kein Interesse daran, Whiskey zu brennen. Als nach dem Krieg die Preise stiegen, wollten sie die Destillerie verkaufen. Aber daraus wurde nichts. Heute wird der Whiskey von Kilbeggan zwar bei Cooley in County Louth gebrannt, aber gelagert und abgefüllt wird hier.

**KILBEGGAN ▶**
**BLEND 40 VOL.-%**
Ein getreidiger Blend mit starken Noten von Honig und Haferbrei. Am Ende eine angenehme Kombination aus Kaffee und dunkler Schokolade.

**KILBEGGAN 15-YEAR-OLD**
**BLEND 40 VOL.-%**
Das Alter kann einen Whiskey verdünnen und schwächen, oder es verhilft ihm zu großer Klasse. Der 15-jährige Kilbeggan Blend ist spektakulär: die für Cooley üblichen Honig- und Gebäcknoten, perfekt gebrannt.

# KILCHOMAN

**Schottland**

*Rockside Farm, Bruichladdich, Islay*
*www.kilchomandistillery.com*

Die Whiskyproduktion begann in dieser Hofbrennerei im Jahr 2005. Die Gerste wird auf der Rockside Farm angebaut, und auch Mälzen, Vergären, Brennen und Reifung finden vor Ort statt. Ein Stauweiher auf dem Hof versorgt die Brennerei mit Wasser. Als dieses Buch entstand, füllte Kilchoman noch keinen Whisky ab, verkaufte jedoch New Spirit. Dieser reift fünf Monate in Bourbonfässern und ist streng genommen kein New Make, aber auch noch kein Whisky. Er bietet jedoch einen Hinweis auf die Art von Whisky, die eines Tages aus dem Kilchoman-Lagerhaus kommen wird.

**◄ KILCHOMAN NEW SPIRIT**

**NEW MAKE SPIRIT 63,5 VOL.-%**

Eine leichte Welle Torf in der Nase, dabei fruchtig und frisch. Süße wie von sahnigen Karamellbonbons.

# KIRIN GOTEMBA

**Japan**
*Shibanta 970, Gotembashi, Shizuoka*
*www.kirin.co.jp*

Die Brennerei in Gotemba, in den Ausläufern des Fudschijamas gelegen, wurde 1973 als Joint Venture mit dem kanadischen Konzern Seagram *(s. S. 313)* gegründet. Ihre Produkte sind beliebt, da sie gut zur japanischen Küche passen. Die Brennerei produzierte drei verschiedene Grain Whiskys sowie drei Malts, auch getorft.

**GOTEMBA FUJISANROKU 18-YEAR-OLD ▶**
**SINGLE MALT 40 VOL-%**
Die neue Abfüllung ist blumiger und zurückhaltender, mit weniger Eiche. Etwas Pfirsich, Lilie und eine würzige Grapefruitnote. Honignoten aus dem Getreide scheinen wieder auf.

**FUJI GOTEMBA 15-YEAR-OLD**
**SINGLE GRAIN 40 VOL.-%**
Sehr süße und konzentrierte Nase. Körper likörartig dickflüssig mit Honigtönen, Sesam, Kokosnuss (von der Eiche) und Orangenschale. Am Gaumen weich und mild wie schmelzende Butter. Im Nachklang ausbalancierte Eiche und Süße.

# KIRIN KARUIZAWA

**Japan**
*Maseguchi 1795–2, Oaza, Miyotamachi, Kitasakugun, Nagano*
*www.kirin.co.jp*

Die ehemalige Weinkellerei wurde in den 1950er Jahren zur Brennerei umgebaut. Für den robusten und rauchigen Stil pflegt man alte Traditionen: Das schwere Aroma der Gerstensorte Golden Promise wird durch kleine Stills hervorgehoben, während die Reifung in ehemaligen Sherryfässern Dörrobstnoten hinzufügt.

**◀ KARUIZAWA 1995: NOH SERIES, BOTTLED 2008**
**SINGLE MALT 63 VOL.-%**
Harziger Duft, eine Mischung aus Tigerbalsam, Geranie, Schuhcreme, Pflaume und öligen Hölzern. Etwas Wasser holt Minzschokolade hervor. Der Geschmack ist leicht säuerlich.

**KARUIZAWA 1986: CASK NO. 7387, BOTTLED 2008**
**SINGLE MALT 60,7 VOL.-%**
Weihrauch in der Nase, dazu Wachs, kandierte Früchte, getrocknete Feigen, Zimt, Tamarinde, Rauch, Gewürze. Mit Wasser entfalten sich Noten von Dörrobst, Rosenholz und Kaffee.

# KNAPPOGUE CASTLE

**Irland**

*Bushmills Distillery, 2 Distillery Road, County Antrim*

Nach dem Zweiten Weltkrieg begann der Besitzer von Knappogue Castle, Fässer irischen Whiskeys zu kaufen, die er in seinem Keller lagerte. Die Abfüllungen wurden im Laufe der Zeit an Familie und Freunde verteilt. Das letzte dieser Originalfässer mit Tullamore wurde 1987 abgefüllt, als die Spirituose 36 Jahre alt war.

In den 1990er-Jahren entschied der Sohn des Schlossbesitzers, es seinem Vater gleichzutun.

Die erste dieser neuen Generation von Abfüllungen wurde aus Whiskey der Cooley Distillery kreiert; die jüngeren Jahrgänge stammen von Bushmills.

**KNAPPOGUE CASTLE 1995 ▶**
**SINGLE MALT 40 VOL.-%**

Eindeutig ein Bushmills Malt, und ein guter noch dazu. Es gibt kräftige Noten gerösteter Nüsse, während saftige Honigsüße am Gaumen verweilt. Leider ist dieser Whiskey jedoch noch ein wenig zu jung, um sein volles Potenzial auszuspielen.

# KNOB CREEK

**USA**

*Jim Beam Distillery,*
*149 Happy Hollow Road,*
*Clermont, Kentucky*
*www.knobcreek.com*

In Knob Creek in Kentucky besaß Thomas Lincoln, der Vater des späteren Präsidenten, eine Farm und arbeitete auch in der örtlichen Brennerei. Dieser Bourbon ist einer von dreien, die 1992 eingeführt wurden, als Jim Beam seine Small Batch Bourbon Collection herausbrachte. Er wird mit demselben hohen Roggenanteil gemacht wie die von Jim Beam gebrannten Marken Basil Hayden's *(s. S. 39)* und Old Grand-Dad *(s. S. 276)*.

◄ **KNOB CREEK 9-YEAR-OLD**
**BOURBON 50 VOL.-%**
Knob Creek hat eine nussige Nase mit süßer, würziger Frucht und Roggentönen. Am Gaumen fruchtig, Akzente von Malz, Gewürzen und Nüssen. Im Nachklang zunehmend trocken, mit Vanillenoten.

# KNOCKANDO

**Schottland**
*Knockando, Morayshire*
*www.malts.com*

Knockando kam in den späten 1970er-Jahren als Single Malt auf den Markt. Ein Großteil der Produktion floss in die Blends von J&B.

Die Brennerei wurde 1898 errichtet, aber nur saisonal betrieben und bald Opfer des Zusammenbruchs der Branche zu Beginn des 20. Jahrhunderts. Nach der Übernahme durch den Londoner Ginbrenner Gilbey's und einer Reihe weiterer Verkäufe gehört Konckando heute zu Diageo. 1968 wurde das Mälzen eingestellt und die Mälzböden in Konferenzräume für die J&B-Verkäufer umgebaut.

**KNOCKANDO 12-YEAR-OLD ►**
**SINGLE MALT: SPEYSIDE**
**43 VOL.-%**
Ein sehr milder, grasiger Malt mit getreidigem Charakter und leichter, cremiger Struktur.

**KNOCKANDO 18-YEAR-OLD**
**SINGLE MALT: SPEYSIDE**
**43 VOL.-%**
Mehr Überschwang steckt in dieser Version des milden Speyside Malt; die Struktur ist weich und reif.

# KNOCKEEN HILLS

**Irland**

*www.irish-poteen.com*

Poteen (oder poitín) ist eine klare Spirituose, die in Irland in kleinen Pot Stills zu Hause gebrannt wurde – meist mit gemälzter Gerste oder anderem Getreide, aber auch mit Kartoffeln. Die erfolgreiche Brennerei Knockeen Hills füllt diesen Brand in drei Stärken ab: dreifach gebrannt mit 60 und 70 Vol.-% sowie vierfach gebrannt mit 90 Vol.-%. Er sollte nicht pur getrunken werden.

**◄ KNOCKEEN HILLS 60**
**POTEEN 60 VOL.-%**

Reiner, frischer und fruchtiger Duft. Cremige Struktur, mit herrlich süßen und saftigen Fruchtnoten am Gaumen. Knackiger, reinigender Nachklang.

**KNOCKEEN HILLS 70**
**POTEEN 70 VOL.-%**

In der Nase kräftiger als der 60er. Mit viel Wasser (fast 50 : 50) wird er fruchtig, mit dem Aroma von Mandarinenschale und einer süßen Duftnote. Wärmend im Mund, süß und sauer am Gaumen, trockener Nachklang mit Fruchttönen.

# LADYBURN

**Schottland**
*Besitzer: William Grant & Sons*

Die stillgelegte Ladyburn Distillery produzierte auf dem Gelände einer großen Grain-Brennerei in Girvan. Ihre Besitzer, William Grant & Sons, waren 1964 in die Produktion von Grain Whisky eingestiegen, als DCL damit drohte, nicht mehr für Blends zu liefern. Zwei Jahre später ging Ladyburn in Betrieb, doch bereits 1975 folgte die Umwandlung in eine Wodkadestillerie. Ladyburn Single Malt ist infolgedessen rar. Dennoch gibt es immer wieder hauseigene und unabhängige Abfüllungen aus verbliebenden Vorräten. Gerüchte besagen, die Besitzer hätten 30 Fässer beiseitegelegt, um sie nach Bedarf zu vermarkten.

**LADYBURN 1973 ▶**
**SINGLE MALT: LOWLANDS**
**50,4 VOL.-%**
Eine Einzelfass-Abfüllung mit reifem, eichigem Charakter und köstlicher Vanillesüße.

# LAGAVULIN

**Schottland**
*Port Ellen, Isle of Islay*
*www.malts.com*

Die Lagavulin Distillery soll 1817 aus Schmugglernestern hervorgegangen sein. 1836 übernahm Alexander Graham die Pacht, der den Inselwhisky über seinen Laden in Glasgow vertrieb. Peter Mackie, der Neffe von Grahams Partner, arbeitete für die Firma und entwickelte später den berühmten, auf Islay Malt basierenden White Horse Blend. Als Laphroaig ihm die Zulieferung verweigerte, entschloss er sich, auf dem Gelände von Lagavulin die Malt Mill Distillery zu bauen, die er später erbte.

**◄ LAGAVULIN 16-YEAR-OLD**
**SINGLE MALT: ISLAY**
**43 VOL.-%**
Der »Classic Malt« hat eine intensiv rauchige Nase mit Aromen von Seetang und Jod. Im Mund zeigt sich Süße, die im torfigen Nachklang verblasst.

**LAGAVULIN 12-YEAR-OLD**
**SINGLE MALT: ISLAY 56,4 VOL.-%**
Anfängliche Süße weicht aromatischem Rauch und einem malzigen, fruchtigen Aroma, es folgt ein trockener und torfiger Nachklang.

Malt Mill wurde in den 1960er-Jahren abgerissen, doch Lagavulin ritt weiter auf dem Rücken von White Horse, bis der 16-jährige Lagavulin 1988 ein Gründungsmitglied der »Classic Malts« wurde.

Während der Scotch-Flaute in den 1980er-Jahren fuhr man die Produktion auf eine Zwei- bis Drei-Tage-Woche zurück. 16 Jahre später galt es, die geringen Vorräte einem boomenden Markt anzupassen. Wegen der starken Nachfrage wurde die Produktion auf eine Sieben-Tage-Woche ausgeweitet, und immer weniger floss in Blends. Es heißt, dass über 85 % heute als Single Malt abgefüllt werden.

**LAGAVULIN DISTILLERS EDITION ▶**
**SINGLE MALT: ISLAY**
**43 VOL.-%**
Üppiger und aromatischer als der 16-Jährige, doch mit viel dichtem Rauch und Seetang.

**LAGAVULIN 21-YEAR-OLD**
**SINGLE MALT: ISLAY**
**56,5 VOL.-%**
Einerseits durchdringend und rauchig, andererseits warme Töne von Sherry und Zuckersirup. Beide Seiten harmonieren gut miteinander.

# LAMMERLAW

**Neuseeland**
*Abgefüllt von Cadenhead*
*www.wmcadenhead.com*

1974 produzierte die Wilson Brewery and Malt Extract Company Neuseelands ersten legalen Whisky seit 100 Jahren. Unglücklicherweise benutzte sie Pot Stills aus Edelstahl, und das Resultat war nicht überzeugend. 1981 übernahm Seagram die Brennerei, verbesserte die Qualität und füllte einen 10-jährigen Single Malt ab, der den Namen der nahe gelegenen Bergkette erhielt – Lammerlaw. Die Brennerei wurde 2002 abgerissen, die Lagerbestände verkauft *(s. S. 256)*. Cadenhead hat Lammerlaw Single Malt in der World-Whiskies-Serie abgefüllt.

**◀ CADENHEAD'S LAMMERLAW 10-YEAR-OLD**
**SINGLE MALT 47,3 VOL.-%**
Leichter Körper, etwas »grün« und getreidig; angenehm im Geschmack.

# LANGS

**Schottland**
*Besitzer: Ian MacLeod*
*www.ianmacleod.com*

Zentrum dieses Blends ist der Single Malt von Glengoyn. Alexander und Gavin Lang, zwei Kaufleute aus Glasgow, hatten die Brennerei 1876 erworben. 1965 gingen Brennerei und Markenrechte an Robertson & Baxter über. Mit dem späteren Verkauf an Ian MacLeod schloss sich der Kreis: von der Blend-Produktion und Abfüllung zum Brennen.

Heute sind die Hauptprodukte des Unternehmens Langs 12-Year-Old und Langs Supreme.

**LANGS SUPREME ►**
**BLEND 40 VOL.-%**
Üppiges Malzaroma in der Nase, gut gereift, mit einem Hauch Sherry. Ein vollaromatischer, mittelsüßer Blend mit unverkennbarem Glengoyne-Einschlag.

**LANGS SELECT 12-YEAR-OLD**
**BLEND 40 VOL.-%**
Duft von Rhabarber und Kochäpfeln mit Vanille. Süß, weich und delikat. Üppiger am Gaumen, viele Fruchtnoten und eine Süße wie von Zitronenkuchen, die in einen würzigen Nachklang mit einem Hauch Torfrauch münden.

# LAPHROAIG

**Schottland**
*Port Ellen, Isle of Islay*
*www.laphroaig.com*

Laphroaig hat immer einen rauen, torfgeräucherten Whisky gepflegt – mit Anklängen an Hanf, Karbolseife und Lagerfeuer. Seine unverkennbar medizinische Ausstrahlung soll der Grund gewesen sein, warum er auch während der Prohibition in Amerika erhältlich war – er galt als »medizinische Spirituose« und konnte nach Verordnung durch einen Arzt bezogen werden.

### ◀ LAPHROAIG 10-YEAR-OLD CASK STRENGTH

**SINGLE MALT: ISLAY**
**57,3 VOL.-%**

Teer, Seetang und Salz, etwas süßes Holz. Jod und heißer Torf grollen durch einen langen, dramatischen Nachklang.

### LAPHROAIG 10-YEAR-OLD

**SINGLE MALT: ISLAY**
**40 VOL.-%**

Auch der 10-Jährige ist sehr populär. Unter dichtem Torfrauch und salzigem Seenebel steckt ein erfrischender, jugendlicher Malt mit süßem Kern.

Gegründet 1810 von Alexander und Donald Johnston, begann die Produktion von Laphroaig offiziell erst fünf Jahre später. Die Lage neben dem gleichermaßen berühmten Lagavulin war nicht immer Grund zur Freude – so gab es den üblichen Streit um Wasserrechte. Heute respektiert man einander.

Laphroaig ist eine der ganz wenigen Brennereien, die ihre Mälzböden erhalten haben, die etwa ein Fünftel des Bedarfs decken.

**LAPHROAIG QUARTER CASK ▶**
**SINGLE MALT: ISLAY**
**48 VOL.-%**

Quarter Cask steht im Mittelpunk der Palette von Laphroaig. Kleine Fässer beschleunigen die Reifung und erzeugen einen süßen, holzigen Geschmack, der in einem triumphalen Auflodern von Torfrauch untergeht.

**LAPHROAIG 25-YEAR-OLD**
**SINGLE MALT: ISLAY**
**50,9 VOL.-%**

Würziger, blumiger Charakter, mit Rauch und Meeresdunst, die erst im Nachklang durchkommen. Auch in Fassstärke erhältlich.

# LARK

**Australien**
*14 Davey Street, Hobart, Tasmania*
*www.larkdistillery.com.au*

Die Wiederbelebung des Whiskybrennens in Australien begann 1992 mit der Eröffnung dieser kleinen Brennerei im tasmanischen Hobart. Die Idee dazu hatte Bill Lark, der erkannte, dass die Insel alle wichtigen Voraussetzungen erfüllt: üppige Gerstenfelder, reines, weiches Wasser, Torfmoore sowie ein ideales Klima.

Seine Frau Lyn und Tochter Kristy unterstützen ihn. Die vor Ort angebaute Franklin-Gerste wird zu 50 % über Torf gedarrt. Der Malt wird aus Einzelfässern mit drei bis fünf Jahren abgefüllt.

**◀ LARK'S SINGLE MALT**
**SINGLE MALT 58 VOL.-%**
Malzig und leicht getorft, mit pfeffrigen Noten. Weiches Mundgefühl mit üppigem Malz, Äpfeln und Eichenholz. Im Nachklang Gewürze.

**LARK'S PM**
**BLENDED MALT 45 VOL.-%**
Süß und rauchig in Nase und Mund; rein und leicht würzig. Ein gut gemachter »Gersten-Schnaps«.

# THE LAST DROP

**Schottland**
*www.lastdropdistillers.com*

Dieser außergewöhnliche Premiumblend ist das geistige Kind dreier Branchenveteranen – Tom Jago, James Espey und Peter Fleck. Es soll sich dabei um eine Zufallsentdeckung handeln: sehr alte Whiskys, die mit zwölf Jahren vorverschnitten wurden und dann noch weitere 36 Jahre in Sherryfässern reiften. Der Blend enthält Whiskys von längst geschlossenen Brennereien; der jüngste soll 1960 aus der Brennblase geflossen sein. Die Aura des Unwiederholbaren hat ihren Preis: Nur 1347 Flaschen wurden gefüllt, zum Preis von 1000 Pfund sind sie in den Handel gekommen.

**THE LAST DROP ►**
**BLEND 54,5 VOL.-%**
Außergewöhnlich komplexe Nase mit Feigen, Schokolade und Vanille. Ungewöhnliche Kombination frisch gemähten Heus mit Trockenfrüchten, Kräutern und buttrigen Keksen.

# LAUDER'S

**Schottland**

*Besitzer: MacDuff International*

Zwischen 1886 und 1893 errang Lauder's Royal Northern Cream nicht weniger als sechs Goldmedaillen bei internationalen Wettbewerben – eine Würdigung der Anstrengungen, die der Gründer Archibald Lauder, ein Glasgower Wirt, dafür unternommen hatte. Die Entwicklung des Blends soll ihn zwei Jahre gekostet haben. An ihn erinnert heute noch Lauder's Bar in der Sauchiehall Street. Auch heute wird Lauder's in Glasgow verschnitten, von MacDuff International. Der Blend hat in seiner Heimat an Zuspruch verloren, wird jedoch von Barton Brands of Chicago in die USA exportiert, wo er sich bei preisbewussten Konsumenten größerer Beliebtheit erfreut.

◄ **LAUDER'S**
**BLEND 40 VOL.-%**
Ein leichter, fruchtiger Blend; unkompliziert und gut zum Mixen.

# LEDAIG

**Schottland**
*Tobermory Distillery,*
*Tobermory, Isle of Mull*

Tobermory, der Hauptort von Mull und wichtigster Hafen der Insel, hieß ursprünglich Ledaig. Diesen Namen wählte John Sinclair, als er dort 1798 zu brennen begann. Wann genau die Brennerei Ledaig zur Tobermory Distillery wurde, ist schwer zu sagen, da sie immer wieder für lange Zeit stillgelegt war. In den letzten Jahren verfolgte man einen ähnlichen Ansatz wie Springbank und produzierte einen stark getorften, robusten Westküsten-Malt namens Ledaig sowie einen leicht getorften namens Tobermory. Heute gibt es einen 10-jährigen Ledaig (seit 2008), ferner einen 10- und einen 15-jährigen Tobermory *(s. S. 346)*.

**LEDAIG 10-YEAR-OLD ▶**
**SINGLE MALT: ISLANDS**
**43 VOL.-%**
Leicht medizinisch, doch voll trockenen, dezent staubigen Torfrauchs.

WHISKYS
L
BERÜHMTE

# LIMEBURNERS

**Australien**

*Great Southern Distilling Company,*
*252 Frenchman Bay Road, Albany,*
*Western Australia*
*www.distillery.com.au*

Die Great Southern Distillery wurde 2007 von einem Rechtsanwalt und Buchhalter gegründet. Cameron Syme wählte als Standort Albany, wegen der kühlen, feuchten Winter und der Möglichkeit, 75 % des Energiebedarfs durch Wind zu decken. Die nahen Weinkellereien des Margaret River liefern die Zutaten für Brände. Limeburners Whisky gibt es nur in Einzelfassabfüllungen; die erste (M2) kam im April 2008 heraus und gewann gleich einen Preis.

**◄ LIMEBURNERS BARREL M11**
**SINGLE MALT 43 VOL.-%**
Die vierte Abfüllung (M11) reifte in einem Weinbrandfass aus französischer Eiche und erhielt ein Finish in einem zweitgefüllten Bourbonfass.

# LINKWOOD

## Schottland

*Elgin, Morayshire*

Von Anfang an war Linkwood eine gut geplante, nahezu autarke Brennerei. Umgeben von Gerstenfeldern, die das Getreide lieferten, und einer Rinderherde für den Trester. Was man heute sieht, geht auf die 1870er-Jahre zurück, als Browns Sohn William die Originalbrennerei abriss und auf dem Gelände eine neue errichtete. Sie blieb in Privatbesitz bis 1933, als sie von DCL übernommen wurde.

**LINKWOOD FLORA & FAUNA 12-YEAR-OLD ▶**

**SINGLE MALT: SPEYSIDE**
**43 VOL.-%**

Leichter Speyside-Stil; frischer, grasiger Duft, grüne Äpfel und leichte Gewürznoten. Delikates, süß-saures Aroma; langsamer Nachklang.

**LINKWOOD RARE MALTS 26-YEAR-OLD**

**SINGLE MALT: SPEYSIDE**
**56,1 VOL.-%**

Recht heiter und luftig für einen 26-Jährigen. Leicht rauchig mit karamellisierten Zuckernoten. Würziger, warmer Nachklang.

# LOCH FYNE

**Schottland**
*Besitzer: Richard Joynson*
*www.lfw.co.uk*

Loch Fyne wurde von Ronnie Martin, ehemals Produktionsleiter bei United Distillers (heute Diageo), kreiert und ist der exklusive und namensgebende Blend von Loch Fyne Whiskys of Inverary. Er wird unter Lizenz für diesen berühmten schottischen Whiskyspezialisten verschnitten und abgefüllt.

Loch Fyne, dezent süß und rauchig, ist ein leicht zu trinkender, ausgewogener Blend, und die Hersteller empfehlen, ihn »zu trinken und zu genießen, statt sich darüber Gedanken zu machen«.

**◄ LOCH FYNE PREMIUM SCOTCH**
**BLEND 40 VOL.-%**
Ausgebackene Apfelküchlein in der Nase, belebt durch Noten von Orangen und Tangerinen. Vielschichtig mit nussigen, öligen Aromen und Spuren von Rauch. Am Gaumen weich und ausgewogen: säuerlich, salzig, süß und trocken. Der Nachklang ist überraschend warm.

# LOCH LOMOND

**Schottland**
*Alexandria, Dumbartonshire*
*www.lochlomonddistillery.com*

Während in der Loch Lomond Distillery am südlichen Ende von Loch Lomond heute alle Arten von Scotch produziert werden, war es ursprünglich nur Malt. Die Brennerei wurde 1965 als Joint Venture zwischen Barton Brands of America und Duncan Thomas gegründet. 20 Jahre später ging sie in den Besitz von Alexander Bulloch und seiner Firma Glen Catrine Bonded Warehouses Ltd. über. Die Pot Stills der Brennerei verfügen über Rektifikationskolonnen, die je nach Bedarf auf eine leichtere oder stärkere Spirituose eingestellt werden können.

**LOCH LOMOND ▶**
**SINGLE MALT: HIGHLANDS**
**40 VOL.-%**

Ein vermutlich sehr junger Malt – ohne Altersangabe und recht preiswert. Er hat ein leichtes, frisches Aroma ohne starken Holzeinfluss.

# LOCHRANZA

**Schottland**
*Isle of Arran Distillers,*
*Lochranza, Isle of Arran*
*www.arranwhisky.com*

Dieser Blend ist nach dem pittoresken Dorf benannt, in dem die Brennerei Isle of Arran steht. Sie wurde erst 1995 von dem Branchenveteranen Harold Currie gegründet, hat aber inzwischen den Besitzer gewechselt. Lochranza ist ein angenehmer, gut trinkbarer Standard-Blend. Er mag sich in den nächsten Jahren weiterentwickeln, da zunehmend eigene Vorräte an Single Malt zur Verfügung stehen. Aus dem Hause Arran Distillers kommt auch der Robert Burns Blend *(s. S. 301)*.

◀ **LOCHRANZA**
**BLEND 40 VOL.-%**
Anfänglich Anklänge an Sahnekaramell, gefolgt von Birne, Eichenholz und einem Hauch Limette. Weich und süß, mit Sherrytönen und Eiche, mittlerer Nachklang. Ein Spritzer Wasser bringt die Aromen zum Vorschein.

# LOCKE'S

**Irland**
*Cooley Distillery, Riverstown, Cooley, County Louth*
*www.cooleywhiskey.com*

Es ist schwer zu glauben: Seit den frühen 1950er-Jahren beherbergten die verlassenen Gebäude Schweine und Landwirtschaftsgeräte. In den späten 1970er-Jahren restaurierte die Gemeinde die Brennerei. Wenig später gründete John Teeling eine neue Destillerie in County Louth und wollte seine Vorräte bei Locke's reifen lassen. Cooley durfte die Rechte an der Marke Locke's übernehmen und die Gebäude pachten – nach Jahren staubigen Schweigens wurden wieder Whiskeyfässer in die steinernen Lagerhäuser gerollt.

**LOCKE'S 8-YEAR-OLD MALT ▶**
**SINGLE MALT 40 VOL.-%**
Cooleys ungetorfter Malt mit einem Schuss getorften Malts. Kein schlechter Whiskey, aber ein wenig matt.

**LOCKE'S BLEND**
**BLEND 40 VOL.-%**
Gut geeignet, um ihn heiß zu trinken, begrenztes Potenzial. Pur genossen kann Locke's etwas einsilbig wirken, da er nur eine malzige Note zeigt.

# LONG JOHN

**Schottland**

*Besitzer: Chivas Brothers*

Trotz recht guter Verkäufe in Frankreich, Skandinavien und einigen Spanisch sprechenden Ländern scheint Long John der arme Verwandte im Sortiment von Chivas Brothers zu sein, das von Chivas Regal und Ballantine's dominiert wird. Die Marke hatte eine Reihe von Besitzern, seit sie im frühen 19. Jahrhundert von Long John MacDonald gegründet wurde. Das Scottish Whisky Association's Directory of Member's Brands führt eine Abfüllung ohne Altersangabe sowie einen 12- und einen 15-Jährigen an.

**◄ LONG JOHN 12-YEAR-OLD**
**BLEND 40 VOL.-%**

Dieser Blend soll 48 verschiedene Malts enthalten, darunter Laphroaig und Highland Park. Als De-luxe-Blend ist Long John 12-Year-Old ein dunkler, traditioneller Whisky, der für seinen besonderen Charakter geschätzt wird.

# LONGMORN

**Schottland**
*Elgin, Morayshire*

John Duff, George Thomson und Charles Shirres gründeten die Longmorn Distillery. Die Anlage mit vier Brennblasen kostete rund 20 000 Pfund (heute etwa 2 Mio.). Nach fünf Jahren hatte Duff seine Partner ausgezahlt und baute eine weitere Brennerei – BenRiach.

Seit 2000 ist Longmorn im Besitz von Chivas Brothers, die den 15-Jährigen durch einen ein Jahr älteren ersetzt haben und unverkennbar auf die Premiumkategorie von Malt zielen.

**LONGMORN 16-YEAR-OLD ▶**
**SINGLE MALT: SPEYSIDE**
**48 VOL.-%**

Getreidiges Aroma wird durch Kokosnuss versüßt. Im Mund ist er weich und seidig und trocknet auf der Zunge zu einem spritzigen, leicht strengen Nachklang.

**LONGMORN CASK STRENGTH 17-YEAR-OLD 1991**
**SINGLE MALT: SPEYSIDE**
**49,4 VOL.-%**

Üppig-blumig in Duft und Geschmack. Vanille und reife Birnen verbinden sich mit verführerischen Eichennoten.

# LONGROW

**Schottland**
*Springbank Distillery,*
*Well Close, Campbeltown, Argyll*
*www.springbankdistillers.com*

1973 beschloss Springbank, neben dem Standard-Malt einen strengen, stark rauchigen Whisky ins Programm zu nehmen. Er wurde Longrow getauft, nach der Brennerei, die einst nebenan gestanden hatte. Probeweise 1985 erstmals abgefüllt, wurde er 1992 schließlich fester Bestandteil des Angebots. Heute gehört zur Kernpalette der 10-Jährige, seine Fassstärke – der 10-Year-Old 100 Proof – sowie ein 14-Jähriger.

**◀ LONGROW 10-YEAR-OLD**
**SINGLE MALT: CAMPBELTOWN**
**46 VOL.-%**
Dieser dichte, phenolische Whisky hat viele komplexe Rauchnoten, daneben etwas Süße durch die Reifung in ehemaligen Bourbon- und Sherryfässern.

**LONGROW 14-YEAR-OLD**
**SINGLE MALT: CAMPBELTOWN**
**46 VOL.-%**
Kohlenrauch in der Nase und Kohlenstaub am Gaumen – für Phenolliebhaber ist dies Manna. Industrielle Noten von heißem Teer, Sole und Koks.

# MACALLAN

**Schottland**
*Easter Elchies, Craigellachie, Morayshire*
*www.themacallan.com*

Die Brennerei wurde erstmals 1824 als Elchies Distillery lizenziert. Als kleiner Nebenerwerb eines Bauernhofs konzipiert, betrug die Jahresproduktion nur 180 000 Liter, als das Unternehmen 1892 an Roderick Kemp verkauft wurde. Die Brennerei wurde erweitert und verblieb in Familienbesitz bis 1996, als sie für 180 Mio. Pfund von Highland Distillers (heute Edrington Group) übernommen wurde. ☛

**THE MACALLAN 10-YEAR-OLD ▶**
**SINGLE MALT: SPEYSIDE**
**40 VOL.-%**
Der typische Macallan, gereift in Sherryfässern. Dieser beliebte Whisky duftet nach Trockenobst und Sahnekaramell. Wohlgerundeter Geschmack.

**THE MACALLAN FINE OAK 10-YEAR-OLD**
**SINGLE MALT: SPEYSIDE**
**40 VOL.-%**
Weniger Sherry-Einfluss als beim gewöhnlichen 10-Jährigen. So kommt mehr vom frischen, lebhaften, malzigen Macallan-Charakter durch.

## MACALLAN

In den 1950er-Jahren war die Brennerei renoviert und die Zahl der Stills auf 21 erhöht worden. Wichtiger noch: The Macallan 19-Year-Old, 1978 erschienen, hatte sich als einer der führenden Single Malts von Speyside etabliert. Die Brennerei hat immer viel Wert auf die Reifung in Sherryfässern gelegt, die sorgfältig ausgewählt und aus Spanien importiert wurden. Dunkle Bernsteinfarbe und das Aroma von Früchtekuchen charakterisierten das Ergebnis. Das Erscheinen der Fine-Oaks-Serie 2004, die Bourbon- neben Sherryfässern verwendet, markierte einen Neubeginn.

### ◄ THE MACALLAN 30-YEAR-OLD

**SINGLE MALT: SPEYSIDE**
**43 VOL.-%**

Ein großer Digestif-Malt mit süßer Sherrynase und würzigen Aromen von Orangenschale, Gewürznelken und Datteln, die im Nachklang anhalten.

### THE MACALLAN 25-YEAR-OLD

**SINGLE MALT: SPEYSIDE**
**43 VOL.-%**

Würzige Zitrusnoten; den Sherryfässern verdankt er einen Geschmack nach getrockneten Früchten. Eine Winzigkeit Holzrauch auf der Zunge.

# MACARTHUR'S

**Schottland**
*Besitzer: Inver House Distillers*

Der Clan MacArthur aus Argyllshire kämpfte tapfer neben König Robert the Bruce für die schottische Unabhängigkeit und verlieh später diesem Blend seinen Namen. Wie viele andere in spätviktorianischer Zeit, als das Verschneiden in Mode kam, kann er seine Wurzeln bis in die 1870er-Jahre zurückverfolgen. Heute ist er im Besitz von Inver House Distillers, die ihn für sein »leichtes, weiches Aroma mit Toffee und Vanille durch Fassreifung« loben. MacArthur's ist nicht mit unabhängig abgefüllten Malts der Marke James MacArthur zu verwechseln.

**MACARTHUR'S ►**
**BLEND 40 VOL.-%**
Duftige Gerstenmalznase mit süßen Zitrustönen. Ein mittelschwerer, unkomplizierter Whisky, weich-aromatisch, am Gaumen sanft und reif, mit frischem, anhaltendem Nachklang.

# MACKMYRA

**Schweden**
*Mackmyra, Bruksgatan 4,*
*81832 Valbo*
*www.mackmyra.se*

1999 gegründet, brachte Mackmyra 2006 seinen ersten Whisky heraus: Preludium 01. Preludium 02, 03, 04 und 05 erschienen in rascher Folge. Preludium 06 kam Ende 2007 heraus, gefolgt von Special 01 im Juni 2008. Auch Einzelfass-Abfüllungen der Mackmyra Reserve sind erhältlich.

**◄ MACKMYRA PRELUDIUM 06**
**SINGLE MALT 50,5 VOL.-%**
Fruchtig, mit Aromen von Zitrone, Birne, Banane und Honig. Etwas Karamell, geröstete Eiche und Pfeffer. Ausgesprochen rauchiger Charakter, mit Obertönen von Wacholder. Der Nachklang bringt Süße, geröstetes Eichenfass, Rauch sowie etwas Salz.

**MACKMYRA PRELUDIUM 05**
**SINGLE MALT 48,4 VOL.-%**
Marzipan, Vanillesoße und eine leichte Zitrusnote in der Nase. Aromen von Crème brulée, Bitterschokolade und Zitronenschale. Etwas ölig; leicht metallisch und getreidig im Nachklang – cremiger mit Wasser.

# MAGILLIGAN

**Irland**

*Cooley Distillery, Riverstown, Cooley, County Louth*

Magilligan ist ein verwirrendes Erzeugnis. Zwar steht auf dem Etikett »Pure Pot Still«, doch tatsächlich kauft man einen von Cooley gebrannten Single Malt (obwohl Magilligan nicht zu Cooleys eigenen Marken gehört). Die irische Gesetzgebung hat es versäumt, zu definieren, was einen reinen Pot Still ausmacht. So kann sich jeder Whiskey, der in einer Pot Still gebrannt wurde, Pot Still Whiskey nennen.

Magilligan gibt es in verschiedenen Abfüllungen, darunter eine Limited Edition von 1991.

**MAGILLIGAN ▶**

**SINGLE MALT 43 VOL.-%**

Ein dünner, junger Malt mit einem Hauch von Größe, aber zu früh abgefüllt. Dieser Standard-Malt schmeckt wie ein Verschnitt von 3- bis 5-jährigen Whiskeys.

# MAKER'S MARK

**USA**
*3350 Burks Springs Road,*
*Loretto, Kentucky*
*www.makersmark.com*

Die Brennerei am Ufer des Hardin's Creek nahe Loretto wurde 1805 gegründet. Sie ist die älteste aktive Brennerei in den USA, die sich noch an ihrem Originalstandort befindet. Die Marke Maker's Mark wurde in den 1950er-Jahren von Bill Samuels Jr. entwickelt und befindet sich heute im Besitz von Beam Inc.

◄ **MAKER'S MARK**
**BOURBON 45 VOL.-%**
Subtile, komplexe, reine Nase mit Vanille und Gewürzen, einer delikat-blumigen Rosennote, dazu Limetten und Kakaobohnen. Mittlerer Körper; am Gaumen frische Frucht, Gewürze, Eukalyptus und Ingwerkuchen. Der Nachklang bietet mehr Gewürze, frische Eiche mit einem Hauch Rauch und am Ende einen Schuss Käsekuchen mit Pfirsich.

# MANNOCHMORE

**Schottland**
*Elgin, Morayshire*

Mannochmore sollte ursprünglich nur Malt für Haig liefern. 14 Jahre später fiel die Brennerei der Überproduktion in der Branche zum Opfer: Sie wurde stillgelegt, als die großen Brenner versuchten, den Whiskysee auszutrocknen. 1989 begann die Produktion wieder, und drei Jahre später kam der erste offizielle Malt in der Reihe Flora & Fauna heraus.

**MANNOCHMORE FLORA & FAUNA 12-YEAR-OLD ▶**
**SINGLE MALT: SPEYSIDE**
**43 VOL.-%**
Ein richtiger Aperitif-Malt mit leichter, blumiger Nase. Im Mund dagegen ein üppiger, würziger Charakter mit Lakritz- und Vanillenoten.

**MANNOCHMORE RARE MALTS 22-YEAR-OLD**
**SINGLE MALT: SPEYSIDE**
**60,1 VOL.-%**
Diese 1974 gebrannte limitierte Auflage verströmt duftige, blumige Aromen. Im Mund krautig und pfeffrig, mit einem Hauch Torf.

# MASTERSTROKE

**Indien**

*Besitzer: Diageo Radico*
*www.radicokhaitan.com*
*www.diageo.com*

Masterstroke De Luxe Whisky, ein IMFL (Indian Made Foreign Liquor) der »Prestige«-Kategorie, wurde von Diageo Radico im Februar 2007 herausgebracht. Die Firma ist ein Joint Venture zwischen Radico Khaitan, »Indiens am schnellsten wachsendem Alkoholhersteller«, und der weltgrößten Getränkefirma, Diageo. Es ist ihre erste derartige Kooperation. Die Unterstützung durch Bollywood-Superstar Shah Rukh Khan dürfte nicht ohne Wirkung geblieben sein.

◄ **MASTERSTROKE**
**BLEND 42,8 VOL.-%**
Üppig in Nase und Mund dank eines großzügigen Anteils Blair Athol Single Malt. Ausgewogen, mit der typischen Leichtigkeit eines IMFL im Nachklang.

# MCCARTHY'S

**USA**
*Clear Creek Distillery,*
*2389 NW Wilson Street,*
*Portland, Oregon*
*www.clearcreekdistillery.com*

Steve McCarthy gründete die Clear Creek Distillery vor mehr als 20 Jahren und brennt seit über einem Jahrzehnt Whiskey. Er vertritt die Ansicht, dass sein Whiskey – der aus getorfter, gemälzter Gerste aus Schottland gebrannt wird – »ein Single Malt Scotch wäre, wenn Oregon in Schottland läge.«

**MCCARTHY'S OREGON ▶**
**SINGLE MALT 40 VOL.-%**
McCarthy's reift zunächst zwei bis drei Jahre in Sherryfässern, dann sechs bis zwölf Monate in Fässern aus luftgetrockneter Orgeon-Eiche. Würziges Räucheraroma, mit einem Hauch Schwefel, Torf und Vanille. Großer Körper. Am Gaumen fleischig, ölig und rauchig-süß, mit trockener Eiche, Malz, Gewürzen sowie Salz im Nachklang.

# MCCLELLAND'S

**Schottland**
*Besitzer: Morrison Bowmore*

Die Palette der Single Malts von McClelland's ermöglicht es Ihnen, Schottlands vier große Whiskyregionen zu erkunden. Sie kam 1986 mit einer Highland-, Lowland- und Islay-Version auf den Markt. Dieses Sortiment war so erfolgreich, dass man 1999 eine Speyside-Version hinzufügte. Wie das Unternehmen betont, ist jeder Whisky mit Sorgfalt kreiert, um Wesen und Charakter der Herstellungsregion zu spiegeln.

**◄ MCCLELLAND'S HIGHLAND**
**SINGLE MALT: HIGHLANDS 40 VOL.-%**
Delikate Holznoten in der Nase, mit süßer Buttercreme und frischer Vanille. Anfangs etwas Süße, dann frische Frucht und Limettennoten.

**MCCLELLAND'S ISLAY**
**SINGLE MALT: ISLAY 40 VOL.-%**
Die Nase ist typisch für Islay: Holzrauch und Asche, Teer, Vanille und Zitrustöne. Kräftiges Meersalz, Holzfeuer und Torfrauch über Vanilletönen am Gaumen.

Die Marke soll derzeit die Nummer vier auf dem US-Markt sein, wo sie mit Glenlivet, Glenfiddich und The Macallan konkurriert. Sie wird auch weltweit vertrieben, darunter in Österreich, Südafrika, Taiwan, Japan, Kanada, Frankreich, Russland und den Niederlanden. Ein 12-jähriger Speyside kam im November 2008 heraus; hinzu kommen 12-jährige Highland-, Lowland- und Islay-Abfüllungen.

**MCCLELLAND'S LOWLAND ▶**
**SINGLE MALT: LOWLANDS**
**40 VOL.-%**

Eine üppig-blumige Nase mit Muskatnuss-, Ingwer- und Zitrustönen. Sehr rein und delikat am Gaumen, mit blumigen Noten.

**MCCLELLAND'S SPEYSIDE**
**SINGLE MALT: SPEYSIDE**
**40 VOL.-%**

Frische Minze, Kiefernholz, ein Hauch dunkle Schokolade und süßes Malz in der Nase. Im Mund anfangs süß, dann entwickeln sich nussige Aromen und blumige Noten.

# MCDOWELL'S

**Indien**

*Besitzer: United Spirits*
*www.unitedspirits.in*

Der Schotte Angus McDowell gründete McDowell & Co. 1826 in Madras als Handelsfirma für Alkohol und Zigarren. McDowell's No. 1 kam 1968 heraus. 1971 eröffnete McDowell & Co. eine Malt-Whisky-Brennerei in Ponda (Goa). Traditionsgemäß reift der Malt in ehemaligen Bourbonfässern für etwa drei Jahre. Hitze und Feuchtigkeit in Goa beschleunigen die Reifung.

Eigenen Angaben nach ist McDowell's »der erste ausschließlich in Asien entwickelte Single Malt«.

**◄ MCDOWELL'S NO.1 RESERVE**
**BLEND 42,8 VOL.-%**
Verströmt einen Duft nach getrockneten Feigen und süßem Tabak, später Dörrpflaumen und Datteln. Anfangs süßer Geschmack, dann verbrannter Zucker und ein kurzer Nachklang.

**MCDOWELL'S SINGLE MALT**
**SINGLE MALT 42,8 VOL.-%**
Ein echter Single Malt, mit frischgetreidiger, fruchtiger Nase und süßem, angenehmem Zitrusgeschmack, ähnlich einem jungen Speyside.

# MELLOW CORN

## USA

*Heaven Hill Distillery,*
*1701 West Breckinridge Street, Louisville, Kentucky*
*www.heaven-hill.com*

Laut Heaven Hill ist amerikanischer Corn Whiskey ein Vorläufer und naher Verwandter des Bourbon und wird von der US-Regierung definiert durch eine Mischung aus wenigstens 81% Mais – der Rest ist gemälzte Gerste und Roggen.

Heute ist Heaven Hill der einzig verbliebene heimische Produzent dieses klassischen Whiskeys und füllt neben Mellow Corn auch Georgia Moon ab *(s. S. 128)*.

**MELLOW CORN ▶**

**CORN WHISKEY 50 VOL.-%**

Holzlack und Vanille mit blumigen und kräuterartigen Noten in der Nase. Im Mund groß, ölig und fruchtig, mit karamellisiserten Äpfeln. Mehr Frucht, süße Holzkohle und wenig Vanille komplettieren den Nachklang. Jung und wild.

# MICHAEL COLLINS

**Irland**

*www.michaelcollinswhiskey.com*

In Irland ist General Michael Collins ein Volksheld; der Whisky, der seinen Namen trägt, ist dagegen weitgehend unbekannt.

Der Grund dafür ist, dass er ursprünglich von der Brennerei Cooley für den amerikanischen Markt entwickelt wurde. Er ist jetzt aber auf beiden Seiten des Atlantiks erhältlich.

Ungewöhnlicherweise ist Michael Collins Malt zweifach gebrannt und auch leicht getorft. Der Blend ist eine Mischung aus Malt mit jüngerem Grain Whiskey.

**◀ MICHAEL COLLINS SINGLE MALT**

**SINGLE MALT 40 VOL.-%**

Weich und zugänglich, mit vielfältigen Keksaromen. Vanillenoten zeigen sich, dazu ein leichter Hauch Rauch.

**MICHAEL COLLINS BLEND**

**BLEND 40 VOL.-%**

Weniger beeindruckend als der Malt. Er ist dünn, mit dem Duft von Holzglut im Kern, doch ein anständiger Nachklang fehlt.

# MIDLETON

**Irland**
*Midleton, County Cork*

Unter allen in Midleton produzierten Spirituosen ist nur ein Whiskey, der den Namen der Brennerei trägt: Der 1984 herausgekommene Midleton Very Rare zielt auf das Premiumsegment, und sein Preis spiegelt, was der Markt zulässt. Der neue Jahrgang erscheint spät in jedem Jahr. Abgesehen von leichten Variationen bleibt der Stil des Hauses immer gleich.

**MIDLETON VERY RARE ▶**
**BLEND 40 VOL.-%**
Edle Eiche und kecke Getreidenoten tanzen auf einem Hochseil aus reinem Bienenwachs. Der Körper ist voll und nachgiebig, im Nachklang seidiger Walnuss-Schaum.

**MIDLETON MASTER DISTILLER'S PRIVATE COLLECTION 1973**
**PURE POT STILL 56 VOL.-%**
Eine Abfüllung reinen Pot Still Whiskeys aus der alten Midleton Distillery in einer Auflage von 800 Flaschen. Sein Geschmack soll würzig und fruchtig sein, mit Honigtönen und etwas trockener Sherry-Nussigkeit.

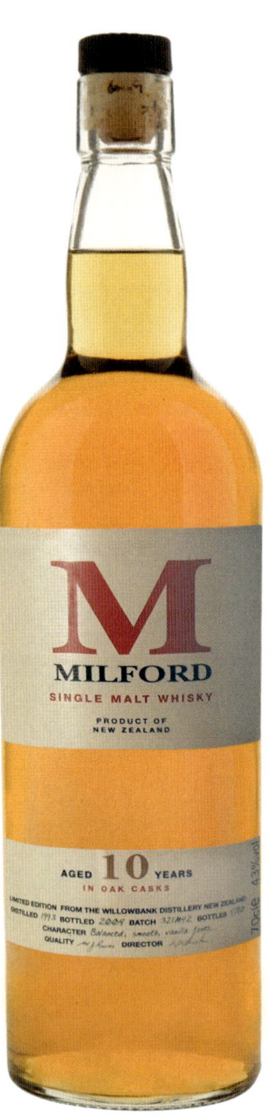


# MILFORD

**Neuseeland**

*The New Zealand Malt Whisky Company & Preston Associates,*
*14–16 Harbour St, Oamaru*
*www.milfordwhisky.co.nz*

Milford Whisky wurde ursprünglich in der Willowbank Distillery in Dunedin (South Island) hergestellt, die im Besitz der Wilson Brewery war *(s. S. 224)*. Inzwischen gehört Milford (wie die weniger angesehene Marke Prestons) zur New Zealand Malt Whisky Company. Eine neue Brennerei entsteht in Bannockburn (Central Otago), ein Lagerhaus mit Verkaufsräumen wurde in Oamaru eröffnet.

**◄ MILFORD 10-YEAR-OLD**
**SINGLE MALT 43 VOL.-%**
Milfords 10-Jähriger, oft mit einem schottischen Lowland Malt verglichen, hat eine leichte, trockene und duftige Nase. Der Geschmack ist süß, dann trocken, mit einem leicht holzigen, kurzen Nachklang.

# MILLARS

**Irland**
*Cooley Distillery, Riverstown, Cooley, County Louth*
*www.cooleywhiskey.com*

Früher wurde jeder Tropfen irischen Whiskeys von Händlern (Bonders) abgefüllt. Gilbey's, Mitchell's oder Millars übernahmen Whiskey en gros und verkauften ihn oft direkt vom Fass an ihre Kunden. Diese Tradition starb in der zweiten Hälfte des 20. Jahrhunderts aus; Adam Millars & Co. in Dublin war einer der letzten überlebenden Bonder.

Die Marke Millars gehört heute zu Cooley. Dieser schwer zu findende Whiskey ist ein Blend mit hohem Grain-Anteil.

**MILLARS SPECIAL RESERVE ▶**
**BLEND 40 VOL.-%**
Ein wunderbarer kleiner Whiskey, ein lebhafter Schluck, der viel Spaß macht. Der pfeffrige Charakter in der Nase wird untermalt von einem üppigen, würzigen Körper im Glas.

# MILLBURN

**Schottland**
*Inverness, Inverness-shire*

Die Millburn Distillery lag am Stadtrand von Inverness an der Straße nach Elgin. Als die Whiskybranche in den 1980er-Jahren eine ihrer periodischen Flauten erlebte, erwies sich das als Nachteil: Die Brennerei war nicht abgelegen genug, um sie einfach vorübergehend zu schließen und auf bessere Zeiten zu warten. So war die Stilllegung 1985 definitiv, und in das Gebäude zog ein Steakhaus ein. Heute gibt es hier ein Hotel-Restaurant namens The Auld Distillery.

Diageo ist im Besitz der verbliebenen Vorräte und füllt immer wieder einmal eine Limited Edition ab.

**◄ MILLBURN RARE MALTS 25-YEAR-OLD**
**SINGLE MALT: SPEYSIDE**
**61,9 VOL.-%**
Ein großer, saftiger Whisky – trocken im Mund, mit viel Biss. Dazu Anklänge von feuchtem Holz, Rauch und Orangenschale.

# MILLSTONE

**Niederlande**
*Zuidam, Weverstraat 6, 5111 PW, Baarle Nassau*
*www.zuidam-distillers.com*

Was vor etwa 50 Jahren als Ginbrennerei begann, ist jetzt ein Unternehmen, das in der zweiten Generation von der Familie Zuidam geleitet wird. Es produziert schön gemachte Single Malts, neben exzellentem jungem und altem *Genever*. Der 5-jährige Millstone Single Malt wurde 2007 eingeführt, gefolgt von einem 8-jährigen Bruder. Zuidam verwendet Bourbon- wie auch Sherryfässer für die Reifung. Eine 10-jährige Variante soll hinzukommen.

**MILLSTONE 5-YEAR-OLD ▶**
**SINGLE MALT 40 VOL.-%**
Delikate Töne von Frucht und Honig, kombiniert mit Vanille, Holz und einem Hauch Kokosnuss. Üppige Honigsüße, delikate würzige Noten und ein langer Vanille-Eiche-Nachklang.

# MILTONDUFF

**Schottland**
*Miltonduff, Elgin, Morayshire*

Einst eine der illegalen Brennereien in Speyside, gehört die 1824 lizenzierte Miltonduff seit 2005 nun zu Pernod Ricard.

Wie gehabt wird ein großer Teil der 5,5-Mio.-Liter-Produktion für deren Spitzen-Blend Ballantine's Finest verwendet. Eine 15-jährige Hausabfüllung ist jetzt erhältlich, ferner eine breitere Auswahl bei Abfüllern wie Gordon & MacPhail.

**◄ MILTONDUFF 15-YEAR-OLD**
**SINGLE MALT: SPEYSIDE**
**46 VOL.-%**
Die Hausabfüllung ohne Kaltfiltration ist schwer zu finden. Sie hat einen sanften Speyside-Charakter mit dem Duft von Honig und Leder und einem nussigem Geschmack voller Kräutertöne.

**MILTONDUFF GORDON & MACPHAIL 1968**
**SINGLE MALT: SPEYSIDE**
**40 VOL.-%**
Eine rare Abfüllung von Gordon & MacPhail. Sie zeigt üppige Sherrynoten mit Anklängen von Lakritz, Menthol und kandiertem Ingwer.

# MONKEY SHOULDER

**Schottland**
*Besitzer: William Grant & Sons*

Der Name dieses Blended Malt von William Grant & Sons mag seltsam klingen, bezieht sich jedoch auf ein verbreitetes Leiden bei den Arbeitern in der Mälzerei: Die einseitige Belastung beim Wenden des feuchten Getreides verursachte häufig schmerzhafte Zerrungen.

Drei Affen aus Metall schmücken die Schulter der Flasche, und nur drei Single Malts fließen in den Blend – Glenfiddich, Balvenie und Kininvie. Bei seiner Einführung wurde er intensiv als Whisky zum Mixen beworben.

**MONKEY SHOULDER ▶**
**BLEND 40 VOL.-%**
Banane, Honig, Birne und Piment in der Nase. Vanille, Muskatnuss, Zitrustöne und Früchte am Gaumen. Ein trockener Nachklang, dann ein kurzes Auflodern von Menthol.

# MORTLACH

## Schottland

*Dufftown, Keith, Banffshire*

Die sechs Stills von Mortlach sind so konfiguriert, dass ein Fünftel der Spirituose durch eine zwischengeschaltete Still namens »Wee Witchie« dreifach gebrannt wird. Dieser Prozess sorgt für Üppigkeit und Tiefe. Danach kondensiert sie in Worm Tubs. Die herausgegebene Menge an Single Malt beschränkt sich auf den 16-Jährigen sowie gelegentlich auf Rare Malt oder unabhängige Abfüllungen.

### ◀ MORTLACH FLORA & FAUNA 16-YEAR-OLD

**SINGLE MALT: SPEYSIDE**
**43 VOL.-%**

Starker Einfluss von Sherryfässern, doch nicht genug, um diesen betörenden, komplexen Malt mit Noten von dunkler Minzschokolade in der Nase aus dem Gleichgewicht zu bringen.

### MORTLACH 21-YEAR-OLD

**SINGLE MALT: SPEYSIDE**
**43 VOL.-%**

Karamell und milde Früchte in der Nase. Im Geschmack trockener; das Sherryholz bringt harzige, eichige Aromen zum Vorschein.

# MURREE

## Pakistan

*Murree Distillery,*
*National Park Road, Rawalpindi*
*www.murreebrewery.com*

Dank einer Sondergenehmigung für den nichtmuslimischen Besitzer, alkoholische Getränke für »Besucher und Nichtmuslime« zu brennen, ist Murree heute die einzige Brennerei alkoholischer Getränke in einem muslimischen Land.

Die Gerste für den Whisky kommt aus Großbritannien und wird auf Malzböden und in Saladin-Kästen gemälzt. Nur ein kleiner Teil der Spirituose reift in Fässern, der Rest lagert in großen Bottichen in gekühlten Kellern.

### MURREE'S CLASSIC 8-YEAR-OLD ►

**SINGLE MALT 43 VOL.-%**

Blumig und buttrig in Nase und Nachklang, etwas grün, mit Noten von warmen Desserts. Wahrscheinlich kein reiner Malt Whisky.

### MURREE'S RAREST 21-YEAR-OLD

**SINGLE MALT 43 VOL.-%**

Der älteste in Asien produzierte Whisky. Murree-typisch und mit einer starken Dosis Aromen aus dem Holz vertieft.

# NANT

**Australien**
*The Nant Estate, Bothwell, Tasmania*
*www.nantdistillery.com.au*

Keith und Margaret Batt kauften 2004 das seit 1821 bestehende Anwesen Nant in Tasmanien, um in der historischen Farm eine Brennerei einzurichten. Unter Anleitung des Experten Bill Lark *(s. S. 228)* ging die Brennerei im April 2008 in Produktion. Man will eine streng limitierte Anzahl von Fässern pro Jahr produzieren. Gerste und Wasser hat man selbst; eine restaurierte Mühle schrotet das Malz. Es gibt ein elegantes neues Besucherzentrum.

**◄ NANT DOUBLE MALT**
**BLENDED MALT 43 VOL.-%**
Ein Verschnitt von zwei ausgewählten Fässern anderer tasmanischer Brenner, der eine Vorstellung davon liefert, wie Nant einmal schmecken soll. Süß und fruchtig, Noten von Pflaume und Eiscreme-Soda; mittlerer Körper, weich.

# NIKKA – GRAIN & BLENDS

**Japan**

*Nikka 1, Aobaku, Sendaishi, Miyagi-ken; Kurokawacho 7–6, Yoichimachi, Yoichigun, Hokkaido*
*www.nikka.com*

Japans zweitgrößtes Brennereiunternehmen wurde 1934 von Masataka Taketsuru gegründet. Dieser engagierte Brennmeister hat die Kunst des Whiskymachens bei Longmorn in Speyside und bei Hazelburn in Campbeltown erlernt. ☛

### NIKKA WHISKY FROM THE BARREL ►

**BLEND 51,4 VOL.-%**

Nikkas preisgekrönter Blend aus Malt und Grain reift in erstgefüllten Bourbonfässern. Die Nase ist direkt und leicht blumig bei angenehmer Intensität, leicht pfirsichartig, mit Zügen von Rosmarin und Kiefer. Am Gaumen leicht süß, dazu etwas Vanille, Kirsche und viel Würze im Nachklang.

### NIKKA ALL MALT

**BLENDED MALT 40 VOL.-%**

Ein Blend aus Pot-Still-Malt und 100-prozentigem Malt aus einer Coffey Still. Süße und trockene Eiche in der Nase, dazu etwas Banane. Der Geschmack ist weich und ölig.

## NIKKA – GRAIN & BLENDS

Taketsurus Firma betreibt neben zwei Malt-Brennereien in Yoichi und Miyagikyo auch Destillerien für Grain Whisky. Sie produziert alle Whiskys für ihre Blends selbst und hat sich verstärkt auf den Export eingestellt.

Obwohl auch die Blends außerhalb Japans erhältlich sind, profitierten von den Anstrengungen vor allem die beiden Single Malts Nikka Miyagikyo und Nikka Yoichi.

### ◀ NIKKA PURE MALT RED

**BLENDED MALT 43 VOL.-%**

Leicht und duftig, mit dezenten Noten von Ananas, frischem Apfel, Birne und milden, mandelähnlichen Eichenaromen. Dieser Eindruck hält im Mund an; im Nachklang leichte Zitrustöne.

### NIKKA SINGLE COFFEY MALT

**MALTED BARLEY MASH 55 VOL.-%**

Dieser ungewöhnliche Whisky wird aus 100 % gemälzter Gerstenmaische in einer Coffey Still gebrannt. Daher bleibt unklar, ob es sich um Malt oder Grain Whisky handelt. Milder Duft, süß und rund, mit Noten von Banane, Honig, Kokosnuss, Khaki und trockenem Gras. Am Gaumen zäh und süß, Andeutungen von Muskatnuss, Zimt, Pfirsich und Vanille.

# NIKKA MIYAGIKYO

**Japan**
*Nikka 1, Aobaku, Sendaishi, Miyagiken*
*www.nikka.com*

Nikka Miyagikyo, auch Sendai genannt, ist die zweite von Masataka Taketsuru gegründete Brennerei. Neben der Malt-Destillerie mit acht Stills arbeiter hier auch eine Grain-Destillerie mit zwei verschiedenen Systemen. Der vorherrschende Stil ist leicht duftend und fruchtig-weich. Daneben gibt es auch einige torfige Varianten.

**NIKKA MIYAGIKYO 10-YEAR-OLD ▶**
**SINGLE MALT 45 VOL.-%**
Typisch für diese Brennerei: ein schöner, blumiger Zug mit Lilien, Stechginster, Flieder, ein Hauch Anis im Hintergrund. Am Gaumen ausgewogene, spritzige Eiche, einige Buttertoffeenoten und kiefernartiger Nachklang.

**NIKKA MIYAGIKYO 12-YEAR-OLD**
**SINGLE MALT 45 VOL.-%**
Zwei Jahre mehr füllen die Nase mit Blumen, die Früchten wie Mango und Khaki weichen sowie einem üppigeren Geschmack nach Vanilleschoten. Gute Struktur mit einem Hauch Rauch.

# NIKKA TAKETSURU

**Japan**

*Nikka 1, Aobaku, Sendaishi, Miyagi-ken; Kurokawacho 7–6, Yoichimachi, Yoichigun, Hokkaido*
*www.nikka.com*

Diese kleine Palette verschnittener Malts wurde nach Nikkas Gründer, Masataka Taketsuru, benannt. Wie die Pure-Malt-Palette besteht sie aus Whiskys von beiden Brennereien der Firma.

### ◄ NIKKA TAKETSURU 17-YEAR-OLD

**BLENDED MALT 43 VOL.-%**

Rauch ist offenkundiger als beim 12-Jährigen: Anflüge von Zigarrenkisten, Lack und Leder. Mit Wasser erst ein frischer Tropenfruchtcharakter, bevor Torfrauch sich durchsetzt.

### NIKKA TAKETSURU 21-YEAR-OLD

**BLENDED MALT 43 VOL.-%**

Bei diesem vielfach preisgekrönten Whisky ist der Rauch unmittelbar, während die Spirituose dahinter dicker, üppiger und dunkler ist: reife Beeren, Kuchen, Eiche und ein Hauch Pilz oder Trüffel, der vom Alter zeugt. Fruchtsirup, Feige, Pflaume, Rauch; vielschichtig und komplex.

# NIKKA YOICHI

**Japan**
*Kurokawacho 7–6, Yoichimachi,*
*Yoichigun, Hokkaido*
*www.nikka.com*

Obwohl die Malts aus der Brennerei Yoichi eindeutig japanisch sind, haben sie Ähnlichkeit mit ihren schottischen Brüdern – vor allem den Whiskys von Islay und Campbeltown. Man produziert eine breite Stilpalette, berühmt ist Yoichi vor allem für komplexe, robuste, ölige und rauchige Malts.

**NIKKA YOICHI 10-YEAR-OLD ▸**
**SINGLE MALT 45 VOL.-%**
Ein für japanischen Single Malt ungewöhnlicher Hauch Malzigkeit. Anfangs Salznebel und leichter Rauch in der Nase, mit karamellisierten Fruchtnoten. Ölig auf der Zunge, während der Rauch von duftend zu rußig wechselt, mit getrockneten Blüten im Nachklang.

**NIKKA YOICHI 12-YEAR-OLD**
**SINGLE MALT 45 VOL.-%**
Klassischer Yoichi – voll, tief, robust und komplex. Torf fügt der kohlenartigen Rußigkeit einen erdigen Charakter hinzu. Birnenkompott und gebackener Pfirsich liefern eine ausgleichende Süße, balanciert durch Rauch, Lakritz und Heidekraut.

# THE NOTCH

**USA**

*Triple Eight Distillery,*
*5&7 Bartlett Farm Rd,*
*Nantucket, Massachusetts*
*www.ciscobrewers.com*

Dean und Melissa Long gründeten ihre Nantucket Winery 1981 und fügten 1995 die Cisco Brewery hinzu. Zwei Jahre später folgte die einzige Kleinbrennerei der Region, Triple Eight. Der erste Single Malt wurde 2000 gebrannt und heißt The Notch, weil er »not Scotch« ist, wenngleich im schottischen Stil produziert. Er reift in Bourbonholz, bevor er ein Finish in französischen Merlotfässern erhält.

◀ **THE NOTCH**
**SINGLE MALT 44,4 VOL.-%**
Süße Aromen von Mandeln und Frucht in der Nase, gestützt durch Vanille und geröstete Eiche. Weiche Honig- und Birnennoten am Gaumen, der auch eine Andeutung von Merlot bereithält. Langer Nachklang voller Kräutertöne.

# OBAN

**Schottland**
*Oban, Argyll*
*www.malts.com*

Als die Brennerei 1793 gegründet wurde, war Oban noch ein kleines Fischerdorf an der Westküste. Seitdem hat sich die Stadt rings um das Firmengelände ausgebreitet und damit eine Erweiterung unmöglich gemacht.

Seit 1988 ist Oban Teil der »Classic Malts« von Diageo, allerdings die kleinste in der Serie. Angesichts des Erfolgs der »Classic Malts« hätten die Besitzer wohl lieber eine größere Brennerei gewählt.

**OBAN 14-YEAR-OLD ▶**
**SINGLE MALT: HIGHLANDS**
**43 VOL.-%**
Der frische, maritime Charakter ist durch die Jahre in Holz gereift. Üppige Trockenfruchtnoten aus dem Sherryfass.

**OBAN DISTILLERS EDITION 1992**
**SINGLE MALT: HIGHLANDS**
**43 VOL.-%**
Ein 15-jähriger Malt, der in unterschiedlichen Fässern gereift ist. Würzige und eichige Aromen dank Sherryholz – das Ergebnis des Finishs in Fässern, in denen zuvor Montilla Fino reifte.

# OLD CHARTER

**USA**

*Buffalo Trace Distillery,*
*1001 Wilkinson Boulevard,*
*Frankfort, Kentucky*
*www.greatbourbon.com*

Die Marke Old Charter geht auf das Jahr 1874 zurück; der Name hat einen direkten Bezug zum Charter Oak Tree, wo Connecticuts Kolonialcharta 1687 vor den Briten versteckt wurde. Die Buffalo Trace Distillery selbst ist zwar nicht ganz so alt – sie geht auf den Anfang des 20. Jahrhunderts zurück –, wird aber bereits auf der amerikanischen Denkmalliste geführt.

**◄ OLD CHARTER 8-YEAR-OLD**
**BOURBON 40 VOL.-%**
Anfangs trocken und pfeffrig in der Nase, dann folgen süße und buttrige Aromen. Mundfüllend, mit dem Geschmack von Vanille, Frucht, altem Leder und Gewürznelke. Der Nachklang ist lang und ausdifferenziert.

# OLD CROW

**USA**

*Jim Beam Distillery,*
*149 Happy Hollow Road,*
*Clermont, Kentucky*
*www.oldcrowreserve.com*

Old Crow trägt den Namen des schottischstämmigen Chemikers James Christopher Crow, der im 19. Jahrhundert in Kentucky als Brenner aktiv war. Neben Old Grand-Dad und Old Taylor gehörte auch er zu den Marken, die Jim Beam 1987 von National Distillers übernahm. Alle drei Brennereien wurden geschlossen und die gesamte Produktion in Brennereien von Jim Beam in Clermont und Boston verlagert.

**OLD CROW ▶**
**BOURBON 40 VOL.-%**
Vielschichtiges Aroma mit Malz, Roggen und scharfen Fruchtnoten, kombiniert mit milden Gewürzen. Am Gaumen würzige, malzige Zitruselemente, mit Zitrus- und Gewürznoten im Vordergrund.

# OLD FITZGERALD

**USA**

*Heaven Hill Distillery,*
*1701 West Breckinridge Street,*
*Louisville, Kentucky*
*www.heaven-hill.com*

Benannt nach John E. Fitzgerald, der 1870 in Frankfort (Kentucky) eine Brennerei gründete. Die Marke fand eine neue Heimat in Louisville, als die Brüder Frederick und Philip Stitzel mit William Larue Weller & Sons fusionierten und daraufhin 1935 die neue Stitzel-Weller Distillery in Louisville eröffneten.

**◀ VERY SPECIAL OLD FITZGERALD 12-YEAR-OLD**

**BOURBON 45 VOL.-%**

Komplexer und ausgewogener Bourbon mit etwas Weizen statt Roggen in der Maische. Die Nase ist üppig, fruchtig und lederig, während der Geschmack süße und fruchtige Noten zeigt, ausbalanciert durch Gewürz und Eiche. Der Nachklang ist lang und zunehmend trocken; Vanille geht in Eiche über.

# OLD FORESTER

## USA

*Brown-Forman Distillery,*
*850 Dixie Highway,*
*Louisville, Kentucky*
*www.brown-forman.com*

Die Wurzeln von Old Forester gehen auf das Jahr 1870 zurück, als George Garvin Brown eine Brennerei in Louisville (Kentucky) gründete. Der Whiskey schrieb sich anfangs »Forrester«. Einige behaupten, er wurde nach dem konföderierten General Nathan Bedford Forrest benannt.

### OLD FORESTER ►

**BOURBON 43 VOL.-%**

Komplex, mit Vanille, Gewürz, Pfeffer, Frucht, Schokolade und Menthol in der Nase. Voll und fruchtig im Mund, wo Roggen und Pfirsich mit Karamellbonbon, Muskatnuss und Eiche wetteifern. Der Nachklang bietet mehr Roggen, Toffee, Lakritz und trockene Eiche.

### OLD FORESTER BIRTHDAY BOURBON (2007)

**BOURBON 47 VOL.-%**

Süß in der Nase mit Zimt, Karamell und Vanille sowie einem Hauch Minze. Der Geschmack ist voll und komplex, mit Karamell, Äpfeln und eichiger Vanille, der Nachklang lang, warm und rein.

# OLD GRAND-DAD

## USA

*Jim Beam Distillery,*
*149 Happy Hollow Road,*
*Clermont, Kentucky*
*www.beamglobal.com*

Old Grand-Dad wurde 1882 von einem Enkel des Brenners Basil Hayden *(s. S. 39)* gegründet. Markenrechte und Brennerei gingen schließlich an American Brands (jetzt Fortune Brands Inc.), die Brennerei wurde geschlossen. Die Produktion erfolgt heute bei Jim Beam in Clermont und Boston.

**◀ OLD GRAND-DAD**

**BOURBON 43–57 VOL.-%**

Im Duft von Old Grand-Dad, der mit einem vergleichsweise hohen Roggenanteil gemacht wird, stecken Orangen und pfeffrige Gewürze. Recht körperreich; am Gaumen voll, aber bei dieser Stärke überraschend weich. Frucht, Nüsse und Karamell sind am Gaumen im Vordergrund, während der Nachklang lang und ölig ist.

# OLD PARR

**Schottland**
*Besitzer: Diageo*

Der echte »Old Parr« war ein Thomas Parr, der von 1483 bis 1635 lebte und mit 152 Jahren starb. Zweifler können gern die Inschrift auf seinem Grabstein in der Poets' Corner von Westminster Abbey prüfen.

1871 liehen sich zwei bekannte Verschneider, die Brüder Greenlees, den Namen Old Parr für ihren De-luxe-Blend. Heute im Besitz von Diageo, hat die Marke Erfolg in Japan, Venezuela, Mexiko und Kolumbien. Traditionell ist Cragganmore die Stütze des Blends.

**GRAND OLD PARR 12-YEAR-OLD ▶**
**BLEND 43 VOL.-%**
Ausgeprägte Malz-, Rosinen- und Orangennoten in der Nase, leicht überlagert von Apfel- und Dörrobsttönen sowie einer winzigen Spur Torf. Kraftvoll am Gaumen, mit Aromen von Malz, Rosinen, gebranntem Karamell und braunem Zucker.

# OLD POTRERO

**USA**

*Anchor Distilling Company,*
*1705 Marisposa Street,*
*San Francisco, California*
*www.anchordistilling.net/about_us/anchordistilling.htm*

Fritz Maytag ist einer der Pioniere der amerikanischen Micro-drinks-Bewegung. 1994 fügte er seiner Brauerei eine kleine Brennerei auf dem Potrero Hill hinzu. Er möchte »den ursprünglichen Whiskey Amerikas wiedererschaffen« und erzeugt kleine Mengen der Spirituose aus 100% Roggenmalz in traditionellen, offenen Pot Stills.

**◄ OLD POTRERO**
**SINGLE MALT RYE**
**62,55 VOL.-%**

Dieser Whiskey »im Stil des 18. Jahrhunderts« entwickelt einen blumigen, nussigen Duft mit Vanille und Gewürz. Ölig und weich am Gaumen, mit Minze, Honig, Schokolade und Pfeffer im langen Nachklang.

**OLD POTRERO RYE**
**RYE WHISKEY 45 VOL.-%**

Die Nase ist voller Nüsse, buttriger Vanille, süßer Eiche und Pfeffer. Komplex im Mund, ölig, süß und würzig, mit Karamell, Eiche und kräftigen Roggennoten im Nachklang.

# OLD PULTENEY

**Schottland**
*Pulteney Distillery, Wick, Caithness*
*www.oldpulteney.com*

Wick war ein kleines Dorf, als William Johnstone Pulteney Anfang des 19. Jahrhunderts beschloss, hier einen Fischereihafen einzurichten. 1826, mitten im Heringsboom, gründete James Henderson die Pulteney Distillery.

Die einzige Wash Still hat eine riesige Kugel, um den Rückfluss zu erhöhen, und einen stumpfen Kopf, der vermutlich gestutzt wurde, damit er in den Brennraum passte.

**OLD PULTENEY 12-YEAR-OLD ►**
**SINGLE MALT: HIGHLANDS**
**40 VOL.-%**
Frisch, salzig, maritim, mit holziger Süße von der Reifung in Bourbonfässern.

**OLD PULTENEY 17-YEAR-OLD**
**SINGLE MALT: HIGHLANDS**
**46 VOL.-%**
Der 17-Jährige reift teilweise in Sherryfässern, was fruchtige Butterkaramell-Noten erzeugt. Anhaltend, mittelschwerer Körper.

# OLD SMUGGLER

**Schottland**
*Besitzer: Gruppo Campari*

Old Smuggler soll – passenderweise – gerade während der Prohibition in Amerika ein Renner gewesen sein. 1835 von James und George Stodart eingeführt, ist die Marke heute etwas ins Abseits geraten. Es war angeblich der erste Blend, der in Sherryfässern »vermählt« wurde. Die Marke ist heute im Besitz der Campari-Gruppe, die sie zusammen mit dem Blend Braemar sowie Glen Grant 2006 von Pernod Ricard erworben hat. Old Smuggler verkauft sich vor allem in den USA und Argentinien gut, wo er an zweiter Stelle steht, und erbringt offenbar auch in Osteuropa starke Umsätze.

◄ **OLD SMUGGLER**
**BLEND 40 VOL.-%**
Ein anständiger Scotch ohne offensive Obertöne und mit einem Hauch Rauch. Ein preiswerter Blend, der sich gut zum Mixen eignet.

# OLD TAYLOR

**USA**
*Buffalo Trace Distillery,*
*1001 Wilkinson Boulevard,*
*Frankfort, Kentucky*
*www.greatbourbon.com*

Old Taylor wurde von Edmund Haynes Taylor Jr. eingeführt, der zu unterschiedlichen Zeiten drei Brennereien in der Gegend um Frankfort (Kentucky) betrieb, darunter die heutige Buffalo Trace Distillery *(s. S. 66)*. Ihm war der Bottled-in-Bond-Act von 1897 zu verdanken, der die Qualität eines Whiskeys garantierte – jede Flasche mit einem staatlichen Siegel enthielt Whiskey mit 50 Vol.-%, mindestens vier Jahre gereift. Seit 2009 gehört Old Taylor wieder der Buffalo Trace Distillery und ist damit Teil der großen Sazerac-Familie.

**OLD TAYLOR ▶**
**BOURBON 40 VOL.-%**
Leicht und mit Orangennoten in der Nase, dazu ein Hauch Marzipan; süß, Honigtöne und etwas Eiche am Gaumen.

# P&M

**Frankreich**

*Domaine Mavela, Brasserie Pietra,*
*Route de La Marana,*
*20600 Furiani, Corsica*
*www.brasseriepietra.com/en/pgs/pure1_en.htm*

P&M ist eine erfolgreiche Kooperation zwischen zwei Firmen auf der Mittelmeerinsel Korsika. Pietra, 1996 als Brauerei gegründet, produziert die Maische, die in Mavela gebrannt wird. Der Malt Whisky reift in Fässern aus der Eiche der örtlichen Wälder. Weitere Spirituosen von Mavela sind P&M Blend sowie P&M Supérieur. Das Alter wird nicht angegeben.

◄ **P&M PURE MALT**

**MALT 42 VOL.-%**

Dieser komplexe, aromatische Whisky hat ein subtiles Aroma von Honig, Aprikose und Zitrusfrucht sowie einen üppigen Geschmack.

# PADDY

**Irland**
*Midleton Distillery,*
*Midleton, County Cork*
*www.irishdistillers.ie*

Es gab eine Zeit, da wurde irischer Whiskey in Pubs aus dem Fass verkauft. Welchen Whiskey der Wirt lagerte, hing nicht zuletzt von seinen Kontakten zu den Vertretern der Brennereien ab.

Paddy Flaherty arbeitete in den 1920er- und 1930er-Jahren als Vertreter für die Cork Distillers Company (CDC) in Midleton. Wenn er in der Stadt war, spendierte er jedem freie Drinks an der Bar. Der Whiskey, den er verkaufte – der Old Irish Whiskey von CDC –, wurde deshalb als Paddy's Whiskey bekannt.

**PADDY ▶**
**BLEND 40 VOL.-%**
Ein malziger Schluck, solide und gut gereift. Er hinterlässt einen angenehmen, würzig-pfeffrigen Eindruck.

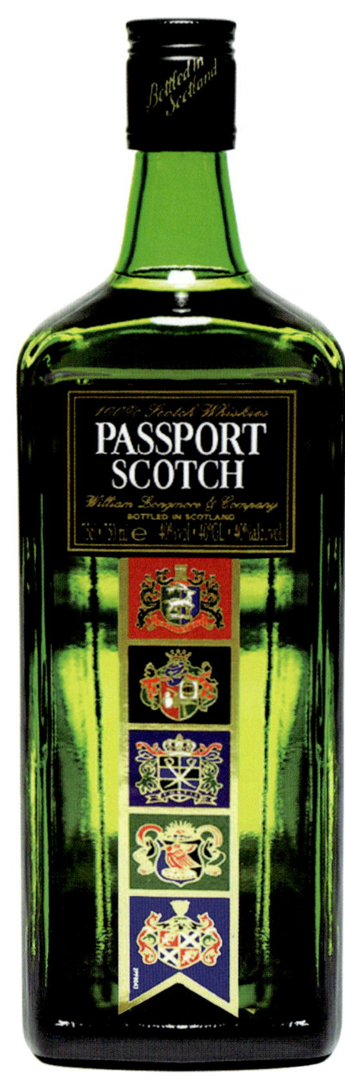


# PASSPORT

**Schottland**

*Besitzer: Chivas Brothers*

Passport wurde von Seagram entwickelt und 2002 von Pernod Ricard übernommen. Wie viele Marken, die in Großbritannien vergleichsweise unbekannt sind, genießt sie andernorts bemerkenswerten Erfolg: Die Hochburgen dieses Blends sind die USA, Südkorea, Spanien und Brasilien. Verpackt in einer rechteckigen grünen Retro-Flasche, ist Passport »ein einzigartiger Scotch, inspiriert von den Swinging Sixties, mit junger, pulsierender Persönlichkeit«. Der Blend enthält ausgesuchte und berühmte Malts wie Glenlivet.

◄ **PASSPORT**
**BLEND 40 VOL.-%**
Fruchtiger Geschmack und köstlich cremiger Nachklang. Er wird gewöhnlich auf Eis serviert, kann aber auch pur getrunken werden. Mittelschwer, mit weichem, reifem Nachklang.

# PENDERYN

**Wales**
*Penderyn, near Aberdare*
*www.welsh-whisky.co.uk*

Penderyn, die derzeit einzige Whiskybrennerei in Wales, erhielt 2008 vom führenden amerikanischen Whiskymagazin Malt Advocate eine Auszeichnung als »Microdistillery Whisky of the Year«. Das kleine Unternehmen produziert nur ein Fass pro Tag. Nach mühsamem Start ist es inzwischen weltweit für exquisite Whiskys anerkannt.

Penderyn reift in Bourbonfässern, vor allem von Buffalo Trace und Evan Williams. Später erhält er ein Finish in Madeira- oder Sherryholz. Das Etikett nennt kein Alter.

**PENDERYN AUR CYMRU ▶**
**SINGLE MALT 46 VOL.-%**
Würzig und frisch; dieser Malt ist kratzig, fruchtig und bittersüß.

**PENDERYN PEATED**
**SINGLE MALT 46 VOL.-%**
Süßer, aromatischer Rauch, gefolgt von Vanille, grünen Äpfeln und erfrischenden Zitrusnoten.

# PEREGRINE ROCK

**USA**

*Saint James Spirits,*
*5220 Fourth Street,*
*Irwindale, California*
*www.saintjamesspirits.com*

Saint James Spirits wurde 1995 von dem Lehrer Jim Busuttil gegründet, der die Kunst des Brennens in der Schweiz und in Deutschland erlernt hat. Er macht Single Malt Whisky (man beachte die Schreibweise) seit 1997. Peregrine Rock wird aus getorfter schottischer Gerste in einer 150 Liter fassenden kupfernen Pot Still gebrannt und reift wenigstens drei Jahre in Bourbonfässern.

**◄ PEREGRINE ROCK CALIFORNIA PURE**

**SINGLE MALT 40 VOL.-%**

Blumiges Aroma mit frischen Früchten und einem Hauch Rauch. Der Geschmack ist delikat und fruchtig, mit einer Zitrusnote. Süßere, malzige Noten frisch gemähten Grases im leicht rauchigen Nachklang.

# PIG'S NOSE

**Schottland**
*Besitzer: Spencerfield Spirits*
*www.spencerfieldspirit.com*

Wenn Sie einen der vielen britischen Landmärkte besuchen, finden Sie diesen Whisky vielleicht im Ausschank in einem alten Pferdeanhänger. Gehen Sie nicht vorbei: Pig's Nose wurde neu verschnitten von Richard Paterson, dem berühmten Verschnittmeister der Firma Whyte & Mackay, und in neuer Aufmachung auf den Markt gebracht. Der Bruder des besser bekannten Blended Malt Sheep Dip *(s. S. 315)* ist ein vollaromatischer, gut zu trinkender Blend, der dem Slogan »unser Scotch ist weich und sanft wie eine Schweinenase« mehr als gerecht wird.

**PIG'S NOSE ▶**
**BLEND 40 VOL.-%**
Die Nase ist dezent und fein, mit weichen und blumigen Noten, gestützt von komplexen Fruchtaromen. Am Gaumen kräftig malzig.

BERÜHMTE WHISKYS

P

# PIKESVILLE

**USA**

*Heaven Hill Distillery,*
*1701 West Breckinridge Street, Louisville, Kentucky*
*www.heaven-hill.com*

Es gibt zwei verschiedene Arten von Rye Whiskey: den würzigen, scharfen Stil, den man in Pennsylvania pflegt (etwa Rittenhouse, *s. S. 300*), sowie den weicheren Maryland-Stil. Pikesville ist vermutlich der einzige Maryland Rye, der heute noch produziert wird. Sein Name geht auf den gleichnamigen Ort in Maryland zurück, wo er seit den 1890er-Jahren bis 1972 gebrannt wurde. Ein Jahrzehnt später übernahm Heaven Hill die Marke.

**◀ PIKESVILLE SUPREME**

**RYE WHISKEY 40 VOL.-%**

Der spritzige Duft enthält Kaugummi, Frucht und Holzlack. Am Gaumen noch mehr Kaugummi, Gewürz, Eiche und deutliche Vanillenoten. Der Nachklang mischt anhaltende Vanille mit Orange.

# PINWINNIE ROYALE

**Schottland**
*Besitzer: Inver House Distillers*

Pinwinnie Royale hebt sich von der Masse ab. Sein Label spielt auf eine alte Handschrift und königliche Privilegien an, obwohl es keine Anhaltspunkte für derartige Assoziationen gibt. Da die Marke zu Inver House gehört, darf man vermuten, dass der Blend Single Malts wie Old Pulteney, Speyburn, anCnoc und Balblair enthält, insbesondere die weniger bekannten. Neben dem Standardblend gibt es einen 12-Jährigen, der leichte Speyside-Fruchtigkeit mit trockeneren Holznoten und einer buttrigen Struktur verbindet.

**PINWINNIE ROYALE ▶**
**BLEND 40 VOL.-%**
Junge, spritzige Fruchtigkeit in der Nase; weiche Struktur, doch würzig im Mund, mit verbrannten, rußigen Noten im Nachklang.

# POIT DHUBH

**Schottland**
*Besitzer: The Gaelic Whisky Co.*
*www.gaelicwhisky.com*

Pràban na Linne (bekannt als The Gaelic Whisky Co.) wurde von Sir Iain Noble 1976 gegründet, um im Süden der Insel Skye Arbeitsplätze zu schaffen. Seitdem wächst das Geschäft beständig. Poit Dhubh ist ein Blended Malt, der ohne Kaltfiltration als 8-, 12- und 21-Jähriger abgefüllt wird. Ein 30-Jähriger erschien als Limited Edition zum 30. Geburtstag des Unternehmens. Poit Dhubh spielt auf das Image von Whisky als Schmuggelware an: »Wir wollen weder bestätigen noch leugnen, dass Poit Dhubh aus einer illegalen Still stammt.« Das ist natürlich reine Fantasie.

**◀ POIT DHUBH 8-YEAR-OLD**
**BLENDED MALT 43 VOL.-%**
Getrocknete Früchte und leichte Würze erzeugen einen bittersüßen Charakter mit trockenen, holzigen Noten und einer Spur Torf.

# PORT ELLEN

**Schottland**
*Port Ellen, Isle of Islay*

Von allen Islay Malts genießt Port Ellen wohl am meisten Kultstatus, denn seit der Schließung des Unternehmens 1983 wird er immer seltener. Die Brennerei wurde 1825 von Alexander Kerr Mackay gegründet und blieb bis in die 1920er-Jahre, als sie an DCL (Distillers Company Ltd.) überging, in Familienbesitz. Ihr Pech war es, zur selben Firmengruppe wie Caol Ila und Lagavulin zu gehören: Als der Abschwung kam, war Port Ellen das schwächste Glied in der Kette. Heute ist noch die Mälzerei in Betrieb, die Islays Brennereien mit Malz versorgt.

**PORT ELLEN DOUGLAS LAING 26-YEAR-OLD ▶**
**SINGLE MALT: ISLAY 50 VOL.-%**
Diese in Bourbonfässern gereifte Abfüllung hat eine süße, fruchtige Nase mit etwas neuem Leder. Süße im Mund, überdeckt von Torfrauch. Langer, teeriger Nachklang mit einer Prise Salz.

# POWERS

**Irland**
*Midleton Distillery,*
*Midleton, County Cork*
*www.irishdistillers.ie*

Schon länger, als irgendjemand zurückdenken kann, starren sich Jameson und Powers über den kleinen Wasserlauf an, der in Dublin Liffey heißt. Die Familie Powers war seit 1917 im Geschäft; eines ihrer Mitglieder saß bis zur Übernahme durch Pernod Ricard im Vorstand von Irish Distillers.

Die Powers bewiesen stets Innovationskraft.

### ◀ POWERS GOLD LABEL
**BLEND 40 VOL.-%**

Dieser Whiskey ist etwas Besonderes, man wird ihn lieben oder hassen. Die Nase ist klassisch irisch – zugleich belebend und spröde. Im Kern Pure Pot Still, verschnitten mit der richtigen Menge Grain Whiskey. Powers Gold Label ist ein wunderbarer Blend.

### POWERS GOLD LABEL 12-YEAR-OLD
**BLEND 40 VOL.-%**

Eine ältere, vielschichtigere Version derselben Formel. Gewürze, Honig, Crème brulée, mit weichen Holztönen und süßen, frischen Früchten.

# PRIME BLUE

## Schottland

*Besitzer: Morrison Bowmore*

Prime Blue ist ein Blend, der vor allem in Taiwan erhältlich ist, wo sich der Markt im letzten Jahrzehnt sensationell entwickelt hat. Die Farbe Blau steht für Adel und Königtum, und der Markenname spielt angeblich auf den feinen Geschmack an. In den besten Zeiten überstieg der Verkauf 1 Mio. Kisten pro Jahr. Inzwischen ist der Markt für diesen Stil auch im Fernen Osten etwas geschrumpft, und der Wettbewerb in Taiwan und andernorts hat zugenommen. Es sind Standard-, 12-, 17- und 21-jährige Abfüllungen erhältlich.

**PRIME BLUE ▶**

**BLENDED MALT 40 VOL.-%**

Aromen von Vanille und gemälzter Gerste, gefolgt von leichtem Kakao sowie blumigen Noten und Heidekraut. Anfangs fruchtig am Gaumen, anschließend malzige Süße und ein langer Nachklang.

# PRINTER'S

**Tschechische Republik**
*Stock Plzen, Palirenska 2,*
*32600 Plzen*
*www.stock.cz*

Stock Plzeň wurde in den 1920er-Jahren gegründet und ist der bekannteste Spirituosenhersteller Tschechiens, mit hohem Qualitätsstandard und breiter Produktpalette. Die Firma aus Pilsen erzeugt 40 verschiedene Spirituosen, darunter Printer's Whisky, angeblich nach traditionellen schottischen Methoden hergestellt. Ein anderes Produkt ist Whisky Cream Stock, ein Sahnelikör aus Printer's Whisky, der mit 17 Vol.-% abgefüllt wird.

◀ **PRINTER'S 6-YEAR-OLD**
**BLEND 40 VOL.-%**
Ein delikater, getorfter Whisky, der zur schnelleren Reifung in kleinen Eichenfässern lagert.

# QUEEN ANNE

**Schottland**
*Besitzer: Chivas Brothers*

Das Paradebeispiel für eine kleine Marke, die ihren Weg in das Portfolio einer größeren Firma gefunden hat, ohne eine klare Rolle zu entwickeln. Queen Anne war einst ein bekannter Name aus dem Haus der angesehenen Blend-Produzenten Hill, Thomson & Co. in Edinburgh. Der Blend wurde erstmals 1884 produziert. Heute gehört die Marke zu Chivas Brothers. Wie so viele einst berühmte Blends ist auch Queen Anne dem Fusionswahn der schottischen Whiskybranche zum Opfer gefallen. Er hält sich noch tapfer in einigen Regionen, wo er einst beliebt war.

**QUEEN ANNE ▶**
**BLEND 40 VOL.-%**
Nicht besonders charaktervoll, da die Aromen so dicht integriert sind, dass es schwierig ist, einzelne auszumachen. Ein Standardblend zum Mixen.

# REBEL YELL

**USA**
*Luxco, Bernheim Distillery,*
*St Louis, Missouri*
*www.luxco.com*

Rebel Yell wird in der Bernheim Distillery in Louisville mit einem Anteil Weizen anstatt Roggen in der Maische gebrannt. Nach dem Rebel-Yell-Rezept entstand erstmals 1849 Whiskey, und nachdem die Marke schon lange in den Südstaaten beliebt war, wurde sie in den 1980er-Jahren international herausgebracht. Neben dem Standardbourbon existiert auch eine limitierte Abfüllung mit dem Namen Rebel Reserve.

**◀ REBEL YELL**
**BOURBON 40 VOL.-%**
Die Nase aus Honig, Rosinen und Butter führt zu einem körperreichen Bourbon, der wiederum Honig und buttrige Qualität zeigt, neben Pflaumen und weichem Leder. Der Nachklang ist lang und würziger, als es der Geschmack erwarten lässt.

# REDBREAST

**Irland**
*Midleton Distillery, Midleton, County Cork*
*www.irishdistillers.ie*

Redbreast war der Name, den die Weinhändler Gilbey's dem von ihnen gereiften und abgefüllten Jameson Whiskey gaben. Als Gilbey's nach einigen Übernahmen von der Bildfläche verschwand, erwarb schließlich die Irish Distillers Company die Marke und füllte einen 12-jährigen Pure Pot Still ab, teilweise in Sherryfässern gereift. Es gibt außerdem eine limitierte 15-jährige Version.

**REDBREAST 12-YEAR-OLD ▶**
**PURE POT STILL 40 VOL.-%**
Ohne Zweifel einer der besten Whiskeys der Welt. Die Aromen reichen von Ingwer bis zu Zimt, von Pfefferminz bis zu Leinsamen und von Lakritz bis zu Kampfer. Eine Sherrynote mündet in einen eleganten Nachklang.

# REISETBAUER

## Österreich

*Axberg 15, 4062 Kirchberg-Thening*
*www.reisetbauer.at*

Hans Reisetbauer hat sich ursprünglich einen Namen als Obstbrenner gemacht und eine schöne Palette von Spirituosen produziert. 1995 beschloss er, Single Malt Whisky zu brennen. Er baut seine Gerste selbst an; Mälzen und Vergären finden vor Ort nach seinen Vorgaben statt. Der Wash wird zweifach in kupfernen Pot Stills gebrannt. Für die Reifung verwendet Reisetbauer Fässer, die zuvor Trockenbeerenauslese und Chardonnay enthielten.

**◄ REISETBAUER 7-YEAR-OLD**
**SINGLE MALT 43 VOL.-%**
Fein und vielschichtig in der Nase, mit leichten Röstaromen, die an Haselnüsse und getrocknete Kräuter erinnern. Angenehme Brot- und Getreidenoten am Gaumen. Leicht rauchig, mit feiner Würze.

**REISETBAUER 12-YEAR-OLD**
**MALT 48 VOL.-%**
Ähnlich dem 7-Jährigen, aber stärkere Präsenz der Fruchtnoten von den für die Reifung verwendeten Weinfässern.

# RIDGEMONT

**USA**
*Tom Moore Distillery, 1 Barton Road, Bardstown, Kentucky*
*www.1792bourbon.com*

Die »1792« im Namen erinnert an die Staatsgründung Kentuckys. Als dieser Bourbon 2004 auf den Markt kam, hieß er Ridgewood Reserve, doch nach einem Rechtsstreit zwischen Barton Brands und den Besitzern von Woodford Reserve, Brown-Forman, wurde der Name geändert.

**1792 RIDGEMONT RESERVE ►**
**BOURBON 46,85 VOL.-%**
Dieser vergleichsweise feine und komplexe 8-jährige Small Batch Bourbon hat einen weichen Duft nach Vanille, Karamell, Leder, Roggen, Mais sowie Gewürznoten. Ölig und anfangs süß im Mund; Karamell und würziger Roggen entwickeln sich neben einer Andeutung von Eiche. Der Nachklang ist eichig, würzig und recht lang, mit einem Hauch anhaltenden Karamells.

# RITTENHOUSE RYE

**USA**

*Heaven Hill Distillery,*
*1701 West Breckinridge Street,*
*Louisville, Kentucky*
*www.heaven-hill.com*

Rittenhouse Rye wurde einst mit Pennsylvania, dem Herzland des Roggenwhiskeys, assoziiert, entsteht aber heute in Kentucky. Seine Maische enthält 51% Roggen, 37% Mais und 12% Gerste.

**◄ RITTENHOUSE RYE 21-YEAR-OLD**
**RYE WHISKEY 50 VOL.-%**
Der Duft ist bemerkenswert würzig, mit Nüssen und Orange, während am Gaumen kräftige Gewürze, Eiche und Zitrone auf viel süßere Lavendel- und Veilchennoten treffen. Der lange, bittere Nachklang ist typisch für einen Rye Whiskey.

**RITTENHOUSE RYE 100 PROOF**
**RYE WHISKEY 50 VOL.-%**
Marshmallow und Zitrone verschmelzen im bemerkenswert süßen Aroma, wobei die Zitrone in den Mund überleitet, wo schwarzer Pfeffer, Lakritz und Karamell dazukommen. Der Nachklang zeigt dunkle Schokolade und Sirup-Toffee.

# ROBERT BURNS

**Schottland**
*Besitzer: Isle of Arran Distillers*
*www.arranwhisky.com*

Angesichts der Traditionsverbundenheit der schottischen Whiskyhersteller ist es überraschend, dass niemand zuvor auf die Idee gekommen ist, eine Marke nach dem schottischen Nationalbarden zu benennen. Die kleine Brennerei Isle of Arran Distillers hat sich mit der World Burns Federation zusammengetan, um diese Lücke zu schließen, und produziert jetzt eine offiziell gebilligte Burns Collection von Blended Whiskys und Malts.

**ROBERT BURNS BLEND ▶**
**BLEND 40 VOL.-%**
Eichenduft in der Nase weicht Sherry, Mandeln, Sahnekaramell und reifen Früchten. Viel Toffee, Kuchen und Dörrobst am Gaumen, leichter bis mittlerer, würziger Nachklang.

**ROBERT BURNS SINGLE MALT**
**SINGLE MALT 40 VOL.-%**
In der Nase grüne Äpfel, die Säure durch Vanille gemildert. Apfel- und Zitrusnoten am Gaumen, wiederum durch Vanille ausbalanciert. Ein Aperitif-Whisky, leicht in Stil und Nachklang.

# ROGUE SPIRITS

**USA**

*Rogue Brewery, 1339 NW Flanders,*
*Portland, Oregon*
*www.rogue.com*

In den 1990er-Jahren wurde zu Allerheiligen (1. November) in Oregon ein Dead Guy Ale kreiert; 2008 brachten die Hersteller schließlich auch einen Dead Guy Whiskey heraus. Er entsteht aus denselben vier Malzsorten, die für das Ale verwendet werden. Die vergorene Würze wird aus der Brauerei in das benachbarte Rogue House of Spirits gebracht, wo man sie in einer kupfernen 570-Liter-Pot-Still brennt. Es folgt eine kurze Reifung in ausgekohlten amerikanischen Weißeichenfässern.

**◀ DEAD GUY**

**BLENDED MALT 40 VOL.-%**

Jung in der Nase, mit Noten von Mais, Weizen und frisch-saftiger Orange. Der Gaumen ist mitteltrocken, fruchtig und lebhaft. Pfeffer und Zimt zeigen sich im Nachklang.

# ROSEBANK

**Schottland**
*Camelon, Falkirk*

Wenige Brennereien haben es geschafft, kontinuierlich zu produzieren. Viele schlossen in den 1980er- und 1990er-Jahren, als die Branche an Überproduktion litt. Ob eine Brennerei eine zweite Chance bekam, hing oft vom Standort ab. Rosebank nahe Falkirk wurde 1993 stillgelegt und die Gebäude in Büros und Wohnungen umgewandelt. Die Brennerei, 1840 gegründet, war seit 1982 Teil des Ascot Malt Cellar. Als daraus die Reihe »Classic Malts« entstand, wählte man leider Glenkinchie anstelle von Rosebank, um die Lowlands zu repräsentieren.

**ROSEBANK DOUGLAS LAING 16-YEAR-OLD ▶**
**SINGLE MALT: LOWLANDS**
**50 VOL.-%**
Eine unabhängige Abfüllung von Douglas Laing aus seiner Old Malt Cask Collection. Trotz ihrer Stärke und ihres Alters voller Frische und Zitrusaromen.

# ROYAL BRACKLA

**Schottland**
*Cawdor, Nairn, Nairnshire*

Brackla wurde 1812 von Captain William Fraser zwischen dem Fluss Findhorn und dem Murray Firth gegründet. Schon bald beklagte er sich, dass er umgeben sei von Whiskytrinkern, aber nur 450 Liter pro Jahr verkaufen könne. Zum Ausgleich sicherte er sich 1835 die erste Ernennung einer Brennerei zum königlichen Hoflieferanten. Ob er Royal Brackla heute wiedererkennen würde, scheint fraglich: Das Unternehmen wurde in den 1970er- und 1990er-Jahren vollständig modernisiert und gehört jetzt zu Bacardi.

**◄ ROYAL BRACKLA 10-YEAR-OLD**
**SINGLE MALT: HIGHLANDS**
**40 VOL.-%**

Neben einer 25-jährigen Limited Edition ist dies die einzige Hausabfüllung. Sie hat eine grasige, blumige Nase und offenbart würzige, ölige Noten auf der Zunge.

# ROYAL CHALLENGE

**Indien**
*Besitzer: United Spirits*
*www.unitedspirits.in*

Ein »Blend seltener schottischer und reifer indischer Malt Whiskys«. Die Marke ist im Besitz von Shaw Wallace und gehört seit 2005 zu United Spirits. Royal Challenge ist »der« indische Premiumwhisky. Bis 2008 war er auch der meistverkaufte, wird jetzt jedoch von Blenders Pride schwer bedrängt.

**ROYAL CHALLENGE ▶**
**BLEND 42,8 VOL.-%**
In der Nase weich und abgerundet, mit Spuren von Malz, Nüssen, Karamell sowie einer leichten Gumminote. Diese Aromen übertragen sich bei voller Stärke gut in den Mund. Auch mit Wasser bleibt er dicht und körperreich, doch der Geschmack wirkt weniger schwer. Sehr süß, leicht nussig, mit recht langem Nachklang.

# ROYAL LOCHNAGAR

**Schottland**
*Ballater, Aberdeenshire*
*www.malts.com*

Diese bezaubernde Brennerei ist die einzige in Deeside. Sie wurde 1845 von John Begg als New Lochnagar gegründet, um sie von einer Brennerei desselben Namens zu unterscheiden, die am anderen Flussufer gestanden hatte. Ende 1848 war aus New Lochnagar der Hoflieferant Royal Lochnagar geworden. Heute gehört das Unternehmen zu Diageo.

**◀ ROYAL LOCHNAGAR 12-YEAR-OLD**
**SINGLE MALT: HIGHLANDS**
**40 VOL.-%**
Subtiler, ledriger Duft. Im Geschmack trocken mit leichter Säure vor einem würzigen Sandelholz-Nachklang.

**ROYAL LOCHNAGAR SELECTED RESERVE**
**SINGLE MALT: HIGHLANDS**
**43 VOL.-%**
Tiefer, komplexer Malt mit harzartigem, süßem, holzigem Charakter sowie Spuren von Apfelkuchen und gebranntem Zucker.

# ROYAL SALUTE

## Schottland

*Besitzer: Chivas Brothers*

Dieser Blend, ursprünglich 1953 von Seagram zur Krönung von Königin Elizabeth II. produziert, rühmt sich, der erste »Super Premium Whisky« zu sein. Noch heute ist er Marktführer in der Kategorie »über 21 Jahre«.

Die Chivas Brothers waren schon immer bekannt für reiche Vorräte an seltenen, alten Whiskys. Diese bildeten die Basis für die Varianten des Royal Salute. Die Firma gehört heute zu Pernod Ricard, deren Verschneider über große Single Malts wie Glenlivet, Aberlour, Strathisla und Longmorn verfügen können.

### ROYAL SALUTE 21-YEAR-OLD ▶

**BLEND 40 VOL.-%**

Weiche, fruchtige Aromen, ausbalanciert durch einen delikat-blumigen Duft und reife Süße mit Honigtönen.

### ROYAL SALUTE, THE HUNDRED CASK SELECTION

**BLEND 40 VOL.-%**

Elegant, cremig und außergewöhnlich weich, mit reifem, eichigem, leicht rauchigem Nachklang.

WHISKYS

R

BERÜHMTE

# RUSSELL'S RESERVE

**USA**
*Boulevard Distillery, Lawrenceburg, Kentucky*

Ein Small Batch Rye aus dem Haus Austin Nichols, entwickelt 2007 von Brennmeister Jimmy Russell und seinem Sohn Eddie, bekannt durch Wild Turkey.

Eddie Russell sagt: »Wir wussten, welchen Whiskey wir wollten, hatten ihn aber nie zuvor gekostet. Dieser setzt wirklich Maßstäbe ...«

**◄ RUSSELL'S RESERVE RYE**
**RYE WHISKEY 45 VOL.-%**
Fruchtig, mit frischer Eiche und Mandeln in der Nase. Vollmundig und robust, doch weich. Mandeln, Pfeffer und Roggen am Gaumen, der Nachklang lang, trocken und typisch bitter.

**RUSSELL'S RESERVE 10-YEAR-OLD**
**BOURBON 45 VOL.-%**
Dieser Bourbon-Kollege von Russell's Reserve Rye riecht nach Kiefer, Vanille, weichem Leder und Karamell. Der Gaumen zeigt mehr Vanille, dazu Toffee, Mandeln, Honig, Kokosnuss und eine ungewöhnliche Chilinote, die durch den langen, würzigen Nachklang anhält.

# SAM HOUSTON

**USA**

*Besitzer: Western Spirits*
*www.samhoustonwhiskey.com*

Seit 2009 gehört die Marke zu Western Spirits, nach wie vor entsteht Sam Houston durch das Verschneiden von Whiskeys aus nur acht bis zwölf Fässern variabler Altersstufen.

Sam Houston kam 1999 heraus und würdigt eine schillernde Figur aus dem 19. Jahrhundert, den Soldaten, Staatsmann und Politiker Samuel Houston, erster Präsident der Republik Texas.

**SAM HOUSTON SMALL BATCH 10-YEAR-OLD ▶**

**BOURBON (VARIABLE VOL.-%)**

Zarter Duft nach Beeren, Eiche und Roggenbrot, während der üppige, würzige Geschmack von Rosinen, Muskatnuss, Roggenbrot, Leder und mildem Gewürz strotzt. Lang, süß und strukturiert im Nachklang.

# SAZERAC RYE

**USA**
*Buffalo Trace Distillery,*
*1001 Wilkinson Boulevard,*
*Frankfort, Kentucky*
*www.greatbourbon.com*

Sazerac Rye gehört zur jährlich ergänzten Antique Collection von Buffalo Trace und ist mit 18 Jahren Reifung der älteste derzeit erhältliche Rye Whiskey. Nach Angaben des Herstellers besteht die 18-jährige Abfüllung 2008 aus Whiskey, der in der untersten Etage der Lagerhäuser gereift ist – dies bewirkt eine besonders langsame und schöne Alterung.

**◄ SAZERAC RYE 18-YEAR-OLD**
**RYE WHISKEY 45 VOL.-%**
Üppig in der Nase, mit Ahornsirup und Menthol; ölig am Gaumen, frisch und lebhaft mit Frucht, Pfeffer und angenehmen Eichennoten. Der Nachklang zeigt anhaltenden Pfeffer mit zurückkehrender Frucht und abschließendem Siruparoma.

# SCAPA

**Schottland**
*St Ola, Orkney*
*www.scapamalt.com*

Scapa Distillery wurde 1885 auf der Insel Orkney gegründet und arbeitete mehr oder weniger kontinuierlich bis zur Schließung 1994. Drei Jahre später wurde die Produktion auf saisonaler Basis wieder aufgenommen. Lange schien es, als wäre auf Orkney nur Platz für eine Brennerei, nämlich Highland Park. Doch schließlich kam die Rettung in Gestalt von Allied Domecq: Mehr als 2 Mio. Pfund investierte man in die Brennerei, die 2005 von Chivas Brothers übernommen wurde.

Der 14-jährige Scapa könnte bald zum Sammlerstück werden: Seine Produktion wurde eingestellt, stattdessen ist nun ein 16-Jähriger erhältlich.

**SCAPA 14-YEAR-OLD ►**
**SINGLE MALT: ISLANDS**
**40 VOL.-%**
Verglichen mit dem robusten, rauchigen Highland Park ist Scapa weicher und süßer. Noten von Heidekraut, Dörrobst und leichte Würze.

# SCOTTISH LEADER

**Schottland**

*Besitzer: Burn Stewart Distillers*

Nach Aussage der Besitzer »ein Blend, der internationale Auszeichnungen gewonnen hat, mit honigweichem, üppigem Geschmacksprofil. Er ist auf dem Weltmarkt zunehmend vertreten.« Kern des Blends ist Deanston Single Malt aus der Brennerei gleichen Namens in Perthshire. Ursprünglich war Scottish Leader für den preisbewussten Supermarktkunden gedacht, erhielt aber kürzlich eine neue, etwas anspruchsvollere Aufmachung. Erhältlich sind ein Blend ohne Altersangabe sowie ein 12-Jähriger.

◄ **SCOTTISH LEADER**
**BLEND 40 VOL.-%**
Ein Standardblend, dessen Aromen fest integriert sind. Ohne große Individualität, doch gut zum Mixen oder auf Eis zu trinken.

# SEAGRAM'S

**Kanada**
*Diageo Kanada, West Mall,*
*Etobicoke, Ontario*
*www.diageo.com*

Joseph Emm Seagram betrieb in den 1866er-Jahren eine Mühle in Ontario. Als er im Brennen eine Möglichkeit fand, überschüssiges Getreide zu verwerten. wurde er Teilhaber und später alleiniger Besitzer der Mühle. Seagram's 83 erinnert daran. »VO« steht für very own. Der Blend war einst der meistverkaufte kanadische Whisky. Diageo kontrolliert nun Seagrams kanadisches Geschäft sowie Seagram's 7 Crown *(s. S. 314)*, der als amerikanischer Whiskey vermarktet wird.

**SEAGRAM'S VO ►**
**BLEND 40 VOL.-%**
Die Nase zeigt Birnenbonbons, Karamell und würzigen Roggen, dazu Butter. Leichter Körper, süß und leicht würzig, etwas raues Mundgefühl.

**SEAGRAM'S 83**
**BLEND 40 VOL.-%**
Dieser Blend war einst noch beliebter als der VO. Heute ist er ein kanadischer Standardwhisky: weich und leicht zu trinken.

# SEAGRAM'S 7 CROWN

**USA**

*Angostura Distillery, Lawrenceburg, Indiana*

Seagram's 7 Crown, einer der bekanntesten und charaktervollsten Blends in Amerika, hat den Zerfall des Seagram-Imperiums überlebt und wird jetzt von dem in der Karibik ansässigen Unternehmen Angostura (bekannt durch den gleichnamigen Bitter) produziert. Neben der ehemaligen Seagram-Brennerei in Lawrenceburg, wo 7 Crown hergestellt wird, hat man auch die lange geschlossene Charles Medley Distillery in Owensboro (Kentucky) übernommen. Lawrenceburg verfügt über die größte Produktionskapazität in den USA.

**◄ SEAGRAM'S 7 CROWN**
**BLEND 40 VOL.-%**
Er besitzt ein delikates Aroma mit einem Hauch kräftigen Roggens. Würziger Geschmack, rein und gut strukturiert.

# SHEEP DIP

**Schottland**
*Besitzer: Spencerfield Spirits*
*www.spencerfieldspirit.com*

Sheep Dip ist einer der besseren Blended Malts. Die Marke existiert seit den 1970er-Jahren, fiel jedoch unter der Eigentümerschaft von Whyte & Mackay der Vernachlässigung anheim. 2005 ging sie in den Besitz von Alex und Jane Nicol über, die es sich zum Ziel gesetzt haben, »verwaisten Marken« zu neuem Glanz zu verhelfen. Die Verpackung wurde überarbeitet, ein Vertriebsnetz geschaffen und vor allem der Blend unter der Führung von Verschnittmeister Richard Paterson neu formuliert. Die verwendeten Whiskys lagerten acht bis zwölf Jahre in erstgefüllten Fässern.

**SHEEP DIP ▶**
**BLENDED MALT 40 VOL.-%**
In der Nase delikat und fein. Große Finesse am Gaumen, dann eine majestätische Präsenz von reinen Malzaromen.

# SIGNATURE

**Indien**
*Besitzer: United Spirits*
*www.unitedspirits.in*

Der kürzlich eingeführte Signature Rare Aged Whisky kommt aus dem Haus McDowell's (im Besitz von United Spirits) und propagiert den Slogan »Erfolg macht Spaß«. Der Blend aus schottischen und indischen Malt Whiskys ist die wachstumsstärkste Marke im Portfolio der Firma; 2006/2007 wurden über 600 000 Kisten verkauft. Signature hat eine Reihe internationaler Preise gewonnen, darunter Gold bei der Monde Selection 2006.

◄ **SIGNATURE**
**BLEND 42,8 VOL.-%**
Üppiger Duft mit ausgeprägt medizinischer Note. Pur ist der Geschmack überraschend süß, mit rauchigen und medizinischen Untertönen; weniger süß mit Wasser. Relativ leichter Körper mit ausgeprägt torfiger, rauchiger Note.

# SLYRS

**Deutschland**
*Bayrischzeller Straße 13,*
*83727 Schliersee, Ortsteil Neuhaus*
*www.slyrs.de*

Die Destillerie Slyrs wurde 1999 von Florian Stettner am Schliersee gegründet. Der Bavarian Single Malt lagert in neuen amerikanischen Weißeichenfässern. Seit 2002 wird jedes Jahr ein 3-Jähriger abgefüllt, 2015 soll ein 12-Jähriger auf den Markt kommen. Seit Oktober 2008 gibt es außerdem spezielle Editionen von Raritas Diaboli, die von Jürgen Deibel aus verschiedenen Whiskys verschnitten und in Fassstärke abgefüllt wurden.

**SLYRS ▶**
**SINGLE MALT 43 VOL.-%**
Blumige Aromen und würzige Noten kündigen einen angenehmen, leichten Schluck an. Der Geschmack variiert je nach Jahrgang.

# SOMETHING SPECIAL

**Schottland**
*Besitzer: Chivas Brothers*

Der Name suggeriert einen hohen Anspruch, und dieser Premiumblend wird ihm gerecht. Er steht auf dem südamerikanischen Markt an dritter Stelle mit über einer halben Million verkaufter Kisten. Der Blend wurde 1912 von den Direktoren der Firma Hill, Thompson & Co. in Edinburgh kreiert. Die Hauptkomponente sind Speyside Malts, vor allem der hochgeschätzte Longmorn, der den Kern des Blends bildet. 2006 kam eine 15-jährige Abfüllung heraus. An der unverwechselbaren Flasche soll ein Edinburgher Diamantenschleifer mitgewirkt haben.

◄ **SOMETHING SPECIAL**
**BLEND 40 VOL.-%**
Ein eigenständiger Blend voller trockener, fruchtiger und würziger Aromen sowie subtiler, rauchiger Süße.

# SPEYBURN

**Schottland**
*Rothes, Aberlour, Morayshire*
*www.inverhouse.com*

Königin Victorias treue Untertanen in der gerade errichteten Speyburn Distillery in der Nähe von Rothes legten sogar Nachtschichten ein, um zum diamantenen Thronjubiläum 1897 einen Whisky herzustellen. Es war Mitte Dezember, und obwohl die Fenster noch nicht richtig eingesetzt waren und der Schnee von draußen hineinwehte, befahl der Geschäftsführer der Brennerei, die Stills zu befeuern. Speyburn hat seinen viktorianischen Charme behalten und ist seit 1991 im Besitz von Inver House.

**SPEYBURN 10-YEAR-OLD ►**
**SINGLE MALT: SPEYSIDE**
**40 VOL.-%**
Trotz älterer Abfüllungen, darunter ein kürzlich herausgegebener 25-jähriger Solera, bleibt das Kernprodukt der 10-Jährige, den ein Aroma von Vanillekaramell und ein süßer, anhaltender Nachklang auszeichnen.

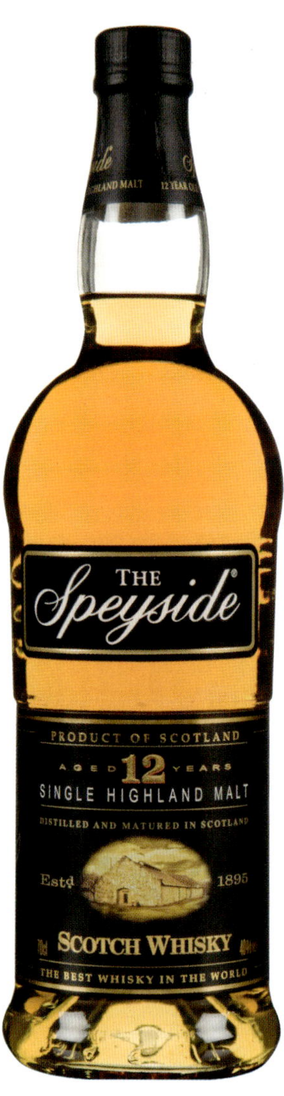


# SPEYSIDE

**Schottland**
*Glen Tromie, Kingussie,*
*Inverness-shire*
*www.speysidedistillery.co.uk*

Mit einer Produktion von knapp 600 000 Litern ist die nach Schottlands größter Malt-Whisky-Region benannte Brennerei kein Riese. Trotz ihrer rustikalen Erscheinung ist sie auch nicht sehr alt: Sie wurde 1962 von dem Verschneider und Abfüller George Christie in Auftrag gegeben – doch nur ein unauffälliger moderner Schornstein verrät die Entstehungszeit. Stein auf Stein gemauert, war sie erst 1987 fertiggestellt. Zu den Single Malts zählen Drumguish (ohne Altersangabe) sowie Speyside als 8-, 10-, und 12-Jähriger.

**◄ SPEYSIDE 12-YEAR-OLD**
**SINGLE MALT: SPEYSIDE**
**40 VOL.-%**
Das Aroma dieses ausgewogenen 12-Jährigen erinnert an Nugat mit einem Hauch Rauch. Er ist üppiger und vollmundiger, als es die verhaltene Nase erwarten lässt.

# SPRINGBANK

**Schottland**
*Campbeltown, Argyll*
*www.springbankdistillers.com*

Springbank wurde 1823 gegründet, als es bereits 13 lizenzierte Brenner in Campbeltown gab. Obwohl diese Seite des Mull of Kintyre auf dem Landweg auch heute noch schlecht erreichbar ist, kam man mit dem Schiff über den Firth of Clyde rasch nach Glasgow. Und als die zweitgrößte Stadt des Empires boomte, löschten Brennereien wie Springbank ihren Durst. Aber durch die Prohibition in Amerika und die Abwanderung der großen Verschneider nach Speyside war der Untergang besiegelt. ☛

**SPRINGBANK 15-YEAR-OLD ▶**
**SINGLE MALT: CAMPBELTOWN**
**46 VOL.-%**
Süßer Karamell und kandierte Zitrusschale in der Nase weichen im Mund exotischeren, süß-sauren Aromen.

**SPRINGBANK 10-YEAR-OLD**
**SINGLE MALT: CAMPBELTOWN**
**46 VOL.-%**
Vielschichtige Aromen mit reifer Zitrusfrucht, Torfrauch, Vanille, Gewürzen und einem Hauch Salz darunter.

## SPRINGBANK

Springbank überlebte, was nicht zuletzt an den stabilen Besitzverhältnissen gelegen haben mag: Die Brennerei gehörte der Familie Reid, die sie Mitte des 19. Jahrhunderts an die mit ihnen verschwägerten Mitchells verkauften. Sie führen das Unternehmen noch heute und haben es verstanden, ihre innovativen Single Malts zu Kultprodukten zu machen.

**◄ SPRINGBANK VINTAGE 1997**
**SINGLE MALT: CAMPBELTOWN**
**54,9 VOL.-%**
Komplexer Duft aus Karamell und rauchigen, ledrigen Aromen. Trockener am Gaumen, saftig und mundfüllend, umhüllt von Rauch.

**SPRINGBANK 100 PROOF**
**SINGLE MALT: CAMPBELTOWN**
**57 VOL.-%**
Groß und vollmundig, mit Aromen von Dörrobst und Butterkaramell, dazu Spuren von Gewürz, Nüssen, Rauch.

# ST. GEORGE

## USA

*St. George Spirits, 2601 Monarch Street, Almeda, California*
*www.stgeorgespirits.com*

1982 gründete Jörg Rupf St. George Spirits. Die Brennerei betreibt zwei kupferne Pot Stills von Holstein. Die Gerste wird stark geröstet und teilweise über Erlen- und Buchenholz geräuchert. Der Single Malt reift zum größten Teil für drei bis fünf Jahre in ehemaligen Bourbonfässern; kleinere Mengen lagern in französischer Eiche und ehemaligen Portweinfässern.

**ST. GEORGE ▶**
**SINGLE MALT 43 VOL.-%**
In der Nase frische, blumige Noten mit Frucht, Nüssen, Kaffee und Vanille. Recht delikat am Gaumen, süß, nussig und fruchtig, mit einem Hauch Menthol und Kakao. Vanille und Schokoladennoten im Nachklang neben sanftem Rauch.

# STEWARTS CREAM OF THE BARLEY

**Schottland**

*Besitzer: Chivas Brothers*

Diese alteingesessene, erstmals 1831 produzierte Marke verkauft sich heute vor allem in Irland gut. Lange Zeit war sie auch in Schottland populär, nicht zuletzt aufgrund ihrer weiten Verbreitung in der Gaststättenkette von Allied, dem damaligen Besitzer. Single Malt von Glencadam bildete dabei den Kern des Blends. Heute ist Glencadam in anderen Händen, doch der Blend enthält angeblich noch immer bis zu 50 Single Malts.

**◄ STEWARTS CREAM OF THE BARLEY**

**BLEND 40 VOL.-%**

Ein malziger, süßer, weicher und leicht spritiger Duft. Die Fruchtigkeit einer jungen Spirituose am Gaumen – würzig, rau und etwas rauchig. Pfeffriger, trocknender Holzkohlen-Nachklang.

# STRANAHAN'S

## USA

*Stranahan's Colorado Whiskey,*
*2405 Blake Street, Denver, Colorado*
*www.stranahans.com*

Mit der Destillerie von Jess Graber und George Stranahan entstand im März 2004 die erste lizenzierte Brennerei in Colorado. Der Wash aus vier Gerstensorten entsteht in der benachbarten Flying Dog Brewery. Die Destillation findet in einer Vendome Still statt. Anschließend reift die Spirituose in neuen Fässern aus ausgekohlter amerikanischer Eiche. Sie lagert wenigstens zwei Jahre, und jede Abfüllung umfasst den Inhalt von zwei bis sechs Fässern.

**STRANAHAN'S COLORADO WHISKEY ▶**

**COLORADO WHISKEY 47 VOL.-%**

Er riecht wie ein Bourbon, mit Noten von Karamell, Lakritz, Gewürz und Eiche. Am Gaumen leicht ölig, groß und süß, mit Honig und Gewürzen. Ziemlich kurzer eichiger Nachklang.

# STRATHISLA

**Schottland**
*Keith, Banffshire*
*www.maltwhiskydistilleries.com*

1786 gründeten Alexander Milne und George Taylor die Milltown Distillery in Keith. Der hier produzierte Whisky war als Strathisla bekannt, und 1951 nahm auch die Brennerei diesen Namen an. Über die Jahre hat Strathisla Brände, Explosionen und Insolvenzen überlebt und ist heute die älteste und mit ihrem hohen Giebel nebst zwei Pagodendächern vielleicht auch die hübscheste Brennerei in den Highlands. Seit der Übernahme durch Chivas Brothers 1950 ist hier die geistige Heimat von Chivas Regal.

**◄ STRATHISLA 12-YEAR-OLD**
**SINGLE MALT: SPEYSIDE**
**43 VOL.-%**
Eine reiche, üppige Nase und ein würziges Aroma von Früchtekuchen dank der Reifung in Sherryfässern. Mittelschwer mit einer leicht rauchigen Note im Nachklang.

# STRATHMILL

**Schottland**
*Keith, Banffshire*

Diese charmante spätviktorianische Brennerei mit Doppelpagodendach entstand 1891 als Glenisla-Glenlivet Distillery. Vier Jahre später kaufte sie der Londoner Gin-Brenner Gilbey und taufte sie in Strathmill um, da sie auf dem Gelände einer alten Getreidemühle stand. Ein Single Malt wurde bereits 1909 abgefüllt, doch Strathmills wichtigere Rolle war und ist es, Malt für Blends, insbesondere für J&B, zu liefern.

**STRATHMILL FLORA & FAUNA 12-YEAR-OLD ▶**
**SINGLE MALT: SPEYSIDE**
**43 VOL.-%**
Ein besonders leichter und filigraner Vertreter des Speyside-Stils. Strathmill hat einen nussig-malzigen Charakter mit Vanillenoten. Er ist bemerkenswert weich und mittelsüß auf der Zunge.

# SULLIVANS COVE

**Australien**

*Tasmania Distillery, Lamb Place, Cambridge, Tasmania*
*www.tasmaniadistillery.com.au*

Mitinhaber und Brennmeister Patrick Maguire gibt zu, dass einige der frühen Abfüllungen der Spirituose nicht so gut waren, wie sie hätten sein sollen, doch nun gewinnt der Whisky Preise. Es wird vor Ort angebaute, ungetorfte Franklin-Gerste verwendet. Der Wash wird in der Cascade Brewery gebraut, in einer Pot Still im Charentais-Stil gebrannt und von Hand aus Einzelfässern abgefüllt.

**◄ SULLIVANS COVE PORT MATURATION**

**SINGLE MALT 60 VOL.-%**

7-Jähriger aus einem Portweinfass aus französischer Eiche. Blumige Nase, die sich in Richtung üppiges, malziges Stout entwickelt; am Gaumen tanninhaltig und wärmend.

**SULLIVANS COVE BOURBON MATURATION**

**SINGLE MALT 60 VOL.-%**

Der 7-Jährige aus einem Bourbonfass aus Eiche ist süß und malzig, mit eichigen und schokoladigen Noten.

# SUNTORY HAKUSHU

**Japan**
*Torihara 2913–1, Hakushucho, Komagun, Yamanashi*
*www.suntory.com/whisky*

Hakushu liegt hoch in den Japanischen Alpen und war einst die größte Malt-Brennerei der Welt, mit zwei riesigen Still-Häusern. Nirgendwo sonst gibt es eine vergleichbare Palette an Formen und Größen von Pot Stills. Die Abfüllungen von Hakushu Single Malt reflektieren den Geist des Ortes; sie sind leicht, fein und frisch.

### SUNTORY HAKUSHU 12-YEAR-OLD ▶
**SINGLE MALT 43,5 VOL.-%**

Die Nase ist sehr kühl, mit Gras, Minze und etwas Leinsamenöl. Der Geschmack ist süß, entwickelt sich aber recht langsam; der minzig-grasige Charakter wird mit Aprikose und Kamille vertieft.

### SUNTORY HAKUSHU 18-YEAR-OLD
**SINGLE MALT 43 VOL.-%**

Pflaume, Mango, Heu und frischer Ingwer. Gute Säure und geröstete Eiche im Nachklang. Frische Säure mit üppig-delikater Süße. Am Gaumen geradlinig, mit mehr gerösteter Eiche.

# Whisky-Tour: Japan

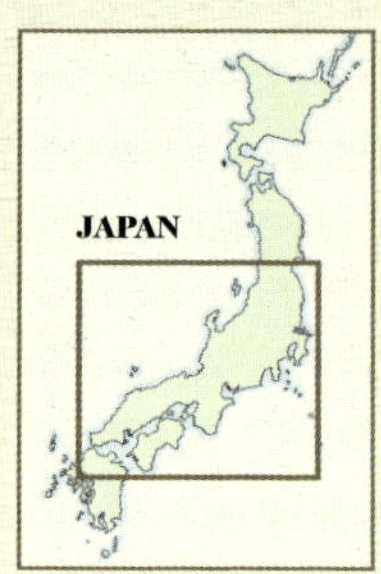


Tokio ist ein guter Ausgangspunkt für eine Whisky-Tour. Die Stadt verfügt über Bahnverbindungen zu den Brennereien in Chichibu, Karuizawa, Hakushu und Gotemba. Die weiter entfernt gelegene Vorzeigebrennerei Yamazaki von Suntory kann mit dem Besuch Kyotos oder Osakas verbunden werden.

## TAG 1: CHICHIBU

❶ **Chichibu**, Chichibu, Japans jüngste, von Ichiru Akuto gegründete Brennerei, hat noch kein Besucherzentrum, doch Whiskyliebhaber können nach Voranmeldung einen geführten Rundgang durch die Anlage unternehmen. Die Stadt Chichibu ist mit dem Zug 90 Minuten vom Tokioter Bahnhof Ikebukoro entfernt. Am Bahnhof in Chichibu nimmt man ein Taxi zur Brennerei, die etwas außerhalb liegt. *(+81 (0)494 62 4601)*

## TAGE 2–3: KARUIZAWA (KIRIN)

❷ Die Kirin-Brennerei in **Karuizawa** ist eine kleine Anlage. Sie ist für Besucher geöffnet und besitzt eine Kunstgalerie. Der Kurort Karuizawa liegt 65–80 Minuten mit dem Nagano Shikansen vom Tokioter Hauptbahnhof entfernt. Von Chichibu aus benötigt man drei bis fünf Stunden mit Regionalzügen. Wer in Karuizawa eine längere Pause einlegen möchte, um die heißen Quellen zu nutzen, kann unter zahlreichen Hotels wählen. *(+81 (0)267 32 2006)*

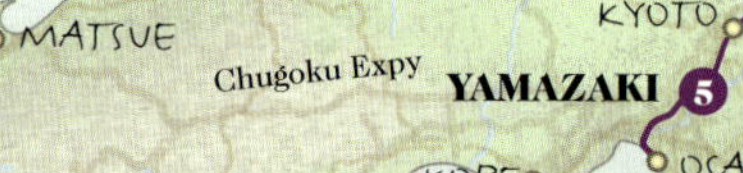


**TOUR-INFO**

**TAGE:** 8
**LÄNGE:** 480 km
**REISE:** Shinkansen (Schnellzug), Regionalzüge
**BRENNEREIEN:** 5

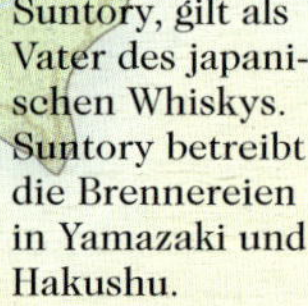

**Shinjiro Torii,** der Gründer von Suntory, gilt als Vater des japanischen Whiskys. Suntory betreibt die Brennereien in Yamazaki und Hakushu.

SENDAI
NIIGATA
FUKUSHIMA
Banetsu Expy
Horukiku Expy
Tohoku Expy
Kanetsu Expy
NAGANO
START
Nagano Shinkansen Line
2 KARUIZAWA
1 CHICHIBU
3 HAKUSHU
TOKIO
JR Chuo Line
JR Asigiri Line
HONSHU
GOTEMBA 4
NAGOYA
Tokaido Shinkansen Line
0 30
Kilometer

## TAG 4: HAKUSHU (SUNTORY)

❸ Die Suntory-Brennerei in **Hakushu** liegt in den südlichen Japanischen Alpen, inmitten eines Landschaftsschutzgebiets. Den Bahnhof in Kobuchizawa erreicht man mit Regionalzügen von Karuizawa aus oder in 2,5 Stunden mit dem Expresszug (JR-Chuo-Linie) vom Bahnhof Shinjuku in Tokio. *(+81 (0)551 35 2211)*

HAKUSHU DISTILLERY

## TAGE 5–6: KIRIN'S GOTEMBA DISTILLERY

❹ Von **Gotemba** führt die Hauptroute auf den Fudschijama, denn an seinem Fuß liegt eine Kirin-Brennerei. Viele Besucher beginnen mit der Besteigung des Vulkans am Nachmittag, um bei Einbruch der Dunkelheit die Unterkünfte auf der 8. oder 9. Etappe zu erreichen. Den Gipfel des Berges besteigt man dann bei Sonnenaufgang. Zurück in Gotemba kann man dann die Brennerei besichtigen, von wo aus man auch einen spektakulären Ausblick auf den Fudschjiama hat. Fahrzeit vom Bahnhof Shinjuku in Tokio: eine Stunde und 40 Minuten. *(+81 (0)550 89 4909)*

DER FUDSCHIJAMA MIT SHINKANSEN

YAMAZAKI DISTILLERY

## TAGE 7–8: SUNTORY'S YAMAZAKI DISTILLERY

❺ Von Kyoto oder Osaka bringen Sie Regionalzüge zum Bahnhof JR Yamazaki. Zur Suntory-Brennerei in **Yamazaki**, der Keimzelle und Vorzeigeanlage der Firma, ist es dann noch ein zehnminütiger Spaziergang. Neben anderen Besuchereinrichtungen ist die beeindruckende Verkostungsbar mit exklusiven Abfüllungen besonders interessant. Auch ein traditioneller Shinto-Schrein kann besichtigt werden. *(+81 (0)759 61 1234; www.theyamazaki.jp/en/distillery)*

# SUNTORY HIBIKI

**Japan**
*Torihara 2913–1, Hakushucho, Komagun, Yamanashi*
*www.suntory.com/whisky*

Der Erfolg von Suntory basiert auf den Single Malts der Brennereien in Yamazaki und Hakushu. Doch auch Hibiki Blended Malt erfreut sich großer Reputation.

**◄ SUNTORY HIBIKI 17-YEAR-OLD**
**BLENDED MALT 43 VOL.-%**
Ein weiches, vollmundiges Aroma mit sehr reifen Früchten, leichter Torfigkeit, einem Hauch schwerer Blütendüfte sowie Zitrus. Am Gaumen Karamell, Schwarzkirsche, Vanille, Hagebutte und etwas Eiche.

**SUNTORY HIBIKI 30-YEAR-OLD**
**BLENDED MALT 43 VOL.-%**
Zweimal »Best Blend in the World«. Gewaltig im Aroma, mit einer Mischung aus Bitterorange, Quittenpaste, recht energischem Holz sowie Walnüsse, gefolgt von Anis, Fenchel und tiefer Würze. Am Gaumen süß und samtig, mit Orangenmarmelade im Vordergrund, neben süßen, staubigen Gewürznoten.

# SUNTORY YAMAZAKI

**Japan**
*Yamazaki 5–2–2, Honcho, Mishima-gun, Osaka*
*www.suntory.com/whisky*

Japans erste Malt-Brennerei wurde 1923 von den Vätern der japanischen Whiskybranche, Shinjiro Torii und Masataka Taketsuru gegründet. Wie Hakushu ☛

**THE YAMAZAKI 12-YEAR-OLD ▶**
**SINGLE MALT 43 VOL.-%**
Die 12-jährige Stütze der Palette ist spritzig mit einer frischen Nase von Ananas, Zitrus, Blüten, getrockneten Kräutern und etwas Eiche. Der Geschmack ist süß und voll reifer, weicher Früchte, dazu ein Hauch Rauch.

**THE YAMAZAKI 18-YEAR-OLD**
**SINGLE MALT 43 VOL.-%**
Im Alter nimmt Yamazaki mehr von der Eiche auf. Die esterartigen Noten jüngerer Varianten weichen reifem Apfel, Veilchen und tiefen, süßen Eichennoten. Dieser Eindruck setzt sich am Gaumen fort mit einem mosig-kiefernartigen Charakter und der klassischen Yamazaki-Fülle im Zentrum. Ein ausgesprochen edler Whisky.

## SUNTORY YAMAZAKI

☛ produziert sie eine breite Palette. Die Single-Malt-Abfüllungen sind vorwiegend süß-fruchtig. Gelegentlich kommen Einzelfassabfüllungen hinzu. Die meisten älteren Varianten sind in ehemaligen Sherryfässern gereift, andere in japanischer Eiche.

**◄ SUNTORY VINTAGE 1984**
**SINGLE MALT 56 VOL.-%**
Starke Sherrytöne. Sehr dunkel, mit balsamischer Nase, Baumrinde, Eibenholz, Plumpudding und Espresso. Der Geschmack zeigt Schwarzkirsche, Sirup-Toffee und Backpflaume. Interessante Mischung aus bitter und süß, starke Tannine.

**THE CASK OF YAMAZAKI 1990 SHERRY BUTT**
**SINGLE MALT 61 VOL.-%**
Aus einer regelmäßigen Reihe von Einzelfassabfüllungen. Fast opake Mahagonifarbe und eine Nase voller Datteln, Backpflaumen, Feigen- und Sherrynoten. Etwas Torf steigert die Komplexität. Der Geschmack ist griffig und herbstlich mit leichtem Holzrauch, Walnuss, gesüßtem Espresso und einem langen, festen Nachklang, der mit einem Hauch Sirup endet.

# TALISKER

**Schottland**
*Carbost, Isle of Skye*
*www.taliskerwhisky.com*

1823 gab es sieben lizenzierte Brennereien auf der Insel Skye, von denen keine überlebt hat. 1830 machten Hugh und Kenneth MacAskill mit Talisker nochmals einen Versuch. Die Brennerei hatte anfangs schwer zu kämpfen und wurde 1857 verkauft.

1898 tat sich Talisker mit Dailuaine zusammen, der damals größten Brennerei in den Highlands. 1916 wurde das Joint Venture von einem Konsortium aus Dewar's, der Distillers Company und John Walker & Sons über- ☛

**TALISKER 10-YEAR-OLD ▶**
**SINGLE MALT: ISLANDS**
**45,8 VOL.-%**
Ein exemplarischer Westküsten-Malt. Intensiv, leicht torfig, mit einer pfeffrigen Note im Nachklang.

**TALISKER 18-YEAR-OLD**
**SINGLE MALT: ISLANDS**
**45,8 VOL.-%**
Das Alter hat ihn weicher gemacht, ihm einen Duft nach Leder und aromatischem Rauch sowie eine cremige, mundfüllende Struktur verliehen.

## TALISKER

nommen. Seitdem ist Talisker eine Hauptzutat für Johnnie Walker Red Label.

Bis 1928 wurde Talisker dreifach gebrannt, wie irischer Whiskey, was erklärt, weshalb zu drei Spirit Stills immer zwei Wash Stills gehören. Die Lyne Arms haben eine U-Form, was den Rückfluss erhöht und eine reinere Spirituose erzeugt. Die anschließende Kondensation in Worm Tubs irritiert, denn sie produzieren eine eher schwere, schweflige Spirituose. Wie auch immer – Talisker gewinnt Preise und Anhänger.

### ◄ TALISKER DISTILLERS EDITION 1996

**SINGLE MALT: ISLANDS**
**45,8 VOL.-%**

Nach einer in Amoroso-Sherryfässern beendeten Reifung hat die Distillers Edition einen pfeffrigen, würzigen Charakter, der durch füllige Dörrobst-Aromen im Mund weicher wirkt.

### TALISKER 57° NORTH

**SINGLE MALT: ISLANDS**
**57 VOL.-%**

Der Breitengrad der Brennerei: ein üppiger, fruchtiger, rauchiger, pfeffriger, würziger Whisky mit langem Nachklang.

# TAMDHU

**Schottland**
*Knockando, Aberlour, Morayshire*

Auch wenn Tamdhu lediglich eine junge Hausabfüllung herausgibt, ist das Unternehmen gut ausgestattet: mit neun Washbacks aus Kiefernholz, drei Paar Stills sowie Dunnage- und Regallagerhäusern vor Ort.

Wie zu erwarten bei einer Brennerei, die selbst nur eine Hausabfüllung produziert, gibt es mehrere unabhängige Abfüller, die Tamdhu im Programm haben – etwa Duncan Taylor, Douglas Laing, Gordon & MacPhail, ferner einen 29-Jährigen aus der Reihe Old Malt Cask von Douglas Laing, der 1977 destilliert wurde. Seit 2011 gehört Tamdhu dem unabhängigen Abfüller Ian MacLeod.

**TAMDHU ▶**
**SINGLE MALT: SPEYSIDE**
**40 VOL.-%**
Die jugendliche Ausprägung eines Speyside Malt, von der Brennerei neuerdings als Ersatz für den 8-Jährigen abgefüllt; ohne Altersangabe und mit leicht pfeffriger Note.

# TAMNAVULIN

**Schottland**
*Ballindalloch, Banffshire*

1966 beschloss Invergordon Distillers, eine neue Brennerei in einer malerischen Ecke der oberen Speyside am River Livet zu bauen. Ihre sechs Stills konnten 4 Mio. Liter reinen Alkohols pro Jahr liefern. Doch 1995 schloss Tamnavulin – die Besitzer (inzwischen von Whyte & Mackay übernommen), so schien es, wollten sich lieber auf andere Brennereien konzentrieren, vor allem Dalmore und Jura.

Die indische UB Group hat Whyte & Mackay 2007 aufgekauft, und heute arbeitet Tamnavulin wieder.

**◄ TAMNAVULIN 12-YEAR-OLD**
**SINGLE MALT: SPEYSIDE**
**40 VOL.-%**
Ein leichter Aperitif-Malt mit trockenem Getreidecharakter und minziger Nase. Neben dieser Standardabfüllung, genannt »Stillman's Dram«, gibt es gelegentlich auch ältere.

# TANGLE RIDGE

**Kanada**
*Alberta Distillery, 1521 34th Avenue Southeast, Calgary, Alberta*

Süßer als seine Kollegen aus der Alberta Distillery *(s. S. 12)*, obwohl er, wie die anderen nur aus Roggen gemacht wird. 1996 eingeführt, vertritt er eine neue Schule kanadischer Premiumwhiskys: Nach zehn Jahren in Eichenfässern wird er »abgelassen« und mit Vanille sowie Sherry vermischt. Er kommt dann wieder ins Fass, damit die Aromen sich vermählen können.

Für den Namen stand eine Felsformation in den kanadischen Rocky Mountains Pate, entdeckt von der bekannten Forscherin, Künstlerin und Autorin Mary Schaffer (1861–1939).

**TANGLE RIDGE DOUBLE CASK ▶**
**CANADIAN RYE 40 VOL.-%**
Buttertoffee und gebrannter Zucker in der Nase, samtweiches Mundgefühl und sehr süßer Geschmack mit einem Hauch Sherry. Wenig Komplexität.

BERÜHMTE T WHISKYS

# TÉ BHEAG

**Schottland**

*Besitzer: The Gaelic Whisky Co.*
*www.gaelicwhisky.com*

Obwohl andernorts in Schottland verschnitten und abgefüllt, ist Té Bheag ebenfalls ein Erzeugnis von Pràban na Linne (The Gaelic Whisky Company) auf der Insel Skye. Der gälische Name bedeutet »kleine Frau«, und so heißt das Boot, das im Logo zu sehen ist. Umgangssprachlich steht Té Bheag auch für »kleiner Schluck«. Besonders beliebt ist der Blend in Frankreich. Té Bheag wird ohne Kaltfiltration abgefüllt und enthält acht bis elf Jahre alte Malts aus allen schottischen Whiskyregionen.

◄ **TÉ BHEAG**
**BLEND 40 VOL.-%**
Die Nase ist frisch mit einer Zitrusnote, recht üppig, delikat getorft und mit einem Hauch Getreide. Schwer am Gaumen, mit einem guten Schuss Lakritz, der Fülle von Sahnekaramell sowie etwas Torf.

# TEACHER'S

**Schottland**
*Besitzer: Beam Global*
*www.theacherswhisky.com*

Diese altehrwürdige Marke geht auf das Jahr 1830 zurück, als William Teacher ein Lebensmittelgeschäft in Glasgow eröffnete. Bald befasste er sich auch mit dem Spirituosenhandel. Seine Söhne übernahmen die Firma, als Blends immer wichtiger wurden. 1884 entstand die Handelsmarke Teacher's Highland Cream, die das Geschäft bald dominieren sollte.

Der Whisky war immer kräftig, mit Single Malts aus Glendronach und Ardmore im Zentrum. Heute erfreut er sich vor allem in Südamerika großer Beliebtheit.

**TEACHER'S HIGHLAND CREAM ▶**
**BLEND 40 VOL.-%**
Sehr aromatisch, ölig, mit Karamellnoten in der Nase, Toffee und Lakritz am Gaumen. Abgerundete, weiche Struktur und ein rascher Nachklang, der den Gaumen erfrischt.

# TEANINICH

**Schottland**
*Alness, Ross-shire*

Wer durch den kleinen Ort Alness nördlich von Inverness fährt, wird Teaninich nicht mal zufällig finden. Und doch wird hier fast ohne Unterbrechung seit 1817 gebrannt, als die Destillerie von Captain Hugh Munro gegründet wurde.

Die Brennerei produzierte fast ausschließlich für die Verschneider, keiner dachte daran, Teaninich als Single Malt zu vermarkten. Erst 1992 brachten die Besitzer UDV (heute Diageo) einen 10-Jährigen heraus.

**◄ TEANINICH FLORA & FAUNA 10-YEAR-OLD**
**SINGLE MALT: HIGHLANDS**
**43 VOL.-%**
Die Hausabfüllung ist glatt und grasig mit vorherrschend malzigem Aroma.

**TEANINICH GORDON & MACPHAIL 1991**
**SINGLE MALT: HIGHLANDS**
**46 VOL.-%**
Ein tief bernsteinfarbener Malt mit dem Aroma von Früchtekuchen und Noten von Minze, Tabak, Gewürznelke und Holzrauch.

# TEERENPELI

**Finnland**
*Teerenpeli, Hämeenkatu 19, Lahti*
*www.teerenpeli.com*

Die erste Teerenpeli-Brauerei wurde im Mai 1995 gegründet, und ihr Bier gewann mehrere Auszeichnungen. 2002 eröffnete man die neue Brauerei und Brennerei im Restaurant Taivaanranta. Das Brauhaus liegt im Speiseraum, während Vergärungs- und Brennausrüstung mit einem Besucherzentrum im Keller Platz gefunden haben. Teerenpeli Malt Whisky wird im Fass verkauft, sowohl an Privatpersonen als auch an Firmen.

**TEERENPELI 3-YEAR-OLD NO. 001 ▶**
**MALT 43 VOL.-%**
Viel Getreide (Gerste), Vanille und Eichenholz; Körper etwas dick.

**TEERENPELI 6-YEAR-OLD**
**MALT 43 VOL.-%**
Auf Finnisch bedeutet Teerenpeli »Flirt«. Passend zum Namen ist dieser Malt weich und verführerisch, mit Aromen von Vanille und Backapfel, ein verlockender Mix von Kräutern und Gewürzen und einem Prickeln im Mund.

# TEMPLETON RYE

## USA

*East 3rd Street, Templeton, Iowa*
*www.templetonrye.com*

Scott Bushs Templeton Rye Whiskey kam 2006 auf den Markt. Er wird in einer kupfernen Pot Still mit 1150 Litern Fassungsvermögen gebrannt und reift in neuen, ausgekohlten Eichenfässern.

Bush rühmt sich, dass sein Whiskey nach einem Rezept aus der Prohibitionszeit entsteht. Während der Weltwirtschaftskrise begannen Farmer in der Gegend von Templeton, illegal Whiskey aus Roggen zu brennen, um ihre sinkenden Einnahmen aufzubessern. Schon bald erlangte der sogenannte Templeton Rye einen guten Ruf.

**◀ TEMPLETON RYE SMALL BATCH**
**RYE WHISKEY 40 VOL.-%**
Lebhaft, frisch und leicht süß am Gaumen. Der Nachklang ist weich und am Ende lang und wärmend.

# THOMAS H. HANDY

**USA**

*Buffalo Trace Distillery,*
*1001 Wilkinson Boulevard,*
*Frankfort, Kentucky*
*www.greatbourbon.com/antique collection.aspx*

Die neueste Ergänzung der Buffalo Trace Antique Collection. Es ist ein unverschnittener, ungefilterter reiner Rye Whiskey, benannt nach einem Barkeeper in New Orleans, der Roggenwhiskey erstmals für seinen Sazerac-Cocktail verwendete. Laut Hersteller lagern die Fässer sechs Jahre und fünf Monate in der fünften Etage von Lagerhaus M – der Whiskey »ist sehr aromatisch und erinnert an weihnachtlichen Früchtekuchen«.

### THOMAS H. HANDY SAZERAC 2008 EDITION ▶

**RYE WHISKEY 63,8 VOL.-%**

Duftet nach Sommerfrüchten und Pfeffer. Am Gaumen verschmelzen weiche Vanille und pfeffriger Roggen, während der Nachklang lang und wohlig ist, mit öliger, würziger Eiche.

# TOBERMORY

**Schottland**
*Tobermory, Isle of Mull*
*www.tobermorymalt.com*

Dass Tobermory noch immer existiert, grenzt an ein Wunder, schließlich ruhte der Betrieb die meiste Zeit. 1797 wurde er von John Sinclair gegründet und bei seinem Tod 1837 wieder geschlossen. 1916 von der Distillers Company aufgekauft, wurde Tobermory ein frühes Opfer der Depression und war von 1930 bis 1972 wieder geschlossen.

Seit 1989 wird beständig produziert, und 1993 ging die Brennerei an Burn Stewart.

**◄ TOBERMORY 10-YEAR-OLD**
**SINGLE MALT: ISLANDS**
**40 VOL.-%**
Diesem frischen, ungetorften, maritimen Malt wird ein zart rauchiger Charakter nachgesagt, dank des Wassers aus den kleinen Torfseen der Insel.

**TOBERMORY 15-YEAR-OLD**
**SINGLE MALT: ISLANDS**
**46,3 VOL.-%**
In der Nase üppiger Früchtekuchen und eine Spur Marmelade, dank der Sherryfässern. Ein würziger Charakter auf der Zunge. Ohne Kaltfiltration in Fassstärke abgefüllt.

# TOMATIN

**Schottland**
*Tomatin, Inverness-shire*
*www.tomatin.com*

Mit 23 Stills und einer Kapazität von 12 Mio. Litern reinen Alkohols war Tomatin lange der Gigant unter den Malt-Brennern. 1974, zur Zeit der größten Expansion, übertraf man sogar Glenfiddich mit seinen 10 Mio. Litern.

Tomatin wurde 1897 gegründet und brauchte einige Zeit, um seinen überragenden Status zu erlangen. Die erste Erweiterung von zwei auf vier Stills erfolgte 1956, danach ging es rasch voran, bis zum Höhepunkt in den 1970er-Jahren – genau richtig zur ☛

**TOMATIN 12-YEAR-OLD ►**
**SINGLE MALT: HIGHLANDS**
**40 VOL.-%**
Ein reifer, weicher Malt im Speyside-Stil, der seit 2003 die alte 10-jährige Kernvariante ersetzt.

**TOMATIN 18-YEAR-OLD**
**SINGLE MALT: HIGHLANDS**
**43 VOL.-%**
Der tiefe Bernsteinton verrät den starken Sherry-Einfluss, der ein fruchtiges Aroma mit Anklängen von Zimt hervorbringt.

## TOMATIN

☛ ersten große Nachkriegsflaute. Tomatin kämpfte als unabhängige Brennerei bis 1985, als der Konkursverwalter vor der Tür stand. Ein Jahr später folgte die Übernahme durch zwei langjährige Kunden – Takara Shuzo und Okara & Co. –, und so wurde Tomatin zur ersten schottischen Brennerei in japanischen Händen. Elf Stills wurden stillgelegt und die Produktion auf 5 Mio. Liter gedrosselt – immer noch genug für die Abfüllung als Single Malt. Tomatins meistverkaufter ist der 12-Jährige; zur Kernpalette gehören ferner ein 18- und ein 25-Jähriger. Hinzu kommen gelegentlich ältere sowie Einzelfass-Abfüllungen.

### ◄ TOMATIN 25-YEAR-OLD

**SINGLE MALT: HIGHLANDS**
**43 VOL.-%**

Dieser reife, würzige Malt voller Nuss- und Gewürzaroma ist ein Triumph des Inhalts über das Äußere.

### TOMATIN 30-YEAR-OLD

**SINGLE MALT: HIGHLANDS**
**49,3 VOL.-%**

Ein üppiger Digestif-Schluck mit großer Sherry-Nase und beeindruckendem Körper.

# TOMINTOUL

**Schottland**
*Kirkmichael, Ballindalloch, Grampian*
*www.tomintouldistillery.co.uk*

Tomintoul startete 1964 – in einer Zeit großen Vertrauens in die Branche, als der Umsatz an Blended Scotch vor allem auf Exportmärkten wie den USA boomte. Tomintoul sollte Malt für diese Blends liefern. Daran änderte sich nichts, als Angus Dundee die Brennerei 2000 kaufte *(s. S. 17)*. Und doch, obwohl Single Malt nur einen kleinen Teil der 3,3 Mio. jährlich produzierten Liter ausmacht, ist die Zahl der Abfüllungen stark gestiegen.

**TOMINTOUL 10-YEAR-OLD ►**
**SINGLE MALT: SPEYSIDE**
**40 VOL.-%**
Dieser 2002 herausgekommene Aperitif-Malt zeigt etwas Vanille vom Holz und einen leicht getreidigen Charakter.

**TOMINTOUL 16-YEAR-OLD**
**SINGLE MALT: SPEYSIDE**
**40 VOL.-%**
Vier Jahre mehr ergeben einen nussigeren, würzigeren Charakter mit Noten von Orangenschale in der Nase sowie mehr Tiefe und eine rundere Struktur.

# TORMORE

**Schottland**
*Advie, Grantown-on-Spey, Morayshire*

Tormore, 1958 in großzügigen Dimensionen errichtet, verkörpert das Selbstvertrauen der Whiskybranche zu einer Zeit, als die weltweite Nachfrage nach Blended Scotch stark stieg. Mit ihrem Kupferdach und dem Fabrikschornstein ragt die Brennerei an der A 95 in Speyside auf. Es scheint, als habe der Architekt, Sir Albert Richardson, ehemals Präsident der Royal Academy, keine Kosten gescheut. Tormore gehört heute zu Chivas Brothers (Pernod Ricard), die 2004 eine 12-jährige Hausabfüllung herausgaben.

**◄ TORMORE 12-YEAR-OLD**
**SINGLE MALT: SPEYSIDE**
**40 VOL.-%**
Weicher, malziger Charakter in der Nase mit Noten von Melone und Gras. Im Mund eine leicht ölige Struktur und ein mittelleichter Körper, im Nachklang zunehmend trocken.

# TULLAMORE DEW

**Irland**
*www.tullamoredew.com*

1901 erreichte der weltweite Verkauf irischen Whiskeys 10 Mio. Kisten. Zwei Jahre später gewann die Familie Williams die Kontrolle über die Tullamore Distillery. Der Name von D. E. Williams ist untrennbar mit Tullamore verbunden – die Buchstaben »Dew« stehen für seine Initialen.

1954 schloss die Brennerei, und die Marke wurde mehrfach verkauft. Heute wird der Whiskey im Auftrag in Midleton produziert und verkauft sich sehr gut in Europa.

**TULLAMORE DEW ▶**
**BLEND 40 VOL.-%**
Dieser Whiskey ist recht eindimensional. Er weist eine typische Bourbonnote auf.

**TULLAMORE DEW 12-YEAR-OLD**
**BLEND 40 VOL.-%**
Der 12-Jährige erinnert an einen Premium-Jameson. Wunderbares Zusammenspiel von Pot Still, Sherryfass-Noten und Eiche.

# TULLIBARDINE

**Schottland**
*Blackford, Perthshire*
*www.tullibardine.com*

Tullibardine war schon eingemottet, als die Brennerei 2003 gekauft wurde und die Produktion wieder anlief. Bald kam die erste Hausabfüllung – ein 10-Jähriger – heraus, aber erst 2014 wird der von den neuen Besitzern gebrannte Whisky auf Flaschen gezogen. In der Zwischenzeit behilft man sich mit Abfüllungen aus den 2003 erworbenen Vorräten, worunter sich etwa 3000 Fässer befinden, die bis 1952 zurückreichen.

### ◄ TULLIBARDINE 1993 SHERRY WOOD FINISH

**SINGLE MALT: HIGHLANDS**
**46 VOL.-%**

18 Monate in Oloroso-Sherryfässern geben ihm eine tiefe Bernsteinfarbe und ein würziges Butterkaramellaroma mit trockenem Nachklang.

### TULLIBARDINE 1993

**SINGLE MALT: HIGHLANDS**
**40 VOL.-%**

Er ähnelt eher einem feinen Speyside als einem robusten Highland Malt. Leichte Zitrusnase mit Vanillesüße von der Reifung in Bourbonfässern.

# TYRCONNELL

**Irland**
*Cooley Distillery, Riverstown,*
*Cooley, County Louth*
*www.tyrconnellwhiskey.com*

Es dürfte schwer sein, jemanden zu finden, der sich noch an den alten Tyrconnell Whiskey erinnern kann. Die Brennerei, die ihn produzierte, Andrew A. Watt & Co. aus Derry, schloss 1925. Zu ihrer Zeit war dieser nach einem Rennpferd benannte Whiskey sehr populär in den USA.

Doch die Auswirkungen von Bürgerkrieg in Irland und der Prohibition in den USA zwangen Watt und viele andere Brennereien ☛

### TYRCONNELL SINGLE MALT ►
**SINGLE MALT 40 VOL.-%**
Cooleys meistverkaufter Malt, und dies ist leicht zu verstehen. Er hat den lieblichsten Duft aller irischen Whiskeys, mit Jasmin und Geißblatt sowie Malz, Milch und Gebäck.

### TYRCONNELL PORT CASK
**SINGLE MALT 46 VOL.-%**
Der Portwein ändert die Nase leicht; Gewürz kommt auf; Aromen von Hefegebäck mit Feigen sowie Plumpudding.

## TYRCONNELL

in die Hände der schottischen United Distillers Company (UDC). Um ihre eigenen Kernmarken zu schützen, schloss UDC rücksichtslos jede übernommene irische Brennerei, was die Branche auf der Insel in die Knie zwang. The Tyrconnell war jedoch die erste Marke, die John Teeling von Cooley wiederbelebte, als er 1992 sein Debüt mit Single Malt gab. Seitdem wurden an dem 10-Jährigen verschiedene Holzfinishs ausprobiert.

**◀ TYRCONNELL SHERRY CASK**
**SINGLE MALT 46 VOL.-%**
Das beste der Holzfinishs – Malz und fruchtiger Sherry schön verschmolzen.

**TYRCONNELL MADEIRA CASK**
**SINGLE MALT 46 VOL.-%**
Madeira und Irland verbinden sich aufs Glücklichste. Warme Noten von Zimt und Gewürzen tanzen am Gaumen.

# UBERACH

**Frankreich**
*Bertrand Distillery,*
*3 rue du Maréchal Leclerc, BP 21,*
*67350 Uberach, Alsace*
*www.distillerie-bertrand.com*

Die Weinbrand- und Likörbrennerei Bertrand im Elsass datiert von 1874 und wird seitdem von derselben Familie betrieben. Das Elsass ist gesegnet mit fruchtbarem Alluvialboden, und die Gegend rings um die Brennerei produziert eine Reihe von Früchten, die in einigen Bränden Bertrands verwendet werden. Die Firma hat sich kürzlich der Produktion von Bier und zweier ungefilterter Whiskys zugewandt, Uberach Single Malt und Uberach Single Cask.

**UBERACH SINGLE MALT ▶**
**SINGLE MALT 42,2 VOL.-%**
Blumig, fruchtig und würzig, mit schwarzem Tee, Noten von Pflaumen, Wachs und Tabak. Aromatisch, ausgewogen; eichig-fruchtiger Nachklang.

# USHER'S GREEN STRIPE

**Schottland**

*Besitzer: Diageo*

Die Firma Usher aus Edinburgh, einer der großen Namen in der schottischen Whiskybranche, war ein Pionier in der Kunst des Verschnitts. Sie kann sich der Einführung des ersten modernen Blends rühmen, des Old Vattet Glenlivet, im Jahr 1853. Nachdem Usher seit 1919 zu DCL gehörte, geriet die Marke ins Abseits. Heute zählt Ushers Green Stripe zu den preisgünstigsten Scotchs in den USA. Dort weiß kaum ein Konsument um die große Vergangenheit des Unternehmens. Neben Historikern interessieren sich vor allem Sammler für die Marke, die ihre hochwertigen Werbemittel schätzen.

◄ **USHER'S GREEN STRIPE**
**BLEND 40 VOL.-%**
Ein preiswerter Blend mit hohem Grain-Anteil. Gut geeignet zum Mixen.

# VAN WINKLE

**USA**
*2843 Brownsboro Road*
*Louisville, Kentucky*
*www.oldripvanwinkle.com*

The Julian ist ein Enkel des legendären Julian P. »Pappy« Van Winkle Sr., der 1893 im Alter von 18 Jahren bei W. L. Weller & Sons als Verkäufer begann und später für seinen Bourbon Old Fitzgerald berühmt wurde. Van Winkle ist Spezialist für gereifte Small Batch Whiskeys. Der Bourbon wird mit Weizen anstelle des preiswerteren Roggens erzeugt. Dies soll dem Whiskey während der von ☛

### PAPPY VAN WINKLE'S FAMILY RESERVE 15-YEAR-OLD ▶

**BOURBON 53,5 VOL.-%**

Süßer Karamell- und Vanilleduft, dazu Holzkohle und Eiche. Körperreich, rund und weich im Mund, mit langem, komplexem Nachklang aus würziger Orange, Sahnekaramell, Vanille, Eiche.

### OLD RIP VAN WINKLE 10-YEAR-OLD

**BOURBON 45 VOL.-%**

Große Nase mit Karamell und Sirup, tiefer, weicher Geschmack nach Honig und üppiger, würziger Frucht. Der Nachklang ist lang, mit Kaffee- und Lakritznoten.

## VAN WINKLE

☛ Van Winkle bevorzugten langen Reifung einen weicheren, süßeren Geschmack verleihen. Die Palette enthält den raren 23-Jährigen sowie einen 10-Jährigen 107-Proof.

Buffalo Trace *(s. S. 66)* ist seit 2002 Partner von Julian Van Winkle und produziert und vertreibt dessen Whiskeys. Die aktuellen Abfüllungen wurden in mehreren Brennereien hergestellt und reiften in der jetzt stillgelegten Old Hoffman Distillery Van Winkles.

### ◀ VAN WINKLE FAMILY RESERVE RYE 13-YEAR-OLD

**RYE WHISKEY 47,8 VOL.-%**

Ein fast einmalig gealterter Rye Whiskey. Kräftiger Duft nach Frucht und Gewürz. Vanille, Pfeffer und Kakao im Mund. Ein langer Nachklang vereint Karamell mit schwarzem Kaffee.

### PAPPY VAN WINKLE'S FAMILY RESERVE 20-YEAR-OLD

**BOURBON 45,2 VOL.-%**

Dieser alte Bourbon hat der Zeit standgehalten. Süße Karamell- und Vanillenase mit Rosinen, Äpfeln und Eiche. Üppig und buttrig am Gaumen, mit Sirup und einem Hauch Kohle. Der Nachklang ist lang und komplex, mit einer Spur Eichen-Holzkohle.

# VAT 69

## Schottland

*Besitzer: Diageo*
*www.diageo.com*

Auf dem Gipfel seines Erfolgs stand Vat 69 an zehnter Stelle der meistverkauften Whiskys weltweit. Er kam 1882 in den Handel und war einst die Vorzeigemarke der unabhängigen Verschneider William Sanderson & Co. aus South Queensferry. Der Name kam zustande, weil das Fass mit der Nummer 69 den besten der 100 Blends enthielt, aus denen man auswählte. Der aktuelle Besitzer Diageo gibt Johnnie Walker sowie J&B Priorität, und unübersehbar hat Vat 69 seinen Zenit überschritten – trotz des Verkaufs von 1 Mio. Kisten pro Jahr in Venezuela, Spanien und Australien.

**VAT 69 ▶**
**BLEND 40 VOL.-%**
Ein leichter, ausgewogener Standardblend mit bemerkenswert süßem Einschlag von Vanilleeis zu Beginn und angenehm malzigem Hintergrund.

# W. L. WELLER

**USA**

*Buffalo Trace Distillery,*
*1001 Wilkinson Boulevard,*
*Frankfort, Kentucky*
*www.greatbourbon.com*

W. L. Weller wird von Buffalo Trace gebrannt. Man verwendet Weizen als zweite Getreidesorte für einen besonders weichen Geschmack.

William Larue Weller war im Kentucky des 19. Jahrhunderts ein prominenter Brenner, dessen Firma 1935 schließlich mit den Gebrüdern Stitzel fusionierte. Daraufhin wurde eine neue Stitzel-Weller-Brennerei in Louisville gebaut.

**◄ W. L. WELLER SPECIAL RESERVE**

**BOURBON 45 VOL.-%**

Frische Frucht, Honig, Vanille und Sahnekaramell charakterisieren den Duft, am Gaumen aromareich, mit reifem Mais und würziger Eiche. Im mittellangen Nachklang dominieren süße Getreidenoten und angenehme Eiche.

# WALDVIERTLER

**Österreich**
*Whiskydestillerie J. Haider OG,*
*3664 Roggenreith 3*
*www.roggenhof.at*

Die Waldviertler Brennerei Roggenhof wurde 1995 gegründet und behauptet wie Reisetbauer *(s. S. 298)*, die erste Whiskybrennerei Österreichs zu sein. Von den fünf Whiskys sind zwei Single Malts: J.H. Single Malt und J.H. Special Single Malt »Karamell«. Die übrigen sind Roggenwhiskys – J.H. Original Rye, J.H. Pure Rye Malt und J.H. Special Pure Rye Malt »Nougat«.

Die Whiskys reifen in der örtlichen Manhartsberger Eiche zwischen drei und zwölf Jahren und werden als Einzelfassabfüllungen angeboten. Hier entstehen auch Wodka, Gin und Weinbrand.

**WALDVIERTLER J. H. SPECIAL PURE RYE MALT »NOUGAT«** ▶
**RYE WHISKY 41 VOL.-%**
Milder, süßer Honiggeschmack, harmonisiert mit dem leichten Vanillearoma.

**WALDVIERTLER J. H. SPECIAL SINGLE MALT »KARAMELL«**
**SINGLE MALT 41 VOL.-%**
Rauchig und trocken, mit intensiven Karamellnoten.

# WAMBRECHIES

**Frankreich**
*1 Rue de la Distillerie,*
*59118 Wambrechies,*
*Nord-Pas-de-Calais*
*www.wambrechies.com*

Wambrechies wurde 1817 als Brennerei für Genever gegründet und betreibt eine von nur drei Stills in der Region. Sie produziert weiterhin eine beeindruckende Reihe an Genever neben einem Malt Whisky sowie Bier. Die Whiskys werden mit drei bis acht Jahren abgefüllt; der jüngere ist ein leichterer, blumiger Blend, der ältere besitzt einen tieferen, würzigen Charakter.

◄ **WAMBRECHIES 8-YEAR-OLD**
**SINGLE MALT 40 VOL.-%**
Delikate Nase mit Noten von Anis, frischer Farbe, Vanille und Getreide. Weich am Gaumen, mit einem feinen, malzigen Profil. Im Nachklang würzig, mit gemahlenem Ingwer und Milchschokolade.

# WHISKY CASTLE

**Schweiz**
*Schlossstrasse 17, 5077 Elfingen*
*www.whisky-castle.com*

Käsers Schloss – so der Name der Brennerei – ist im Besitz von Ruedi und Franziska Käser. Das Paar begann 2000 Whisky zu brennen und weitete 2006 seine Aktivitäten durch Events wie Whisky-Diners und Vorträge in den Geschäftsräumen aus. Der Markenname ihres Whiskys lautet Whisky Castle. Es gibt eine Reihe von Varianten, darunter Doublewood, der einen Hauch Kastanie hat, und Edition Käser, der in neuen Bordeauxfässern reift und in Fassstärke abgefüllt wird.

**WHISKY CASTLE**
**FULL MOON ▶**
**SINGLE MALT 43 VOL.-%**
Dieser Whisky wird aus geräucherter, gemälzter Gerste bei Vollmond gemacht. Ein junger Whisky mit süßlichem Aroma und Geschmack.

# WHITE HORSE

**Schottland**
*Besitzer: Diageo*

In seiner Blütezeit gehörte White Horse zu den Top Ten der erfolgreichsten Whiskys und verkaufte mehr als 2 Mio. Kisten pro Jahr. Diesen Erfolg verdankte er seinem Besitzer »Restless« Peter Mackie. Er übernahm die Familienfirma 1890 und erarbeitete sich bald einen ausgezeichneten Ruf als Verschneider und Unternehmer.

White Horse wird noch in über 100 Ländern vertrieben. Ein 12-Jähriger, White Horse Extra Fine, ist gelegentlich zu sehen.

◄ **WHITE HORSE**
**BLEND 40 VOL.-%**
Komplex und angenehm. White Horse bewahrt das kräftige Aroma von Lagavulin, unterstützt durch bekannte Speyside Whiskys wie Aultmore. Mit seinem langen Nachklang ist dies ein stilvoller, faszinierender Blend aus knackigem Getreide, reinem Malz und erdigem Torf.

# WHYTE & MACKAY

**Schottland**
*www.whyteandmackay.co.uk*

Die Glasgower Firma Whyte & Mackay stieg im späten 19. Jahrhundert in das Verschnittgeschäft ein. Ihre Marke Special etablierte sich schnell als schottischer Favorit und ist dies bei preisbewussten Konsumenten noch heute. Nach wiederholtem Besitzerwechsel hat die indische UB Group die Firma im Mai 2007 übernommen.

Eine Konstante bei allen Veränderungen war stets Richard Paterson, der Verschnittmeister ☛

**WHYTE & MACKAY SPECIAL ▶**
**BLEND 40 VOL.-%**
Duft voll, rund und ausgewogen. Am Gaumen Honigtöne und weiche Frucht; mild, üppig, langer Nachklang.

**WHYTE & MACKAY THE THIRTEEN**
**BLEND 40 VOL.-%**
Volle, feste, üppige Nase mit einem leichten Zug Sherryholz. »Vermählung« über ein ganzes Jahr vor der Abfüllung erzeugt ein starkes Rückgrat. Ein gut integrierter Blend.

## WHYTE & MACKAY

bei Whyte & Mackay. 1970 trat er in die Firma ein und hat seither für seine Arbeit zahllose Auszeichnungen erhalten. Neben dem »neuen« 40-Jährigen hat Paterson verschiedene innovative Blends überwacht.

Die Stütze der Blends stammt aus Speyside und den Highlands, obwohl auch kleine Mengen aus Islay, Campbeltown und den Lowlands verwendet werden. Dalmores Einfluss ist in den Premiumblends deutlich spürbar. Die Blends sind bemerkenswert weich und ausgewogen.

### ◄ WHYTE & MACKAY 30-YEAR-OLD

**BLEND 40 VOL.-%**

Das Flaggschiff von Whyte & Mackay ist ein großer, üppiger, eichiger Whisky mit tiefer Mahagonifarbe. Starker Sherryeinfluss; süßere Aromen gleichen die Pfeffrigkeit aus.

### WHYTE & MACKAY OLD LUXURY

**BLEND 40 VOL.-%**

Ein üppiges Bukett mit malzigen Tönen und subtilen Sherrynoten. Alles mischt sich weich am Gaumen. Reife, seidige Struktur. Warmer Nachklang.

# THE WILD GEESE

**Irland**
*www.thewildgeese-irishwhiskey.com*

Der Begriff *wild geese* (Wildgänse) bezog sich zunächst auf jene irischen Adeligen und Soldaten, die in kontinentaleuropäischen Armeen vom frühen 17. bis Anfang des 20. Jahrhunderts dienten.

Mit *wild geese* bezeichnet man heute die irischen Auswanderer. Die Erinnerung an Diaspora und Emigration war immer ein Thema in der irischen Geschichte, und so ist es bis heute geblieben. Wild Geese erhebt ein Glas auf diesen Teil der irischen Geschichte, und man hat dafür ohne Zweifel einen guten Whiskey produziert.

**THE WILD GEESE CLASSIC BLEND ▶**
**BLEND 40 VOL.-%**
In der Nase heiß und süß. Der Malt wirkt zurückhaltend und überlässt im Nachklang dem Grain die Führung.

**THE WILD GEESE RARE IRISH BLEND 43 VOL.-%**
Ein üppiger, malziger Blend mit etwas Würze und Zitronennoten. Im Nachklang findet man Spuren von trockener Eiche.

WHISKYS

W

BERÜHMTE

# WILD TURKEY

## USA

*Boulevard Distillery, US Highway 62 East, Lawrenceburg, Kentucky*
*www.wildturkeybourbon.com*

Die Boulevard Distillery liegt auf dem Wild Turkey Hill oberhalb des Kentucky River nahe Lawrenceburg. Gegründet wurde die Brennerei 1905 von den drei Brüdern Ripy, deren Familie seit 1869 Whiskey hergestellt hatte.

### ◄ WILD TURKEY 80 PROOF
**BOURBON 40 VOL.-%**

Der weiche, süße Duft deutet Mais an, während der Whiskey im Mund sehr traditionell wirkt, mit schön ausgewogenen Karamell- und Vanillearomen.

### WILD TURKEY 101 PROOF
**BOURBON 50,5 VOL.-%**

Jimmy Russell hält 50,5 Vol.-% für die optimale Abfüllstärke für Wild Turkey. Ein bemerkenswert weiches, üppiges Aroma für einen so starken Whiskey. Karamell, Vanille, weiche Früchte und ein Hauch Gewürze in der Nase, körperreich, üppig und robust im Mund, mit mehr Vanille, frischer Frucht und Gewürz neben braunem Zucker und Honig. Eichennoten im langen, kräftigen und doch milden Nachklang.

Die Marke Wild Turkey selbst entstand 1940, als Thomas McCarthy, damals Direktor von Austin Nichols, etwas 101 Proof Bourbon aus seinen Lagerbeständen mit auf die Truthahnjagd nahm. Heute wird Wild Turkey unter den wachsamen Augen des legendären Brennmeisters Jimmy Russell und seines Sohnes Eddie gebrannt. Die Russells haben auch andere angesehene Marken kreiert, darunter Russell's Reserve und American Spirit.

**WILD TURKEY RARE BREED ▶**
**BOURBON (VARIABLE VOL.-%)**
Komplexer, anfangs energischer Duft nach Nüssen, Orange, Gewürzen, dazu blumige Noten. Honig, Orange, Vanille, Tabak, Minze und Sirup sorgen für einen ebenso komplexen Gaumen. Langer, nussiger Nachklang mit würzig-pfeffrigem Roggen.

**WILD TURKEY KENTUCKY SPIRIT**
**BOURBON 50,5 VOL.-%**
Frische, ansprechende Nase voll Orangen- und Roggennoten. Komplex am Gaumen, mit Mandeln, Honig, Sahnekaramell, mehr Orange und einem Hauch Leder. Der Nachklang ist lang und süß, sich verdunkelnd und zunehmend sirupartig.

# Whisky-Tour: Kentucky

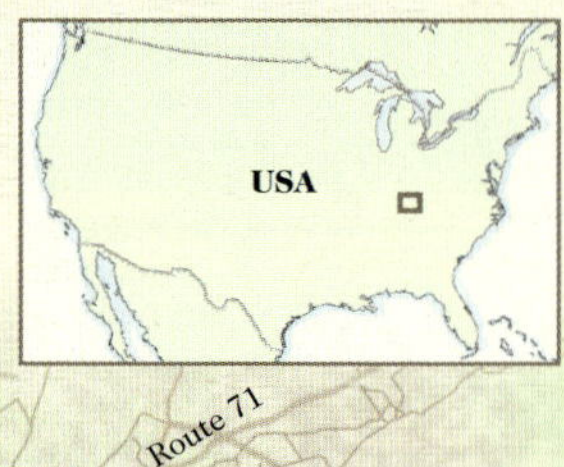


Kentucky ist das Zentrum der Bourbonproduktion in den USA und die Heimat einiger der bekanntesten amerikanischen Whiskeys. In den meisten Brennereien sind Besucher gern gesehene Gäste, denen man bereitwillig zeigt, wie diese besondere Spirituose entsteht und heranreift.



## TAGE 1: BUFFALO TRACE, WOODFORD RESERVE

FÄSSER BEI WOODFORD RESERVE

❶ Frankfort, der Hauptstadt des Staates, mangelt es nicht an Hotels und Restaurants. Das Besucherzentrum der **Buffalo Trace Distillery** ist das ganze Jahr für Besichtigungen offen. *(www.buffalotrace.com)*

❷ **Woodford Reserve** bei Versailles in der »Bluegrass Region« ist mit seinen kupfernen Stills ein Höhepunkt der Tour. *(www.woodfordreserve.com)*

## TAG 2: WILD TURKEY, FOUR ROSES

❸ Die **Boulevard Distillery**, Heimat von Wild Turkey, liegt über dem Kentucky River. Besucher können die meiste Zeit des Jahres einen Blick auf die Produktion werfen. *(www.wildturkeybourbon.com)*

❹ Die Brennerei **Four Roses**, erbaut im Stil einer spanischen Mission, kann von Herbst bis Frühjahr besichtigt werden, im Sommer bleibt die Brennerei geschlossen. Nach Voranmeldung kann man auch das Lagerhaus von Four Roses in Cox's Creek besuchen. *(www.fourroses.us)*

EMBLEM VON WILD TURKEY

**TOUR-INFO**

**TAGE:** 5
**LÄNGE:** 137 km
**REISE:** Auto
**BRENNEREIEN:** 8

## TAG 3: HEAVEN HILL, BARTON, OSCAR GETZ

**5** Bardstown ist die »Welthauptstadt des Bourbon« und idealer Ausgangspunkt für die Besichtigung der hiesigen Brennereien. Buchen Sie ein Zimmer in der Old Talbott Tavern *(www.Talbotts.com)* mit seiner vorzüglich bestückten Bar. Im **Heaven Hill** Bourbon Heritage Center besichtigen Sie ein Bourbon-Lagerhaus und probieren zwei Heaven Hill Whiskeys. *(www.heaven-hill.com)*

HEAVEN HILL, BARDSTOWN

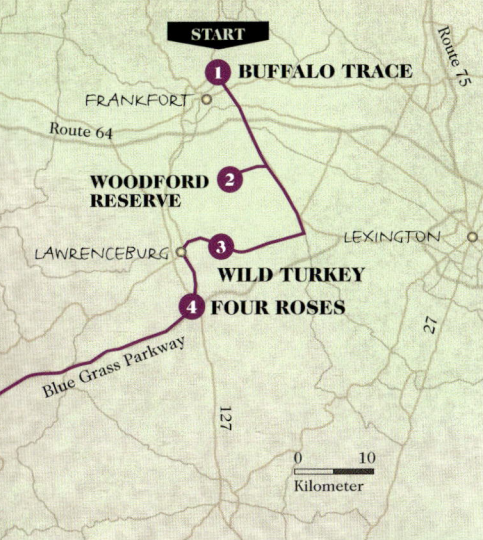

**6** Die Brennerei Tom Moore in Bardstown gehört zu **Barton Brands**. Obwohl früher wenig gastlich, gibt es heute das moderne Barton Brands Visitor Center, und eine umfassende Besichtigung des Betriebs ist möglich. *(www.1792bourbon.com)*

**7** Nicht weit von Tom Moore zeigt das **Oscar Getz** Whiskey Museum seine große Sammlung seltener Flaschen, eine Schwarzbrennanlage, Werbemittel, Whiskeybehälter sowie die originale Alkohollizenz von Abraham Lincoln. *(www.whiskeymuseum.com)*

## TAG 4: MAKER'S MARK

**8** Die historische Brennerei **Maker's Mark** steht am Ufer von Hardin's Creek nahe Loretto in Marion County. Auf dem Grundstück wachsen etwa 275 Arten von Bäumen und Sträuchern. Geführte Besichtigungen der Brennerei täglich möglich. *(www.makersmark.com)*

## TAG 5: JIM BEAM

**9** Die Clermont Distillery von **Jim Beam** bietet Führungen durch die Brennerei, ein Lagerhaus und das Hartmann Cooperage Museum an. Das Besucherzentrum zeigt einen Film über die Herstellung von Jim Beam sowie Ausstellungsstücke aus zwei Jahrhunderten Bourbon-Geschichte. *(www.jimbeam.com)*

START
1 BUFFALO TRACE
FRANKFORT
Route 64
Route 75
2 WOODFORD RESERVE
LEXINGTON
LAWRENCEBURG
3 WILD TURKEY
4 FOUR ROSES
27
Blue Grass Parkway
127
0 10
Kilometer
N
W O
S

JIM BEAM, CLERMONT DISTILLERY

# WILLIAM LAWSON'S

## Schottland

*Besitzer: John Dewar & Sons (Bacardi)*

Obwohl Lawson's auf das Jahr 1849 zurückgeht, ist seine »Heimat«-Brennerei heute MacDuff, 1960 gegründet.

Die Marke steht bei Bacardi im Schatten des großen Bruders Dewar's und verkauft über 1 Mio. Kisten pro Jahr in Frankreich, Belgien, Spanien und Südamerika.

Glen Deveron Single Malt von MacDuff ist im Blend stark vertreten. Die intensive Nutzung von Sherryfässern bei McDuff trägt zum Stil von Lawson's bei: ein volles Aroma und eine tiefgoldene Farbe.

**◄ WILLIAM LAWSON'S FINEST**
**BLEND 40 VOL.-%**

In der Nase leicht trocken, mit Eichenholznoten. Ausgewogener Geschmack mit Sahnekaramell und Apfel. Ein mittel- bis vollmundiger Whisky, der über sich hinauswächst.

**WILLIAM LAWSON'S SCOTTISH GOLD 12-YEAR-OLD**
**BLEND 40 VOL.-%**

Aromatischer als der Standardblend, dank größerem Anteil Malt Whisky.

# WINDSOR

**Schottland**
*Besitzer: Diageo*

Der Name Windsor ist eine unverhohlene Anspielung auf die britische Königsfamilie, und die Aufmachung steht für die Positionierung im Luxussegment. Die Marke wurde von Seagram gemeinsam mit dem kleinen Hersteller Doosan entwickelt, dann übernahm Diageo die Anteile von Seagram und brachte im Jahr 2000 Windsor 17 als ersten Super-Premium-Whisky heraus. Der erfolgreiche Neuling zwang die Konkurrenz, sich seinem Stil anzupassen.

**WINDSOR 12-YEAR-OLD ▶**
**BLEND 40 VOL.-%**
Vanille, Holz und leichte, frische Frucht in der Nase. Grüne Äpfel am Gaumen, mit Honig, mehr Vanille und Würze. Sanfter Nachklang.

**WINDSOR 17-YEAR-OLD**
**BLEND 40 VOL.-%**
Üppiger Duft nach Crème brulée mit Vanille, Frucht und Malz im Hintergrund. Frische Frucht und Honig am Gaumen, mit cremigen Vanillenoten vom Eichenholz.

# WINDSOR CANADIAN

## Kanada

*Alberta Distillery, 1521 34th Avenue Southeast, Calgary, Alberta*

Man könnte meinen, er stamme aus der Hiram Walker Distillery in Windsor (Ontario), doch er wird in der Alberta Distillery hergestellt *(s. S. 12)*. Der Name soll zweifellos an die britische Königsfamilie erinnern, der Blend ist aber nicht zu verwechseln mit dem gleichnamigen Scotch *(s. S. 373)*. Wie andere Whiskys aus Alberta basiert Windsor Canadian nur auf Roggen.

◄ **WINDSOR CANADIAN**
**BLENDED CANADIAN RYE**
**40 VOL.-%**
Aroma von Honig, Pfirsich, Kiefernzapfen und Gewürznelke. Mittlerer Körper und süßer Geschmack, mit Getreide- und Holznoten. Ein eingängiger Whisky; gutes Preis-Leistungs-Verhältnis.

# WISER'S

**Kanada**
*Hiram Walker Distillery, Riverside Drive East, Walkerville, Ontario*
*www.wisers.ca*

John Philip Wiser war wohl der erste Brenner, der den Begriff »Canadian Whisky« auf einem Etikett verwendete – auf der Weltausstellung in Chicago 1893. Anfang des 20. Jahrhunderts war Wiser die drittgrößte Brennerei Kanadas und exportierte nach China, auf die Philippinen sowie in die USA.

Nicht lange nach dem Tod von J. P. Wiser 1917 erwarben Hiram Walker, Gooderham & Worts die Firma. 1969 wurden diese von Allied Lyons übernommen und die Produktion zu Hiram Walker in Walkerville verlagert.

**WISER'S DELUXE ►**
**BLEND 40 VOL.-%**
Fruchtige und würzige Nase mit Getreide und Leinsamenöl, Vanille sowie Sahnekaramell.

**WISER'S SMALL BATCH**
**BLEND 43,4 VOL.-%**
Vanille, Eiche und Buttertoffee in Duft und Geschmack. Der höhere Alkoholgehalt verleiht ihm mehr Geschmack und Struktur.

# WOODFORD RESERVE

**USA**
*7855 McCracken Pike,*
*Versailles, Kentucky*
*www.woodfordreserve.com*

Woodford Reserve ist die kleinste aktive Destillerie in Kentucky. Einzigartig unter den Bourbon-Brennereien ist, dass hier mit drei kupfernen Pot Stills dreifach destilliert wird.

**◄ WOODFORD RESERVE DISTILLER'S SELECT**
**BOURBON 45,2 VOL.-%**
Distiller's Select ist elegant, aber robust in der Nase, parfümiert, mit Milchschokolade-Rosinen, Dörrobst, gebranntem Zucker, Ingwer und einem Hauch Sattelseife. Ebenso komplex am Gaumen, ist er duftig und fruchtig, mit Himbeeren, Kamille und Ingwer. Der Nachklang zeigt nachhaltige Vanillenoten sowie pfeffrige Eiche.

**MASTER'S COLLECTION FOUR GRAIN**
**BOURBON 46,2 VOL.-%**
Würziger Apfelkuchen, Vanille, Karamell und Minze in der Nase, während der abgerundete und komplexe Geschmack mehr Vanille und Karamell zeigt, dazu Orange, Nüsse und Eiche.

2005 kam die erste Abfüllung in der Master's Collection unter dem Namen Four Grain heraus, zwei Jahre später wurde ein Sonoma Cutrer Finish zur Palette hinzugefügt. Der Master's Collection 1838 Sweet Mash kam 2008 heraus, um an das Jahr zu erinnern, in dem die derzeitige Woodford Reserve Distillery errichtet wurde – und um die historische Süßmaische-Methode der Bourbonherstellung aufzugreifen.

**MASTER'S COLLECTION SONOMA-CUTRER FINISH ▶**

**BOURBON 43,2 VOL.-%**

Der erste und einzige Bourbon der Welt mit einem Finish in kalifornischen Chardonnayfässern. Duft und Geschmack sind fruchtig und süß, mit sehr deutlichem Einfluss der Weinfässer. Butterkaramell und Mandeln in der Nase, während sich im Mund Backäpfel, Pfirsiche und Toffee zeigen.

**MASTER'S COLLECTION 1838 SWEET MASH**

**BOURBON 43,2 VOL.-%**

Ahornsirup und würzige Frucht in der Nase, dazu Zimt und Muskatnuss. Im Mund zeigt sich mehr Ahornsirup, dazu reiche Frucht sowie ein Hauch Roggen und Minze. Der Nachklang ist lang, mit Noten weicher Äpfel.

## A-Z DER WHISKYS NACH SORTEN

*Kursive* Seitenzahlen verweisen auf Whiskytouren.


**Blended Malt**
Australien: Lark's PM 228
Nant Double Malt 264
Japan: Nikka All Malt 265
Nikka Pure Malt Red 266
Nikka Taketsuru 268
Suntory Hibiki 332
Schottland: Compass Box 89
The Famous Grouse Blended Malt 119
Johnnie Walker Green Label 206
The Peat Monster 89
Poit Dhubh 290
Prime Blue 293
Sheep Dip 315
The Spice Tree 89
Spanien: DYC Pure Malt 109
USA: Dead Guy 302
Rogue Spirits 302
**Blends**
Frankreich: Eddu Grey Rock 112
P&M Blend 282
WB (Whisky Breton) 22
Indien: 8PM 8
Bagpiper 28
Blenders Pride 56
Imperial Blue 189
McDowell's No 1 Reserve 252
Masterstroke 248
Royal Challenge 305
Signature 316
Irland: Black Bush 69
Bushmills 69–70, *202*
Clontarf 85
Coleraine 88
Crested Ten 95
Feckin Irish Whiskey 121
Inishowen 191
The Irishman 70 194
Jameson 199–200, *202*, *203*
Kilbeggan *203*, 213
Locke's Blend 237
Michael Collins Blend 254
Midleton Very Rare 255
Millars 257
Paddy 283
Powers Gold Label 292
Tullamore Dew 203, 351
The Wild Geese 367
Japan: Kirin Gotemba 215, *331*
Nikka Whisky From The Barrel 265
Kanada: 1185 Special Reserve 74
Barrel Select 123
Black Velvet 52
Canadian Club 72–73
Canadian Mist 74
Crown Royal 96
Forty Creek 123
Seagram's 313
Windsor Canadian 372
Wiser's 373
Schottland: 100 Pipers 9
Angus Dundee 17
The Antiquary 18
Asyla 89
Bailie Nicol Jarvie 29
Ballantine's 33–34
Bell's 41
Black & White 49
Black Bottle 50
Black Dog Centenary 51
Black Grouse 120
Black Label 206
Blue Label 207
BNJ 29
Buchanan's 65
Catto's 78
Chivas Regal 81
Clan Campbell 82
Clan MacGregor 83
The Claymore 84
Cluny 86
Compass Box 89
Crawford's 3 Star 94
Cream of the Barley 324
Cutty Sark 97
Dewar's 104–105
Dimple 106
The Dundee 17
The Famous Grouse 119–120
Gold Label 207
Gold Reserve 120
Grand Macnish 165
Grand Old Parr 277
Grant's 166–167
Haig 172
Hankey Bannister 174
Highland Cream 341
Inver House Green Plaid 192
Islay Mist 195
J&B 196
James Martin's 198
Johnnie Walker 206–207
Langs 225
The Last Drop 229
Lauder's 230
Loch Fyne 234
Lochranza 236
Long John 238
MacArthur's 243
Monkey Shoulder 261
Old Dundee 17
Old Luxury 366
Old Parr 277
Old Smuggler 280
Passport 284
Pig's Nose 287
Pinwinnie Royale 289
Queen Anne 295
Robert Burns Blend 301
Roderick Dhu 99
Royal Salute 307
Scottish Leader 312
Seagram's 100 Pipers 9
Something Special 318
Stewarts Cream of the Barley 324
Té Bheag 340
Teacher's Highland Cream 341
The Thirteen 365
Usher's Green Stripe 356
Vat 69 359
White & Mackay 365–366
White Horse 364
William Lawson's 370
Windsor 371
Spanien: DYC 109
Tschechien: Gold Cock 162
Printer's 294
USA: Kentucky Gentleman 211
Kessler 212
Seagram's 7 Crown 314
**Bourbon**
USA – Kentucky *370–371*: 1792
Ridgemont Reserve 299
American Spirit 13
Ancient Age 15
Baker's 30
Barton 38, *371*
Basil Hayden's 39
Blanton's 55
Booker's 57
Buffalo Trace 66, *370*
Bulleit 67
Eagle Rare 110
Elijah Craig 115
Elmer T. Lee 116
Evan Williams 118
Four Roses 124, *370*
George T. Stagg 127
Hancock's Reserve 173
Heaven Hill 177, *371*
I.W. Harper 186
Jefferson's 201
Jim Beam 204–205, *371*
Johnny Drum 208
Kentucky Gentleman 211

Kentucky Spirit 369
Knob Creek 218
Maker's Mark 246, 371
Master's Collection 376–377
Old Charter 272
Old Crow 273
Old Fitzgerald 274
Old Forester 275
Old Grand-Dad 276
Old Rip Van Winkle 357
Old Taylor 281
Pappy Van Winkle's Family Reserve 357–358
Rare Breed 369
Ridgemont 299
Russell's Reserve 308
Sam Houston 309
Van Winkle 357–358
Very Old Barton 38
W.L. Weller 360
Wild Turkey 368–369, *370*
Woodford Reserve *370*, 376–377
USA – Missouri: Rebel Yell 296
USA – New York: Hudson Baby Bourbon 185
USA – Pennsylvania: Hirsch Reserve 183
**Buchweizen (blé noir) Whisky**, Frankreich: Eddu Silver 112
**Colorado Whiskey**, USA: Stranahan's 325
**Corn Whiskey**, USA: Catdaddy Carolina Moonshine 77
Georgia Moon 128
Mellow Corn 253
**Double Barrel Whiskey**, USA: Charbay 79
**Kentucky Whiskey**, USA: Early Times 111
**Malt Whiskey/Pure Pot Still Blend**, Irland: The Irishman 70 194
**Malt Whiskey**, Finnland: Teerenpeli 343
**Malted Barley Mash**, Japan: Nikka Single Coffey Malt 266
**Mixed Grain**, Belgien: Goldlys 164
**New Make**
England: The English Whisky Co. 117
Japan: Chichibu 80, *330*
Schottland: Kilchoman *60*, 214
**Oregon Whiskey**, USA: Edgefield 113
**Poteen**, Irland: Knockeen Hills 220
**Pure Malt Whisky**, Frankreich: P&M 282
**Pure Pot Still Whiskey**
Irland: Dungourney 1964 108
Green Spot 168
Midleton Master Distiller's Private Collection 1973 255
Redbreast 297
**Pure Pot Still/Malt Blend Whiskey**
Irland: The Irishman 70 194
**Rye Whisk(e)y**
Kanada: Alberta 12
Highwood 181
Hirsch 182
Tangle Ridge 339
Windsor Canadian 372
Österreich: Waldviertler J.H. Special 361
USA: Hudson Manhattan Rye 185
Jim Beam Rye 205
Old Potrero Rye 278
Pikesville 288
Rittenhouse Rye 300
Russell's Reserve Rye 308
Sazerac Rye 310
Templeton Rye 344
Thomas H. Handy 345
Van Winkle Family Reserve 358
**Single Grain**
Irland: Greenore Single Grain 169
Japan: Fuji Gotemba 215, *331*
Schottland: Cameron Brig 71
Clan Denny 193
Girvan 129
Invergordon 193
**Single Malt Rye Whiskey**, USA: Old Potrero Single Malt Rye 278
**Single Malt**
Australien: Bakery Hill 31
Hellyers Road 178
Lark's Single Malt 228
Limeburners 232
Sullivans Cove 328
Belgien: The Belgian Owl 40
Dänemark: Braunstein 62
Deutschland: Grüner Hund 170
Slyrs 317
Frankreich: Armorik 22
Guillon 171
Uberach 355
Wambrechies 362
Indien: Amrut 14
McDowell's Single Malt 252
Irland: Bushmills 69–70, *202*
Clontarf 85
Connemara 90
Craoi Na Mona 93
The Irishman 194
Knappogue Castle 217
Locke's 237
Magilligan 245
Michael Collins Single Malt 254
The Tyrconnell 353–354
Japan: Card Series 187–188
The Cask of Yamazaki *331*, 334
Golden Horse 163
Gotemba Fujisanroku 215, *331*
Hakushu 329, *331*
Hanyu 175
Ichiro's Malt 187–188
Karuizawa 216, 330
Kirin Gotemba 215, *331*
Kirin Karuizawa 216, *330*
Nikka Miyagikyo 267
Nikka Yoichi 269
Suntory Hakushu 329, *331*
Suntory Yamazaki *331*, 333–334
Kanada: Glen Breton 130
Österreich: Reisetbauer 298
Waldviertler J.H. Special 361
Neuseeland: Lammerlaw 224
Milford 256
Niederlande: Frysk Hynder 125
Millstone 259
Pakistan: Murree 263
Schottland – Campbeltown: Glen Scotia 137
Hazelburn 176
Longrow 240
Springbank 321–322
Schottland – Highlands: Aberfeldy 10
Balblair 32
Ben Nevis 42
Blair Athol 54
Clynelish 87
The Dalmore 100–101
Dalwhinnie 102
Deanston 103
Edradour 114
Fettercairn 122
Glen Deveron 131
Glen Garioch 133
Glen Ord 136
Glencadam 141
Glengoyne 150–151
Glenmorangie 156–157
Glenordie 136
The Glenturret 161
Loch Lomond 235
McClelland's Highland 250
Muir of Ord 136
Nectar d'Or 156–157
Oban 271
Old Bannockburn 103
Old Pulteney 279
Ord 136

Royal Brackla 304
Royal Lochnagar 306
The Singleton of Ord 136
Teaninich 342
Tomatin 347–348
Tullibardine 352
Schottland – Islands: Arran 23
Highland Park 179–180
Jura 209
Ledaig 231
Robert Burns Single Malt 301
Scapa 311
Talisker 335–336
Tobermory 346
Schottland – Islay 60–61: Ardbeg 19–20, 61
Bowmore 58–59, 61
Bruichladdich *60*, 63–64
Bunnahabhain *60*, 68
Caol Ila *60*, 75
Lagavulin *61*, 222–223
Laphroaig *61*, 226–227
McClelland's Islay 250
Port Ellen 291
Schottland – Lowlands: Auchentoshan 24–25
Bladnoch 53
Glenkinchie 152
Ladyburn 221
McClelland's Lowland 251
Rosebank 303
Schottland – Speyside *148–149*: Aberlour 11, *148*
AnCnoc 16
Ardmore 21
Auchroisk 26
Aultmore 27
Balmenach 35
The Balvenie 36–37, *148*
The BenRiach 43–44
Benrinnes 45
Benromach 46–47
Cardhu 76, *149*
Cragganmore 91
Craigellachie 92
Dailuaine 98
Dallas Dhu 99
Dufftown 107
Glen Elgin 132
Glen Grant 134
Glen Keith 135
Glen Spey 138
Glenallachie 139
Glenburgie 140
Glencraig 140
Glendronach 142
Glendullan 143
Glenfarclas 144–145
Glenfiddich 146–147, *148*
Glenlivet *149*, 153–154
Glenlossie 155
Glenrothes 158–159
Glentauchers 160
Inchgower 190
Knockando 219
Linkwood 233
Longmorn 239
The Macallan *149*, 241–242
McClelland's Speyside 251
Mannochmore 247
Millburn 258
Miltonduff 260
Mortlach 262
Singleton of Dufftown 107
Speyburn 319
Speyside 320
Strathisla 326
Strathmill 327
Tamdhu 337
Tamnavulin 338
Tomintoul 349
Tormore 350
Schweden: Mackmyra Preludium 244
Schweiz: Holle 184
Whisky Castle 363
Taiwan: Kavalan 210
USA: McCarthy's Oregon 249
The Notch 270
Peregrine Rock 286
St. George 323
Wales: Penderyn 285
**Tennessee Whiskey**, USA: George Dickel 126
Jack Daniel's 197
**Wheat Whiskey**, USA: Bernheim Original 48

## A–Z DER WHISKYS NACH HERKUNFT

*Kursive* Seitenzahlen verweisen auf Whiskytouren.

**Australien**
Blended Malt: Lark's PM 228
Nant Double Malt 264
Single Malt: Bakery Hill 31
Hellyers Road 178
Limeburners 232
Sullivans Cove 328
**Belgien**, Mixed Grain: Goldlys 164
Single Malt: The Belgian Owl 40
**Dänemark**, Single Malt: Braunstein 62
**Deutschland**
Single Malt: Grüner Hund 170
Slyrs 317
**England**, New Make: The English Whisky Co. 117
**Finnland**, Malt Whisky: Teerenpeli 343
**Frankreich**
Blends: Eddu Grey Rock 112
P&M Blend 282
WB (Whisky Breton) 22
Pure blé noir: Eddu Silver 112
Pure Malt Whisky: P&M 282
Single Malt: Armorik 22
Guillon 171
Uberach 355
Wambrechies 362
**Indien**
Blends: 8PM 8
Bagpiper 28
Blenders Pride 56
Imperial Blue 189
McDowell's No 1 Reserve 252
Masterstroke 248
Royal Challenge 305
Signature 316
Single Malt: Amrut 14
McDowell's Single Malt 252
**Irland** *202–203*
Blends: Black Bush 69
Bushmills 69–70, *202*
Clontarf 85
Coleraine 88
Crested Ten 95
Feckin Irish Whiskey 121
Inishowen 191
The Irishman 70 194
Jameson 199–200, *202*, *203*
Kilbeggan *203*, 213
Locke's Blend 237
Michael Collins Blend 254
Midleton Very Rare 255
Millars 257
Paddy 283
Powers Gold Label 292
Tullamore Dew *203*, 351
The Wild Geese 367
Poteen: Knockeen Hills 220
Pure Pot Still Whiskey: Dungourney 1964 108
Green Spot 168
Midleton Master Distiller's Private Collection 1973 255
Redbreast 297
Pure Pot Still/Malt Blend Whiskey: The Irishman 70 194

Single Grain: Greenore Single Grain 169
Single Malt: Bushmills 69–70, 202
Clontarf 85
Connemara 90
Craoi Na Mona 93
The Irishman 194
Knappogue Castle 217
Locke's 237
Magilligan 245
Michael Collins Single Malt 254
The Tyrconnell 353–354
**Japan** *330–331*
Blended Malt: Nikka All Malt 265
Nikka Pure Malt Red 266
Nikka Taketsuru 268
Suntory Hibiki 332
Blends: Kirin Gotemba 215, *331*
Nikka Whisky From The Barrel 265
Malted Barley Mash: Nikka Single Coffey Malt 266
New Make: Chichibu 80, 330
Single Grain: Fuji Gotemba 215, *331*
Single Malt: Card Series 187–188
The Cask of Yamazaki *331*, 334
Golden Horse 163
Gotemba Fujisanroku 215, *331*
Hakushu 329, *331*
Hanyu 175
Ichiro's Malt 187–188
Karuizawa 216, *330*
Kirin Gotemba 215, *331*
Kirin Karuizawa 216, *330*
Nikka Miyagikyo 267
Nikka Yoichi 269
Suntory Hakushu 329, 331
Suntory Yamazaki *331*, 333–334
**Kanada**
Blends: 1185 Special Reserve 74
Barrel Select 123
Black Velvet 52
Canadian Club 72–73
Canadian Mist 74
Crown Royal 96
Forty Creek 123
Seagram's 313
Windsor Canadian 372
Wiser's 373
Kanadischer Rye Whisky: Alberta 12
Highwood 181
Hirsch 182
Tangle Ridge 339
Windsor Canadian 372
Single Malt: Glen Breton 130
**Neuseeland**, Single Malt: Lammerlaw 224
Milford 256
**Niederlande**, Single Malt: Frysk Hynder 125
Millstone 259
**Österreich**
Rye Whisk(e)y: Waldviertler J.H. Special 361
Single Malt: Reisetbauer 298
Waldviertler J.H. Special 361
**Pakistan**, Single Malt: Murree 263
**Schottland**
Blended Malt: Compass Box 89
The Famous Grouse Blended Malt 119
Johnnie Walker Green Label 206
The Peat Monster 89
Poit Dhubh 290
Prime Blue 293
Sheep Dip 315
The Spice Tree 89
Blends: 100 Pipers 9
Angus Dundee 17
The Antiquary 18
Asyla 89
Bailie Nicol Jarvie 29
Ballantine's 33–34
Bell's 41
Black & White 49
Black Bottle 50
Black Dog Centenary 51
Black Grouse 120
Black Label 206
Blue Label 207
BNJ 29
Buchanan's 65
Catto's 78
Chivas Regal 81
Clan Campbell 82
Clan MacGregor 83
The Claymore 84
Cluny 86
Compass Box 89
Crawford's 3 Star 94
Cream of the Barley 324
Cutty Sark 97
Dewar's 104–105
Dimple 106
The Dundee 17
The Famous Grouse 119–120
Gold Label 207
Gold Reserve 120
Grand Macnish 165
Grand Old Parr 277
Grant's 166–167
Haig 172
Hankey Bannister 174
Highland Cream 341
Inver House Green Plaid 192
Islay Mist 195
J&B 196
James Martin's 198
Johnnie Walker 206–207
Langs 225
The Last Drop 229
Lauder's 230
Loch Fyne 234
Lochranza 236
Long John 238
MacArthur's 243
Monkey Shoulder 261
Old Dundee 17
Old Luxury 366
Old Parr 277
Old Smuggler 280
Passport 284
Pig's Nose 287
Pinwinnie Royale 289
Queen Anne 295
Robert Burns Blend 301
Roderick Dhu 99
Royal Salute 307
Scottish Leader 312
Seagram's 100 Pipers 9
Something Special 318
Stewarts Cream of the Barley 324
Té Bheag 340
Teacher's Highland Cream 341
The Thirteen 365
Usher's Green Stripe 356
Vat 69 359
White & Mackay 365–366
White Horse 364
William Lawson's 370
Windsor 371
New Make: Kilchoman 60, 214
Single Grain: Cameron Brig 71
Clan Denny 193
Girvan 129
Invergordon 193
Single Malt – Campbeltown: Glen Scotia 137
Hazelburn 176
Longrow 240
Springbank 321–322
Single Malt – Highlands: Aberfeldy 10
Balblair 32
Ben Nevis 42
Blair Athol 54
Clynelish 87
The Dalmore 100–101
Dalwhinnie 102

Deanston 103
Edradour 114
Fettercairn 122
Glen Deveron 131
Glen Garioch 133
Glen Ord 136
Glencadam 141
Glengoyne 150–151
Glenmorangie 156–157
Glenordie 136
The Glenturret 161
Loch Lomond 235
McClelland's Highland 250
Muir of Ord 136
Nectar d'Or 156–157
Oban 271
Old Bannockburn 103
Old Pulteney 279
Ord 136
Royal Brackla 304
Royal Lochnagar 306
The Singleton of Ord 136
Teaninich 342
Tomatin 347–348
Tullibardine 352
Single Malt – Islands: Arran 23
Highland Park 179–180
Jura 209
Ledaig 231
Robert Burns Single Malt 301
Scapa 311
Talisker 335–336
Tobermory 346
Single Malt – Islay *60–61*:
Ardbeg 19–20, *61*
Bowmore 58–59, *61*
Bruichladdich *60*, 63–64
Bunnahabhain *60*, 68
Caol Ila *60*, 75
Lagavulin *61*, 222–223
Laphroaig *61*, 226–227
McClelland's Islay 250
Port Ellen 291
Single Malt – Lowlands: Auchentoshan 24–25
Bladnoch 53
Glenkinchie 152
Ladyburn 221
McClelland's Lowland 251
Rosebank 303
Single Malt – Speyside *148–149*:
Aberlour 11, *148*
AnCnoc 16
Ardmore 21
Auchroisk 26
Aultmore 27
Balmenach 35
The Balvenie 36–37, *148*
The BenRiach 43–44
Benrinnes 45
Benromach 46–47
Cardhu 76, *149*
Cragganmore 91
Craigellachie 92
Dailuaine 98
Dallas Dhu 99
Dufftown 107
Glen Elgin 132
Glen Grant 134
Glen Keith 135
Glen Spey 138
Glenallachie 139
Glenburgie 140
Glencraig 140
Glendronach 142
Glendullan 143
Glenfarclas 144–145
Glenfiddich 146–147, *148*
Glenlivet *149*, 153–154
Glenlossie 155
Glenrothes 158–159
Glentauchers 160
Inchgower 190
Knockando 219
Linkwood 233
Longmorn 239
The Macallan *149*, 241–242
McClelland's Speyside 251
Mannochmore 247
Millburn 258
Miltonduff 260
Mortlach 262
Singleton of Dufftown 107
Speyburn 319
Speyside 320
Strathisla 326
Strathmill 327
Tamdhu 337
Tamnavulin 338
Tomintoul 349
Tormore 350
**Schweden**, Single Malt: Mackmyra Preludium 244
**Schweiz**, Single Malt: Holle 184
Whisky Castle 363
**Spanien**
Blended Malt: DYC Pure Malt 109
Blends: DYC 109
**Taiwan**, Single Malt: Kavalan 210
**Tschechien**, Blends: Gold Cock 162
Printer's 294
**USA**
Blended Malt: Dead Guy 302
Rogue Spirits 302
Blends: Kentucky Gentleman 211
Kessler 212
Seagram's 7 Crown 314
Bourbon – Kentucky *370–371*:
1792 Ridgemont Reserve 299
American Spirit 13
Ancient Age 15
Baker's 30
Barton 38, *371*
Basil Hayden's 39
Blanton's 55
Booker's 57
Buffalo Trace 66, *370*
Bulleit 67
Eagle Rare 110
Elijah Craig 115
Elmer T. Lee 116
Evan Williams 118
Four Roses 124, *370*
George T. Stagg 127
Hancock's Reserve 173
Heaven Hill 177, *371*
I.W. Harper 186
Jefferson's 201
Jim Beam 204–205, *371*
Johnny Drum 208
Kentucky Gentleman 211
Kentucky Spirit 369
Knob Creek 218
Maker's Mark 246, *371*
Master's Collection 376–377
Old Charter 272
Old Crow 273
Old Fitzgerald 274
Old Forester 275
Old Grand-Dad 276
Old Rip Van Winkle 357
Old Taylor 281
Pappy Van Winkle's Family Reserve 357–358
Rare Breed 369
Ridgemont 299
Russell's Reserve 308
Sam Houston 309
Van Winkle 357–358
Very Old Barton 38
W.L. Weller 360
Wild Turkey 368–369, *370*
Woodford Reserve *370*, 376–377
Bourbon – Missouri: Rebel Yell 296
Bourbon – New York: Hudson Baby Bourbon 185
Bourbon – Pennsylvania: Hirsch Reserve 183
Colorado Whiskey: Stranahan's 325
Corn Whiskey: Catdaddy Carolina Moonshine 77
Georgia Moon 128
Mellow Corn 253

Double Barrel Whiskey: Charbay 79
Kentucky Whiskey: Early Times 111
Oregon Whiskey: Edgefield 113
Rye Whiskey: Hudson Manhattan Rye 185
Jim Beam Rye 205
Old Potrero Rye 278
Pikesville 288
Rittenhouse Rye 300
Russell's Reserve Rye 308
Sazerac Rye 310
Templeton Rye 344
Thomas H. Handy 345
Van Winkle Family Reserve 358
Single Malt Rye Whiskey: Old Potrero Single Malt Rye 278
Single Malt: McCarthy's Oregon 249
The Notch 270
Peregrine Rock 286
St. George 323
Tennessee Whiskey: George Dickel 126
Jack Daniel's 197
Wheat Whiskey: Bernheim Original 48
**Wales**, Single Malt: Penderyn 285

# DANK

**Charles MacLean** schreibt seit 30 Jahren für viele führende Fachmagazine über Whisky und hat bereits zehn Bücher veröffentlicht, die mit zahlreichen Preisen ausgezeichnet wurden. Er war Gründungsherausgeber des *Whisky Magazine* und ist Moderator des weltweit einzigen TV-Kanals über Whisky. 2009 wurde ihm der Titel »Master of the Quaich« verliehen, die höchste Auszeichnung der Whisky-Erzeuger.

**Beiträge:** Dave Broom (Japan), Tom Bruce-Gardyne (Schottische Malts), Ian Buxton (Schottische Blends), Charles MacLean (Kanada, Australien, Asien), Peter Mulryan (Irland), Hans Offringa (Europa), Gavin D. Smith (USA).

**Der Verlag dankt** Susan Bosanko für das Register, Robert Sharman für die Redaktion, Ann Miller von der Arberlour Distillery, Rob, Robbie und Brian von der Balvenie and Glenfiddich Destillery, Marc und Duncan von der Bruichladdich Distillery, Ewan Mackintosh von der Caol Ila Distillery, Ian und Claire von Gordon & MacPhail, Ruth und Ian (Pinky) von der Lagavulin Distillery, dem Personal von The Mash Tun in Aberlour, Philip Shorten von Milroy's of Soho, The Whisky Show Dufftown, Sukhinder Singh und dem Personal von The Whisky Exchange London (www.thewhiskyexchange.com), Marisa Renzullo, Casper Morris, Becky Offringa von The Whisky Couple.

**Bildnachweis:** Der Verlag dankt den folgenden Produzenten für ihre Unterstützung und die freundliche Genehmigung zum Abdrucken ihrer Fotografien:

Aberfeldy Distillery; Aberlour Distillery; Alberta Distillery: Alberta, Tangle Ridge, Windsor Canadian; Allied Distillers; Anchor Distilling Company: Old Potrero; Angus Dundee; Ardbeg Distillery; Ardmore Distillery; Arran Distillers: Arran, Lochranza; Auchroisk Distillery; Aultmore Distillery; Bacardi & Company: Dewar's, Royal Brackla, William Lawson's; Bakery Hill Distillery; Balblair Distillery; The Balvenie Distillery Company; Beam Global España: DYC; Beam Global Distribution (UK): Ardmore, Laphroaig, Teacher's; Beam Global Spirits & Wine, Inc. (USA): Baker's® Kentucky Straight Bourbon Whiskey (53.5% Alc./Vol. ©CST), James B. Beam Distilling Co., Clermont, KY; Basil Hayden's® Kentucky Straight Bourbon Whiskey (40% Alc./Vol. ©CST), Kentucky Springs Distilling Co., Clermont, KY; Booker's® Kentucky Straight Bourbon Whiskey (60.5% - 63.5% Alc./Vol. ©CST), James B. Beam Distilling Co., Clermont, KY; Clermont Distillery; Canadian Club® Blended Canadian Whisky (40% alc./vol. ©CST) Canadian Club Import Company, Deerfield, IL; Jim Beam Black® Kentucky Straight Bourbon Whiskey (43% Alc. Vol. ©CST), James B. Beam Distilling Co., Clermont, KY; Jim Beam® Kentucky Straight Bourbon Whiskey (40% Alc Vol. ©2009), James B. Beam Distilling Co., Clermont, KY; Jim Beam's Choice® Kentucky Straight Bourbon Whiskey (40% Alc./Vol. ©2009), James B. Beam Distilling Co., Clermont, KY; Jim Beam® Straight Rye Whiskey (40% Alc./Vol. ©CST), James B. Beam Distilling Co., Clermont, KY; Kessler® American Blended Whiskey Lightweight Traveler® (40% Alc./Vol. 72.5% Grain Neutral Spirits, ©2009), Julius Kessler Company, Deerfield, IL; Knob Creek® Kentucky Straight Bourbon Whiskey (50% Alc./Vol. ©2009), Knob Creek Distillery, Clermont, KY; Maker's Mark® Bourbon Whisky (45% Alc./Vol. ©CST), Maker's Mark Distillery, Inc., Loretto, KY; Old Crow® Kentucky Straight Bourbon Whiskey (40% Alc./Vol. ©2009), W.A. Gaines, Div. of The Old Crow Distillery Company, Frankfort, KY; Old Grand-Dad® Kentucky Straight Bourbon Whiskey (43%, 50% and 57% Alc./Vol. ©2009), The Old Grand-Dad

Distillery Company, Frankfort, KY; Old Taylor® Kentucky Straight Bourbon Whiskey (40% Alc./Vol. ©CST), The Old Taylor Distillery Company, Frankfort, KY; Benriach Distillery; Benrinnes Distillery; Benromach Distillery; Berry Brothers & Rudd: Cutty Sark; Bertrand Distillery: Uberach; Betta Milk Cooperative: Hellyers Road; Bowmore Distillery; Braunstein; Brown-Forman Corporation: Canadian Mist, Early Times, Old Forester, Woodford Reserve, Jack Daniel's; Bruichladdich Distillery; Bunnahabhain Distillery; Burn Stewart Distillers: Black Bottle, Deanston, Scottish Leader; The Old Bushmills Distillery Co: Bushmills, The Irishman, Knappogue Castle; Campari Drinks Group: Glen Grant, Old Smuggler; Cardhu Distillery; Castle Brands Inc.: Jefferson's, Sam Houston; Chivas Brothers: 100 Pipers, Ballantine's, Chivas Regal, Clan Campbell, Long John, Passport, Queen Anne, Royal Salute, Something Special, Stewarts Cream of the Barley, Strathisla, Tormore; Clear Creek Distillery: McCarthy's; Clontarf Distillery; Clynelish Distillery; Compass Box Delicious Whisky; Constellation Spirits Inc.: Black Velvet®, Ridgemont®; Cooley Distillery: Connemara, Cooley, Greenore, Inishowen, Kilbeggan, Locke's, Magilligan, Tyrconnel, Wild Geese; Corby Distilleries: Wiser's; Craigellachie Distillery; Cragganmore Distillery; Des Menhirs: Eddu; Diageo plc: Bell's, Black & White, Buchanan's, Bulleit Bourbon, Bushmills, Cameron Brig, Caol Ila, Cardhu, Crown Royal, Dalwhinnie, Dimple, Glen Elgin, Haig, J&B, Johnnie Walker, Lagavulin, Linkwood, Oban, Old Parr, Royal Lochnagar, Teaninich, Usher's Green Stripe, VAT 69, White Horse, Windsor; Diageo Canada: Seagram's; Domaine Charbay: Charbay; Domaine Mavela: P&M; Edrington Group: The Famous Grouse, Tamdhu; The English Whisky Co.; Fleischmann: Grüner Hund; Four Roses Distillery; The Gaelic Whisky Co.: Poit Dhubh; George A. Dickel & Co.: George Dickel; Girvan Distillery; Glencadam Distillery; Glendronach Distillery; Glendullan Distillery; Glenfarclas Distillery; Glenfiddich Distillery; Glenglassaugh Distillery; Glengoyne Distillery; Glenkinchie Distillery; Glenlivet Distillery; The Glenmorangie Company: Bailie Nicol Jarvie, Glenmorangie, James Martin's; Glenora Distillery: Glen Breton; Glenrothes Distillery; Glenturret Distillery; Graanstokerij Filliers: Goldlys; Great Southern Distilling Company: Limeburners; Guillon Distillery; Heaven Hill Distilleries, Inc.: Bernheim, Elijah Craig, Evan Williams, Heaven Hill, Georgia Moon, Mellow Corn, Old Fitzgerald, Parker's, Pikesville, Rittenhouse Rye; Highland Park Distillery; Highwood Distillers; Holle; Ian MacLeod: Langs; International Beverage Holdings; Inver House Distillers: Catto's, Hankey Bannister, Inver House, MacArthur's, Pinwinnie Royale, Speyburn; Isle of Arran: Robert Burns; Jura Distillery; Käsers Schloss: Whisky Castle; Kentucky Bourbon Distillers, Ltd.: Johnny Drum; Kilchoman Distillery; King Car Whisky Distillery: Kavalan; Kirin Holdings Company; Kittling Ridge Distillery: Forty Creek; Knockdhu Distillery: AnCnoc; Knockeen Hills; La Maison du Whisky: Nikka; Lark Distillery; Last Drop Distillers; Luxco Spirited Brands: Rebel Yell; Macallan; Macduff International: Grand Macnish, Islay Mist, Lauder's; Mackmyra; McMenamin's Group: Edgefield; Midleton Distillery: Clontarf, Crested Ten, Dungourney, Green Spot, The Irishman, Jameson, Midleton, Paddy, Powers, Redbreast, Tullamore Dew; Morrison Bowmore Distillers: Auchentoshan, Bowmore, Glen Garioch, McClelland's, Yamazaki; Murree Distillery; The Nant Estate; The New Zealand Malt Whisky Company: Milford; The Nikka Whisky Distilling Co.; Number One Drinks Company: Chichibu, Hanyu, Ichiro's Malt; Old Pulteney Distillery; The Owl Distillery: The Belgian Owl; Pernod Ricard USA: American Spirit, Russell's Reserve, Wild Turkey; Piedmont Distillers: Catdaddy; Preiss Imports; Radico Khaitan: 8PM; Reisetbauer; Richard Joynson: Loch Fyne; Rogue Spirits; Rosebank Distillery; Saint James Spirits: Peregrine Rock; Sazerac Company, Inc.: Ancient Age, Blanton's, Buffalo Trace, Eagle Rare, Elmer T. Lee, Experimental Collection, George T. Stagg, Hancock's Reserve, Kentucky Gentleman, Old Charter, Ridgemont, Sazerac Rye, Thomas H. Handy, W.L. Weller, Very Old Barton; Scapa Distillery; Spencerfield Spirits: Pig's Nose; Speyside Distillery; Springbank Distillers: Hazelburn, Longrow, Springbank; St George Spirits; Stock Plzen: Printer's; Stranahan's Colorado Whiskey; Suntory Group; Tasmania Distillery: Sullivan's Cove; Teerenpeli; Templeton Rye; Talisker Distillery; Tobermory Distillery: Ledaig, Tobermory; Tomatin Distillery: The Antiquary, Tomatin; Tomintoul Distillery; Triple Eight Distillery: The Notch; Tullibardine Distillery; Tuthilltown Distillery: Hudson; United Spirits; Us Heit Distillery: Frysk Hynder; Waldviertler Whiskydestillerie; Wambrechies Distillery; Welsh Whisky Company: Penderyn; Whyte & Mackay: Black Dog, The Claymore, Cluny, The Dalmore, Tamnavulin, Whyte & Mackay; William Grant & Sons: Clan MacGregor, Glenfiddich, Grant's, Ladyburn, Monkey Shoulder; Zuidam Distillery: Millstone.

**Zusätzliche Fotos:** Chris Bunting (Golden Horse, S. 163), The Whisky Couple (Emblem von Wild Turkey, S. 370), The Whisky Exchange (Hirsch Reserve, S. 183). Alle weiteren Fotos: Thameside Media/Michael Ellis © DK Images. www.dkimages.com

**Cover vorn:** Obere Reihe, von links: Nikka Yoichi 10-year-old, Seagram's VO, The Famous Grouse Gold Reserve 12-year-old, Redbreast 12-year-old, Kirin Gotemba Fujisanroku 18-year-old, Dimple 12-year-old, Wild Turkey 80 Proof; untere Reihe, von links: Glenfiddich 12-year-old, Old Potrero, George Dickel No.12, Black Dog Centenary, Jameson Special Reserve 12-year-old